社会学ベーシックス
6

メディア・情報・消費社会

井上 俊・伊藤公雄 編

世界思想社

はじめに

　社会学の建設者の1人であるエミール・デュルケムは，1897年に出版された『自殺論』の序文で，「10年前にはあまり知られていなかったし，ほとんど問題にされなかった」社会学がいまや「流行の学問となっている」と書いた。それから1世紀余りを経て，社会学は多くの知的成果を蓄積してきた。その財産目録を基本文献の解題という形でまとめておこうというのが，この企画のそもそもの出発点であった。

　もっとも，社会学は間口の広い学問であり，ほかのさまざまな学問分野からの影響も無視できないので，一口に「基本文献」といっても，視野を広くとると，その数は膨大なものになる。そのなかから，本シリーズでは280点ほどの文献が選ばれている。選択にあたっては，それぞれの文献の歴史的意義や現在の評価などを考慮し，また何人かの人に相談もしたが，結局のところ編者2人の好みによっている面も大きい。

　シリーズ全体をおおまかな分野別に10巻＋別巻1の構成としたが，この巻立ても，またそれぞれの巻への文献の配置もかなり便宜的なものである。すぐれた文献はしばしば脱領域的な性質をもっており，特定の巻（分野）だけに収まりきらないことが多い。なお，各巻がさらにいくつかのパートに分けられているが，各パート内の文献の配列は，原則としてそれらの文献が公刊された順序に従っている。

　それぞれの文献解題は3つのセクションから成り，Ⅰでは内容の解説が，Ⅲではその文献の学説史上の背景や意義，影響関係などが主として扱われる。また，社会学の理論や学説はそれを主張した人

の社会経験と密接に結びついていることが少なくないので，Ⅱを著者のパーソナル・ヒストリーに関するスケッチにあてることにした。なお，Quotations の欄には，その章で取り上げた文献からの抜粋を掲げたが，その選択については各章の執筆者に一任した。

いま学問の世界は流動化し，転換期を迎えているといわれる。社会学の世界も例外ではない。しかし，だからといって，これまで蓄積されてきた知的遺産を軽視してよいということにはならない。むしろ転換期だからこそ基本が大切ということもある。稽古事でもスポーツでも武道でも同じだが，基本をおろそかにしては上達はおぼつかない。また，ある程度上達したあとでも，折にふれて基本にかえってみることは有益である。「転換期」というのは，基本が不要になる時期ではなく，その新しい使い方，活かし方が求められる時期なのである。

本シリーズの性質上，執筆者には何かと制約の多い原稿をお願いすることになった。にもかかわらず快くお引き受けいただき，制約のなかでそれぞれの持味を生かした原稿をお寄せくださった執筆者の皆さんに心から感謝したい。

本シリーズの企画案について世界思想社の編集部と打ち合わせをはじめたのは，2005 年の夏であった。以来，今日まで，多くの編集スタッフが企画の実現に力を貸してくださり，ここにみられるような形にまで具体化してくださった。厚くお礼を申し上げたい。

2008 年 7 月

編　者

目　次

はじめに　i

メディアと社会 ——————————————————— 1

1　メディアはメッセージ
M. マクルーハン『グーテンベルクの銀河系』(1962)『メディア論』(1964)
　　　　　　　　　　　　　　　　　　　　　　　　………………………… 浜　日出夫　3

2　声から文字へ
W. J. オング『声の文化と文字の文化』(1982) ……………… 奥野卓司　13

3　情報様式
M. ポスター『情報様式論』(1990) …………………………… 小倉敏彦　23

4　メディア・イベント
D. ダヤーン／E. カッツ『メディア・イベント』(1992) ……… 古川岳志　33

5　ケータイ文化の登場
J. E. カッツ／M. A. オークス編『絶え間なき交信の時代』(2002)
　　　　　　　　　　　　　　　　　　　　　　　　………………………… 富田英典　43

世論 —————————————————————— 53

6 公衆の登場
G. タルド『世論と群集』(1901) ················· 池田祥英 55

7 ステレオタイプ
W. リップマン『世論』(1922) ··················· 佐藤卓己 65

8 世論形成の力学
E. ノエル=ノイマン『沈黙の螺旋理論』(1980) ········· 宮武実知子 75

9 アジェンダセッティング（議題設定）
D. H. ウィーバー／D. A. グレーバー／M. E. マコームズ／C. H. エーヤル
『マスコミが世論を決める』(1981) ················· 竹下俊郎 85

情報の流れと影響 —————————————————— 95

10 パニック研究
H. キャントリル『火星からの侵入』(1940) ··········· 森　康俊 97

11 コミュニケーションの2段の流れ
E. カッツ／P. F. ラザースフェルド『パーソナル・インフルエンス』(1955)
·· 鍵本　優 107

12 うわさの背景
E. モラン『オルレアンのうわさ』(1969) ············· 杉山光信 117

13 報道の限界
G. タックマン『ニュース社会学』(1978) ············· 丹羽美之 127

14 広告の魔術
J. ウィリアムスン『広告の記号論』(1978) ··········· 谷本奈穂 137

15 エンコーディング／デコーディング
　S. ホール「Encoding/Decoding」（1980） ………………………… 門部昌志　147

消費社会 ———————————————————— 157

16 誇示的消費
　T. B. ヴェブレン『有閑階級の理論』（1899） ………………………… 井上　俊　159

17 ゆたかな社会
　J. K. ガルブレイス『ゆたかな社会』（1958） ………………………… 常見耕平　169

18 疑似イベント
　D. J. ブーアスティン『幻影の時代』（1962） ………………………… 加藤晴明　179

19 スペクタクルの支配
　G. ドゥボール『スペクタクルの社会』（1967） ……………………… 亘　明志　189

20 記号の消費
　J. ボードリヤール『消費社会の神話と構造』（1970） ……………… 宇城輝人　199

21 現代の社会変容
　内田隆三『消費社会と権力』（1987） ………………………………… 貞包英之　209

22 ライフスタイルの変容
　M. フェザーストン『消費文化とポストモダニズム』（1991） ……… 西山哲郎　219

23 消費社会を超えて
　見田宗介『現代社会の理論』（1996） ………………………………… 秋元健太郎　229

　人名索引　239
　事項索引　245
　執筆者一覧　252

> **おことわり**
>
> ・各章の本文（Ⅰ～Ⅲ）においても，Quotations においても，邦訳書からの引用については，文脈に合わせて訳文を変更した場合があります。
>
> ・他の章または他の巻で主要関連文献がとりあげられている場合には，参照の便宜のため，本文中に（⇨本巻1章）のように表示しています。
>
> ・人名索引・事項索引は，本文および Quotations から作成しています。「参考・関連文献」の人名・事項は含みません。

メディアと社会

1 メディアはメッセージ
M.マクルーハン『グーテンベルクの銀河系』『メディア論』

Marshall McLuhan, *The Gutenberg Galaxy: The Making of Typographic Man*, University of Toronto Press, 1962. (『グーテンベルクの銀河系——活字的人間の形成』高儀進訳, 竹内書店, 1968;『グーテンベルクの銀河系——活字人間の形成』森常治訳, みすず書房, 1986); *Understanding Media: The Extensions of Man*, McGraw-Hill, 1964. (『人間拡張の原理——メディアの理解』後藤和彦・高儀進訳, 竹内書店, 1967;『メディア論——人間の拡張の諸相』栗原裕・河本仲聖訳, みすず書房, 1987)

I マクルーハンは主著『グーテンベルクの銀河系』とその続篇『メディア論』で, 人類の歴史をメディアの変遷という視点から捉える独自のメディア史の構想を示した。この構想の核にあるアイディアを表現したのが「メディアはメッセージ」という言葉である。

通常, メディアはメッセージを乗せて運ぶ透明な乗り物であり, それ自体はメッセージをもたないものと考えられている。これに対して, マクルーハンは, メディアそのものが, それが運ぶメッセージとは独立に, 人間の経験や社会関係を構造化する力をもっていると考え, メディアがもつこの形成力を「メディアはメッセージ」[McLuhan 1964=1987: 7]と言い表した。

マクルーハンによれば, あらゆるメディアは「人間の拡張」, すなわち人間の感覚器官や運動器官を外に向かって延長し外化したものである。外化したメディアは今度は逆に人間の感覚に反作用して, 感覚と感覚の間の比率を変化させ, 新しい感覚の編成を作り出す(マクルーハンはメディアが感覚に働きかけることを強調して「メディアはマッサージ」とも言う)。これに伴い, 新しい経験の形式と, 人間と人間の間の新しい関係の形式が作り出される。人類の歴史は, メディアによる感覚の外化と, それに伴う経験と社会関係の変容の歴史として捉

えられる。

　マクルーハンはメディアの変遷を大きく，声（話し言葉）・文字・電気の3つの段階に区分する。「活字人間の形成」という副題をもつ『グーテンベルクの銀河系』はこのうち，文字，特に活字で印刷された文字の登場によって人間の経験と社会関係に生じた変容を論じたものである。

　人類の最初のメディアである話し言葉は，人間の五感すべてを外化したものであり，感覚と感覚の間の相互作用を生み出し，五感すべてを同時に働かせた全体的な経験を作り出す。また話し言葉は，同じ空間にいるすべての人々によって同時に聞かれるため，それを聞く人々の間に親密な相互依存関係を作り出す。

　文字の出現によって，人間の感覚の編成は大きく変化する。文字は言葉を目に見えるものにすることによって，五感のうちでも視覚を強調する。特にアルファベットは，文字を意味や音から切り離すことによって，視覚を他の感覚から切り離す。

　マクルーハンは文字文化の段階をさらに，印刷技術の登場以前の写本文化の段階と，印刷文化の段階に分けている。写本文化はまだ声の文化とのつながりを保ち，口語的な性格を帯びていた。写本は声に出して音読されたため，視覚が他の感覚から完全に切り離されることはなかった。

　グーテンベルクによる活字印刷技術の登場とともに，アルファベットのもつ潜勢力は全面的に開花する。印刷された書物は黙読されるようになり，視覚が他の感覚から完全に切り離される。視覚を中心とする新しい感覚の編成が作り出され，これに伴って人間の経験と社会関係の全体が再編成されていく。

　同じ規格の活字が整然と並ぶ印刷された書物を読むという経験は，均質性・画一性・線形性・連続性・反復可能性等を特徴とする視覚的な経験の形式を作り出す。

　まず印刷された書物は，固定した視点から眺められた事物が遠近

関係に従って連続的に配列される遠近法的な空間経験を作り出す。また印刷された書物は，出来事が時間的な前後関係に従って線形的に並べられるクロノロジカルな時間経験も作り出す。因果関係という観念はこの時間経験とともに生じたものである。

このような視覚的な時間空間経験の形式を備えた人間が，「活字人間」である。「活字人間」はこの新しい経験の形式に基づいて，新しい社会関係の形式を作り出し，社会と文化の各領域を再編成していく。

印刷技術は，視覚を他の感覚から切り離すだけでなく，個人を共同体から切り離す。話し言葉が，それをともに聞く人々を親密な関係に結びつけるのに対して，印刷された書物は，その携帯可能性によって，各人が好きな時に好きな場所で好きな本を読むことを可能にし，人間をそのような親密な関係から解き放つ。この意味で印刷は「個人主義の技術」[McLuhan 1962＝1986: 242]である。この技術とともに，プライバシーや作者という観念も生まれる。

印刷技術は人間を近くの人々から引き離すだけではない。同じ言葉を読み書きする遠くの人々と結びつける。言葉が印刷されるようになると，正確な綴りや正確な文法が求められるようになり，方言の中から「国語」が形作られる。そして，国語を目で見るという経験を通して「国民（ネーション）」という新しい社会的な統合が作り出される。印刷された書物を読むことによって，人間は個人になると同時に国民になる。個人主義とナショナリズムとは印刷技術の双子の産物である。中央集権的な国家組織や国民軍，学校教育もまた印刷技術の産物である。

印刷技術はまた近代的な産業と市場を作り出した。印刷技術は最初の大量生産方式であり，印刷された書物は最初の規格化された商品である。また印刷された書物は定価をもつ最初の商品であり，この商品によって市場が形成された。

印刷技術によって作り出された視覚的な経験の形式は，文化の領

域においては，遠近法に基づく透視画法という絵画形式や小説という文学形式，科学的な世界像等を生んだ。

このように印刷技術は，視覚的な経験の形式を作り出すとともに，この形式に従って政治・経済・文化等，社会の全領域を再編成していった。このようにして生まれた社会こそ近代社会である。この意味で，『グーテンベルクの銀河系』はメディアの変遷という視点から見た近代化論であると言える。

しかしマクルーハンによれば，印刷技術によって生み出された近代社会は電気技術の登場によって再び再編成されつつある。この電気技術による人間と社会の変容を論じたのが続篇の『メディア論』である。

『メディア論』において，マクルーハンは「ホット・メディア」と「クール・メディア」を区別する。「ホット・メディア」とは情報の精細度が高く，そのため受け手によって補われる必要が少なく，その結果受け手の参与の度合が低いメディアである。これに対して，「クール・メディア」は逆に情報の精細度が低く，そのため受け手の参与の度合が高いメディアである。ホット・メディアは人々を分離し，クール・メディアは人々を巻き込み結合させる。印刷された書物が人々を切り離すホット・メディアであったのに対して，電気メディア，特にテレビは人々を結びつけるクール・メディアである。

文字が視覚を他の感覚から切り離したのに対して，テレビは諸感覚を再び統合する。テレビの画面は光の点のモザイクである。このモザイクを何かの像として完成させるのはテレビを見ている視聴者である。そのために視聴者は視覚だけではなく，聴覚や触覚や運動感覚等すべての感覚を投入する。視聴者がすべての感覚を動員してテレビのモザイク画面に見入るとき，感覚と感覚の間に相互作用が生じ，諸感覚の統合が作り出される。テレビは文字が生まれる以前の話し言葉の文化における全体的な経験の形式を復活させる。

テレビはさらに人間と人間の間の関係も変容させる。文字，特に

印刷された文字は感覚と感覚を切り離しただけでなく，個人を共同体から切り離した。そして，ここでもテレビは声の文化を復活させる。テレビは同じ番組を一緒に見ている人々を引き込み，ともに参加させることによって，再び親密な相互依存関係を作り出す。しかも単に1台のテレビで同じ番組を一緒に見ている人々を結びつけるだけでなく，広大な空間に散らばっている無数のテレビを見ている無数の人々を結びつけるのである。「電気によって，われわれはいたる所で，ごく小さな村にでもいるような，人と人との一対一の関係を取り戻す」[McLuhan 1964＝1987: 262]。マクルーハンはこのようにして作り出される地球大の相互依存関係を「グローバル・ヴィレッジ」と呼んだ。

マクルーハンによれば，テレビとは，文字によって作り出された感覚と感覚の分離，人間と人間の分離を乗り越えて，再び感覚と感覚の統合，人間と人間の統合，しかも今度は地球大での統合を回復させるメディアであった。

II

ハーバート・マーシャル・マクルーハンは1911年にカナダ中西部アルバータ州で生まれた（1980年没）。マニトバ大学を卒業後，ケンブリッジ大学に留学。マクルーハンはそこで，作品の内容よりも，作品が読者に与える効果を重視するI. A. リチャーズの文学批評に出会い，強い影響を受けた。メディアが人間に与える効果への後年の関心はこのときにさかのぼる。

アメリカでいくつかの大学の教壇に立ったのち，1946年以降はトロント大学で英文学を教えた。マクルーハンのメディア論はトロント大学という環境と密接に結びついている。メディアを，歴史の発展を規定する基底的な要因とみなすメディア史の構想を，マクルーハンはトロント大学の同僚であった古典学者E. A. ハヴロック[Havelock 1963＝1997]や経済学者H. A. イニス[Innis 1951＝1987]から引き継いでいる。ハヴロック，イニス，マクルーハンらをまとめて

「トロント・コミュニケーション学派」と呼ぶ場合もある。

ハヴロック［Havelock 1963=1997］は，ギリシア哲学の成立が，ホメロスの詩に代表される声の文化にアルファベット文字が導入された結果生じた，ギリシア人の思考形式の変容と密接に結びついていることを示した。

イニス［Innis 1951=1987］はコミュニケーション・メディアがもつバイアスに注目し，持ち運びにくい代わりに長持ちする，粘土板や羊皮紙のような時間的バイアスをもつメディアと，長持ちはしないが運びやすい，パピルスや紙のような空間的バイアスをもつメディアを区別する。メディアのバイアスは支配的な知識の性格を決定し，さらに社会組織の形態を規定する。時間的バイアスをもつメディアは時間的に持続する宗教的知識と親和性をもち，神官や教会等の宗教的権力を助長する。これに対して，空間的バイアスをもつメディアは世俗的な知識の伝播に適し，広大な空間を支配する政治的権力を発展させる。イニスはこの2種類のメディアの交替によって文明の興亡を説明する壮大なメディア史を構想した。

イニスは1949年にマクルーハンの研究会で報告を行い，新聞やラジオが何を印刷し放送するかにかかわりなく，そうしたメディアそのものが備えている特性について話したという［Marchand 1989: 112］。マクルーハンがこの報告やイニスの『コミュニケーションのバイアス』（1951，邦訳『メディアの文明史』）から決定的な影響を受けたことは明らかである。マクルーハンは『グーテンベルクの銀河系』を「彼〔イニス〕の業績を説明するための脚注のようなもの」［McLuhan 1962=1986: 79］とすら言っている。

リチャーズの文学批評，ハヴロックやイニスのメディア史的視点と並んで，もう1つマクルーハンのメディア論の背景として挙げられるのは彼の信仰である。マクルーハンは学生時代，カトリックに改宗したイギリスの作家G.K.チェスタトンに傾倒し，その影響のもと，自身ものちにプロテスタントからカトリックに改宗した。マ

クルーハンのテレビ論は経験的というより多分にユートピア的であるが、テレビによって地球上の人々が再び親密な相互依存関係のうちに結ばれるというヴィジョンの背景には「いっさいの存在の究極の調和」[McLuhan 1964＝1987: 5] という信仰が横たわっていた。話し言葉による統合から文字による分離へ、そして再び電気による統合へ、という図式の中に、楽園から楽園追放を経て再び楽園へという神学的な図式を読み取ることは容易であろう。「グローバル・ヴィレッジ」とは「いっさいの存在の究極の調和」というキリスト教的なユートピアの電気版なのである。

マクルーハンの伝記は現実のテレビに対するマクルーハンの態度についておもしろいエピソードを伝えている。50年代にテレビが登場したとき、マクルーハンは彼の住んでいたブロックで一番最後にテレビを買い、買ったあともテレビが居間を支配することを恐れて地下室にそれを置いた [Marchand 1989: 101]。しかも子どもたちには1週間に1時間しか見せなかったという [ibid.: 61]。マクルーハンは、現実のテレビに対して、理念としてのテレビほどには好意的ではなかったのである。

III

『グーテンベルクの銀河系』と『メディア論』の2冊によって、マクルーハンは「メディアの教祖」、「電気時代の予言者」として突如脚光をあび、いわゆる「マクルーハン旋風」が巻き起こった。『ニューズウィーク』、『フォーチュン』、『ライフ』、『エスクワイヤ』、『ニューヨーク・タイムズ・マガジン』、『テレビ・ガイド』、『ルック』、『ヴォーグ』、『プレイボーイ』等の雑誌に、マクルーハンへのインタビューやマクルーハンに関する記事が次々に載り、「メディアはメッセージ」、「ホット・メディア／クール・メディア」、「グローバル・ヴィレッジ」といった言葉が人々の口にのぼるようになった。サイケデリック・アートから、学生反乱、ベトナム戦争まで、あたかもマクルーハンに説明できない問題はないかのように喧伝さ

れ，1967年に出版された『メディアはマッサージである』は全世界で100万部売れたという。そして，この年には「旋風」は日本もかすめていった［竹村 1967］。だが，70年代に入るとマクルーハンの名前は急速に忘れられていく。72年に出版された『テイク・トゥデイ』はわずか4000部売れただけであった。マクルーハンが出演した77年のウディ・アレン監督作品『アニー・ホール』では，年老いたピエロを思わせる晩年の姿を見ることができる。

　マクルーハンのメディア論は，その商業的な成功のゆえにかえって学術的な受容が妨げられてきた。またマクルーハンの経験的というよりは直観的な，論理的というよりはレトリカルな文体は，それを科学的な研究と接続することを拒んできた。それでは今日から振り返ってみてマクルーハンの仕事の意義はどこに見出されるであろうか。

　まず何よりも「メディア論」という研究領域を確立したことが挙げられる。マクルーハン以前には，「メディア」とは新聞，雑誌，ラジオ，テレビ等の「マスメディア」のことであり，マスメディアの「内容」が人間に与える効果の研究が「マスメディア論」の中心であった。「人間の拡張」としてのメディアがその内容とは独立に人間と社会に及ぼす効果（「メディアはメッセージ」）に注目する「メディア論」という研究分野は，マクルーハンとともに成立したと言ってよい。

　また，新しいメディアが登場するたびに人間の経験と社会が再編成されていくとする「メディア史」という視座も，マクルーハンとともに定着したと言える。

　最後にマクルーハンに関連する主な文献を挙げておこう。

　声の文化と文字の文化を対照させるマクルーハンの発想は，W. J. オング［Ong 1982=1991，⇨本巻2章］によってさらに発展させられた（オングは，マクルーハンがトロント大学に移る以前に教えていたセントルイス大学でのマクルーハンの学生であった）。

印刷技術が近代社会の成立に与えた影響に関するマクルーハンの記述は，細部においてはさまざまな誤りが指摘されるが［例えばEisenstein 1983＝1987］，印刷技術が「パブリック」と「ネーション」を生み出したとするその見解（Quotations 参照）は今日でも有効性を失っていない。印刷技術とナショナリズムの関係に注目した点で，マクルーハンは B. アンダーソン［Anderson 1983, ⇨9巻4章］を先取りしたと言えるし，同じく印刷技術と公共圏（パブリック）の関係を論じた J. ハーバーマスの『公共性の構造転換』（1962, ⇨9巻18章）が『グーテンベルクの銀河系』と同年に出版されていることにも注目しておくべきである。

　電気メディアが社会関係を変容させるというマクルーハンの命題は多分に直観的であったが，J. メイロウィッツ［Meyrowitz 1985＝2003］は E. ゴッフマンの相互行為論を援用しつつその変容のメカニズムを社会学的に考察している。

　日本におけるオリジナルな展開としては，電話というメディアによる身体・人間関係・社会の変容を考察した吉見俊哉・若林幹夫・水越伸［1992］が挙げられる。またマクルーハン的なメディア論を技術決定論として批判したものとして佐藤俊樹［1996］を挙げておこう。

Quotations

　活字を用いた印刷は思いもおよばぬ新環境を創り出した。それは「読書界（パブリック）」を創造したのである。それまでの写本技術は国民的規模で「読書界」を生み出すのに必要な強烈な拡張力を欠いていた。われわれがここ数世紀の間，「国民（ネーション）」の名で呼んできたものはグーテンベルクの印刷技術が出現する以前に発生したことはなかったし，また発生する可能性もなかったのである。そして，それと全く同じ理由から，地球上のすべての成員を巻き込んで呉越同舟の状態にしてしまう力をもつ電気回路技術が到来した今日以後，そうした旧来の「国民」は生きのびることはできないであろう。［マクルーハン 1986: ii］

参考・関連文献

Anderson, B. 1983 *Imagined Communities*, Verso; 1991, 2006, rev. ed.（アンダーソン 1997 白石さや・白石隆訳『想像の共同体　増補』NTT出版；定本 2007 書籍工房早山）
Eisenstein, E. L. 1983 *The Printing Revolution in Early Modern Europe*, Cambridge University Press.（アイゼンステイン 1987 別宮貞徳監訳『印刷革命』みすず書房）
Habermas, J. 1962 *Strukturwandel der Öffentlichkeit*, Suhrkamp; 1990, rev. ed.（ハーバーマス 1994 細谷貞雄・山田正行訳『公共性の構造転換　第2版——市民社会の一カテゴリーについての探究』未来社）
Havelock, E. A. 1963 *Preface to Plato*, Harvard University Press.（ハヴロック 1997 村岡晋一訳『プラトン序説』新書館）
Innis, H. A. 1951 *The Bias of Communication*, University of Toronto Press.（イニス 1987 久保秀幹訳『メディアの文明史——コミュニケーションの傾向性とその循環』新曜社）
Marchand, P. 1989 *Marshall McLuhan: The Medium and the Messenger*, Random House.
Meyrowitz, J. 1985 *No Sense of Place*, Oxford University Press.（メイロウィッツ 2003 安川一・高山啓子・上谷香陽訳『場所感の喪失——電子メディアが社会的行動に及ぼす影響』上，新曜社）
Ong, W. J. 1982 *Orality and Literacy*, Methuen.（オング 1991 桜井直文・林正寛・糟谷啓介訳『声の文化と文字の文化』藤原書店）
佐藤俊樹　1996『ノイマンの夢・近代の欲望』講談社選書メチエ。
竹村健一　1967『マクルーハンの世界』講談社。
吉見俊哉・若林幹夫・水越伸　1992『メディアとしての電話』弘文堂。

（浜　日出夫）

2 声から文字へ
W. J. オング『声の文化と文字の文化』

Walter J. Ong, *Orality and Literacy : The Technologizing of the Word*, Methuen, 1982.(『声の文化と文字の文化』桜井直文・林正寛・糟谷啓介訳, 藤原書店, 1991)

I 今, おそらくあなたはこの本を, 声を出さないで読んでおられるだろう。つまり,「文字」を視覚的にセンシングして, それをあなたの頭の中で「声」に変え, 意味のある文章として再構成しているはずだ。私たちがほとんど何の疑いもなく行っているこの行為は, 人間が登場して以来, ずっと続いてきたというわけではなく, 比較的最近始まった。

私たちの多くは, 日常的に文字になれ親しんでいるため, それは文明が始まって以来続いており, 今後も永遠に続いていくものと, 思いがちだ。だが, 人間が生きていくうえで, 文字は必要不可欠なものではない。文字がなくても人間関係をつくり, 互いに協力して生きていけるし, ひょっとするとその方がずっと自由であるかもしれない……という素朴な「未開」へのあこがれも, また多くの人々にはある。C. レヴィ=ストロースの『野生の思考』(1962) をはじめ, 従来の文化人類学は, フィールド調査をもとにはしているものの, 人々のそのような「素朴なあこがれ」に依存してきたとも言えよう。

たしかに現存の人類の中に音声での言葉をもたない民族はないが, 文字をもたない民族は少なくないことは, 文化人類学者が紹介してきた通りだ。したがって, 文字による文化が始まったことは, それまでの音声による文化が人間本来のものとすれば, その人間の本性に大きな影響を与え変化を強いたものだと言うことができよう。

その変化による影響を論じた本書『声の文化と文字の文化』の著者，ウォルター・J・オングは，この課題に関して，オラリティ（言葉の声としての性格と，言葉のそうした性格を中心に形成されている文化＝声の文化）と，リテラシー（文字を使いこなせる能力と，そうした能力を中心に形成されている文化＝文字の文化）とを比較して，それらが本質的に異なるものであるという観点から考察した。このオラリティからリテラシーへの転換によって，人間の社会が大きく変化しただけではなく，その社会に生きる個々の人間の性格や思考過程にまで深い変化をもたらしたと主張する。

　このように，オングの思想は，『メディア論』（1964, ⇨本巻1章）の著者，M.マクルーハンのそれと類似している。ほぼ同時代に生きたこの2人の学者は相互に影響しあいながら，むしろマクルーハンの方が，（H. A. イニスとともに）オングから大きな影響を受けてきた。だが，マクルーハンがテレビ時代以降に着目し，それを文字の文化以前の時代の再来と評価しているのに対して，オングは，テレビ以降のエレクトロニクスの時代を「二次的な声の文化」と見なす。さらに同じ「声の文化」でも，テレビ以降の「声の文化」はあくまで書くことと印刷することを基礎に置いているものとして，批判的に論じる。つまり，電子メディアの「二次的な声の文化」には，豊かな「声の文化」の復活という面と，閉じられた「文字の文化」が新しい形に変わることでむしろ強化されているという面の両方があり，オングはどちらかといえば後者を強調する。そして，それによって，マクルーハンとの差異を主張しているように読める。また，マクルーハンは，その著『グーテンベルクの銀河系』（1962, ⇨本巻1章）という書名に表れているように，印刷術に対して，閉じられたキリスト教世界を聖書という印刷メディアを介することによってより広い世界に開いたという積極的な評価をしている。これに対して，オングはそれが「閉じられた」，「固定化した」文字の文化を生み出した原因と否定的にみる。

一方，オングは，返す刀で，「声の文化」への，知識人のノスタルジックなあこがれをも批判する。彼は，ホメロスをはじめとする口承文学について，「声の文化」を残すものとして詳細に研究し，しかし，それらは文学（literature）であり，結果的に「書かれたもの」（ラテン語では litterature。アルファベット文字を意味する littera に由来する）になる以上，口承文学も「文字の文化」の１つであると結論づける。

　日本でも民俗学者の柳田国男が，声の文化に着目し，佐々木喜善を通じて遠野地域に伝わる民話を集め，「口承文芸」の重要性を学界に認識させた。しかしながら，柳田自身が悩んだように，「口承文芸」という言葉自体が，「口承」と「文芸」という矛盾した２つの概念をはらんでいた。そこで柳田は，「口承文芸」に代わる「アヤコトバ」という遠野地域固有の用語を提唱するのだが，それでもオングが言う意味での「声の文化」と「文字の文化」の差を乗り越えることはできなかった。また，金田一京助のアイヌの「口承文芸」の研究には，その当時における日本の先住民文化研究という先進性はあった。だが，現在もアイヌが自分の声で物語をつむいでいる以上，今日では，金田一は，アイヌの豊かな文化を，和人の「文字の文化」に閉じ込めることに結果的に加担したという批判を受けざるをえない。

　同じ意味でオングは，文学の「独自性」や「創造性」という観念もまた，閉じられた「文字の文化」の所産にすぎないという厳しい批判をしている。さらに，それらのロマン主義的傾向や，近代主義を乗り越えようとする今日のニュークリティシズムや構造主義，ポスト構造主義，脱構築主義等の現代思想が，むしろいかに「文字の文化」にとらわれた考え方であるかということを徹底的に論じていく。

　彼は，「声の文化」に基づく思考と表現の特徴として，次の９項目を挙げている。(1)累加的であり，従属構文が少ない。(2)累積的であり，分析的ではない。(3)冗長ないし「多弁的」である。(4)保守的ないし伝統主義的である。(5)人間的な生活世界に密着している。(6)闘

技的なトーンをもつ。(7)感情移入的あるいは参加的であり、客観的に距離をとるのではない。(8)恒常性維持的である。(9)状況依存的であって、抽象的ではない。

これらの特徴によって、「声の文化」は「聖なるもの」を醸成し、共同体を維持してきたという。これに対して、「文字の文化」は、人間がそれを受けとる過程で、個人の内面でそのテキストの編集を図るので、「聖なるもの」は解体されていく。この変化で、人間は反復による記憶から解放され、現実の文脈からは自由を得たと言える。だが、文字の発明以前には人間関係が常に密着していることで維持されてきた人間の一体感は、喪失されていくことになる。その結果、従来の共同体は切り裂かれ、冷静な近代的人間関係が構築された。そして、ついには法律文書のように、文字が人間関係を逆規定していく。

「声の文化」では、それが話される時空間を双方が共有しているので、話されている「ここ」がどこで、「いま」がいつかは、表現されなくとも、会話者が互いに自然に理解している。しかし、「文字の文化」は、その情報が時空間を超えていくので、情報の受発信者がそれぞれ自分の場の文脈において、その意味を読み取る。この結果、情報の表面的なメッセージとしては同一であっても、それがいったん解体されて、受け手の内部で再構築されないと、理解されない。この過程で、その情報が相互に理解可能なものだとしても、互いの条件に基づいて理解されるので、話し手と聴き手はそれぞれ別の社会に引き裂かれる。

こうした文化の近代化に、カトリック教徒のオングが批判的なのは、「グーテンベルクの印刷術」による聖書の印刷によってプロテスタンティズムが拡大したことに由来することは、想像に難くない。だが、実際には、印刷術が、聖職者による信仰の独占から、人々を解き放したという面も否定できない。

そして、ここで述べられたオングの見解も「文字の文化」＝「近

代」と捉えれば，今日ではとりたてて独自性のある主張とは思えない。「近代的読者」の特徴が，黙読や聴衆の誕生とともに，きわめて近代的なものだというのは，今日の社会科学の一般的認識になっている。だが，それはこのオングの考えの流れが，マクルーハンからさらに今日の社会学の文脈に引き継がれてきたからだろう。その意味で，オングこそ，今，私たちが接している，情報メディア論の起点であろう。

II　ウォルター・ジャクソン・オングは 1912 年 11 月 30 日，米国ミズーリ州カンザスシティに生まれた。母はカトリック，父はプロテスタントの家庭であったが，オングはカトリック教徒として育てられた。ロックハースト・カレッジでラテン語を専攻，卒業後 1935 年にイエズス会に入り，1946 年に司祭の資格を授与された。

　その間，1941 年には，19 世紀のイエズス会派の英国詩人 G. M. ホプキンズに関する研究でセントルイス大学から修士号を取得したが，修士論文を書く際に，当時セントルイス大学で英文学を教えていたマクルーハンの指導を受けた。

　1954 年，オングはペトルス・ラムスとラムス主義に関する博士論文をハーバード大学に提出し，翌 55 年，博士号を取得した。ラムス（フランス名ピエール・ド・ラ・ラメ，1515-1572）はルネサンス期の人文学者で，コレージュ・ド・フランス教授であるが，教育の方法という実際的観点からアリストテレス論理学の改善を主張し，R. デカルトや F. ベーコンに影響を与えたと言われる。博士論文提出後，オングは，以後 30 年にわたって教鞭をとることになるセントルイス大学に帰り，1958 年には『ラムス——方法，そして対話の衰退』という著書を出版する。かつてオングを指導したマクルーハンは 1946 年にトロント大学に迎えられ，すでにセントルイス大学を去っていたが，オングのラムス研究を高く評価し，『グーテンベルクの銀河系』などでもしばしば言及している。なお，1963 年には，オングはラム

ス研究によってフランス政府から教育功労勲章(パルム・アカデミック)を授与された。1971年にはアメリカ学士院会員に選出され、またアメリカ・ミルトン協会会長、アメリカ現代言語学会会長なども務めた。

　1982年、69歳のときに本書を出版、世界的に名を知られるようになった。2002年には、T. J. ファレルとP. A. スーカップの編集で、声の文化やレトリックに関するオングの論文、書評、インタビューなどを集めた『オング・リーダー』も出版されている。オングは2003年8月12日に死去した。

III

　Ⅰで、オングの主張について、筆者は「それまでの音声による文化が人間本来のものとすれば」という条件をつけた。それは、当然筆者はこの条件が間違っていると考えているからだ。

　オングの音声の文化を人間の本性とする主張は、動物行動学では認められていない。K. Z. ローレンツらの見解［Lorenz 1965＝1977］をまとめれば、哺乳類はもともと夜行性であるため、肉食獣は嗅覚を発達させてきた。だが、霊長類は、視覚を中心にした神経系を進化させることによって昼行性を選択し、さらに樹上生活を選ぶことによって、草食獣が肉食獣の餌食になる食物連鎖の呪縛から解放された。そして、その余裕によって大脳の発達を促すことができた。にもかかわらず、われわれの祖先は、その有利な樹上での生活をわざわざ捨て、地上に降りて、二足歩行を始めた。この結果として、聴覚によるコミュニケーションが発達してきた。この結果、すでにこのときから、ヒトは、生得的な認識から一定の幅の自由を得て、大脳内での言語による認識の再構築を始めた。言い換えれば、オングの言う聴覚の発達に伴う「声の文化」の前に、視覚による「しぐさの文化」があったのだ。

　また、オングは、自らの論を「メディア論」と呼ばれることを好まないと言い、マクルーハンを暗に批判している。彼の「メディア

はマッサージである」という言説をウィットとしては捉えず，その文字通りの意味に解釈して「メディア論」総体を批判する。

オングは，自分の述べているのは「メディア」についてではなく，「全体状況の一様相」であると主張している。だが，オングが本書で批判しているメディア論的モデル，つまり，A↔Bという情報の直線的移動をコミュニケーションの基本とする「シャノン・モデル」を信じている研究者は，今では，情報処理速度の向上を目的に仕事をしている技術開発分野以外にはいない。

「情報（産業）社会」を最初に提示したとされる文化人類学者の梅棹忠夫[1988]も，「情報」の最初の定義を自ら否定して，のちに「情報はエーテルのように，我々の周りをあまねく取り巻いているもの」と言い換えているし，人類学者のG.ベイトソン[Bateson 1972]も「情報は量的概念ではないので，時間と空間によってできる座標上に位置づけられない差異」とするなど，今日の研究者の多くは，コミュニケーションをAからBへ情報が移動していくパイプのようには考えていない。

また，それが現実に明らかになったのが，オングの言う「エレクトロニクス化」の結果，つまりインターネットであり，ケータイ文化であろう。普及している台数が少ないときの携帯電話が，ある人物から特定の人物へ情報を送るための「無線式糸電話」にすぎなかったのに対して，今日のようにほとんどの人が携帯電話をもって移動し，電話だけでなく，日常的にメール交換したり，ウェブサイトをみるようになると，多数の携帯電話による「面」が浮上してきているのは明らかだ。

その意味で，オングの主張の最大の問題は，コミュニケーションの「全体性」を求めながら，実は，人間の言語伝達行為の面だけから，その社会行為を論じていることだろう。つまりコミュニケーションを成立させている社会の制度系，装置系，文化現象や世相から，純粋に音声と聴覚，文字と視覚の間での情報伝達を切り離して論じ

ていることだ。オングが、おそらくは近未来の言語文化に関心を抱き、私たちに警告を発したかったのであろうことは、本書の書きぶりから想像はできるが、その方法ではそこに至ることはできなかったようだ。

一方、オングは、この書で、西欧の例だけでなく、東欧からアフリカに至る、世界の種々の「文字文化」の事例を挙げて比較し、自らの主張を論証している。だが、東アジアのことにはふれてはいない。近代的なメディアは西欧が先行して、おそらくアジアでは、日本の明治以降、実際には第二次大戦後にようやく今日に続くメディア状況が生まれたというのが、オングに限らず、欧米のこの分野の研究書の大方の前提であろう。そして、多くの書で、その起点とされるのが、J. グーテンベルクの活版印刷術だ。

だが、2008 年の北京オリンピック開会式で、映画監督のチャン・イーモウは、活版印刷術を発明したのは中国であると、世界に主張した。中国が何でも自国の発明だとするナショナリズムに批判はあるが、西欧の学者に自文化中心主義が皆無とも思えない。

これを示すのがオングの日本語版での日本の読者に向けての「序文」である。彼はその中で「18 世紀から 19 世紀にかけて日本人のあいだに文字の文化が普及していたことは、近代に日本が歩み入ることを可能にしました」という。しかし、文脈からは、依然としてオングにも、「日本の近代化は明治以降」、「西欧文化の移入による」という西欧知識人の固定概念があるように思われる。だが、1980 年代以降の江戸時代再評価の流れに関して、当時の政治体制の評価にはさまざまな立場があるが、メディア論の観点からは、江戸時代のそれは、西欧の同時代と同列にできない多様性をもっていたとは言えるだろう。加藤秀俊の『見世物からテレビへ』(1965, ⇨ 7 巻 20 章)はもはや「古典的」ではあるものの、まだ戦後の歴史学が奇妙に戦前からの「国史」的な進化史観を受け継いでいた時代に、この分野の新しい江戸時代像の先鞭をつけた。さらにこの流れを定着させた

のが，田中優子の一連の仕事であり，その最初が『江戸の想像力——18世紀のメディアと表徴』(1986)だった。実際，江戸時代のメディア状況は，オングの言う「声の文化」にとどまっていたのではないし，「文字の文化」に閉じ込められてしまったものではなかったのである。

西欧では，「文字の文化」たる，グーテンベルクの活版印刷術によって聖書が複製されることで，西欧世界が変容した。だが，日本では，元禄時代以降に花開いた浄瑠璃，歌舞伎，浮世草子，浮世絵などの「文字と声の融合文化」が，一般の人々が共通の情報に直接ふれることができる機会を生み出し，いち早く大衆社会を成立させ，ポピュラーカルチャーを生み出す原動力になった。江戸時代は，今日のマンガ，アニメの流れを作る，マルチメディアによる情報社会だったのだ。

近世に（おそらく18世紀初頭には）都市部に住む多数の人々が「声の文化」と「文字の文化」を共有した日本では，西欧とはどのように違う社会変容があったのか。オングはそれに答えていない。だが，答えるべき責務をもっているのはオングではない。私たち，日本のメディア論者である。

Quotations

　この何年かのあいだにわかってきたのは，一次的な声の文化（つまり，まったく書くことを知らない文化）と，書くことによって深く影響されている文化とのあいだには，知識がどのように取り扱われ，またどのようにことばに表わされるかという点で，ある基本的な違いがある，ということです。この新しい発見からひきだされる帰結は驚くべきものです。つまり，文学や哲学や科学の思考と表現において当然のものと思われてきた特徴の多くは，あるいはまた，口頭での話しであっても，それが文字に慣れた〔読み書きができる〕者たちのあいだで行われるときに，そこで当然のものと思われてきた特徴の多くは，けっして人間存在自体に生まれつき直接に備わって

いるものではなくて，書くという技術が人間の意識にもたらした手段によって生みだされたものだ，ということです。[オング 1991：5]

参考・関連文献

Bateson, G. 1972 *Steps to an Ecology of Mind*, Harper & Row.（ベイトソン 1986-87 佐伯泰樹他訳『精神の生態学』上・下，思索社）

Farrell, T. J. and P. A. Soukup（eds.）2002 *An Ong Reader: Challenges for Further Inquiry*, Hampton Press.

Innis, H. A. 1951 *The Bias of Communication*, University of Toronto Press.（イニス 1987 久保秀幹訳『メディアの文明史』新曜社）

金田一京助 1988『ユーカラ——アイヌ叙事詩』岩波文庫。

加藤秀俊 1965『見世物からテレビへ』岩波新書。

Lévi-Strauss, C. 1962 *La pensée sauvage*, Plon.（レヴィ=ストロース 1976 大橋保夫訳『野生の思考』みすず書房）

Lorenz, K. Z. 1965 *Über tierisches und menschliches Verhalten*, 2 vols., Piper.（ローレンツ 1977 丘直通・日高敏隆訳『動物行動学』Ⅰ・Ⅱ，思索社）

前田 愛（1973）2001『近代読者の成立』岩波現代文庫。

McLuhan, M. 1962 *The Gutenberg Galaxy*, University of Toronto Press.（マクルーハン 1986 森常治訳『グーテンベルクの銀河系——活字人間の形成』みすず書房）

奥野卓司 2007『ジャパンクールと江戸文化』岩波書店。

Ong, W. J. 1958 *Ramus: Method and the Decay of Dialogue*, Harvard University Press.

Shannon, C. E. and W. Weaver 1949 *The Mathematical Theory of Communication*, University of Illinois Press.（シャノン／ヴィーヴァー 1969 長谷川淳・井上光洋訳『コミュニケーションの数学的理論』明治図書出版）

田中優子 1986『江戸の想像力——18世紀のメディアと表徴』筑摩書房。

梅棹忠夫 1988『情報の文明学』中央公論社。

柳田国男 1976『遠野物語・山の人生』岩波文庫。

（奥野卓司）

3 情報様式
M.ポスター『情報様式論』

Mark Poster, *The Mode of Information: Poststructuralism and Social Context*, Polity Press, 1990.（『情報様式論——ポスト構造主義の社会理論』室井尚・吉岡洋訳，岩波書店，1991；岩波現代文庫，2001）

I 本書は，コンピュータ導入以後の電子メディア環境を，ポスト構造主義と呼ばれる社会理論・哲学思想を大胆に適用することで批判的に分析した，情報社会論の記念碑的著作である。その内容は，序章「何も指示しない言葉」，1章「脱工業社会の概念」，2章「ボードリヤールとテレビCM」，3章「フーコーとデータベース」，4章「デリダと電子的エクリチュール」，5章「リオタールとコンピュータ科学」で構成されている。

　ポスターはまず，現在の電子メディアがますます現実の対象と結びつかない体験や社会関係を作り出すようになっており，その結果，私たちのリアリティに重要な変化が起きていることを指摘する。例えば，クラシックのレコードを聴くオーディオ愛好家は，高価な機材を揃え，実演時の音を自宅で再現するために膨大な努力を払うが，実際にはそのコンサート会場にいた聴衆さえ体験できなかった複雑で繊細な演奏を聴いているのである。ロックのCDの場合は，各演奏家が別々に録音した楽器パートを編集加工したものが多いから，初めからオリジナルの演奏が存在しないことも普通だ。実際ライブに出かけてみたら，普段愛聴していた曲がまったく別の曲のようにしか聴こえなくて落胆することはめずらしくないだろう。私たちの耳は今や，目の前で演奏されている音よりも，電子的に複製されたデジタル音の方が本物らしく聞こえるようになっているのである。

ポスターによれば，電子メディアが作り出すこうしたシミュラークル（オリジナルなきコピー）の浸透によって，近代社会を支えてきた「主体」の自律性や中心性は大きく揺らいでいるという。そしてこの変動を捉えるためには行為ではなく，記号や情報といった「言語」の次元に着目しなければならないと主張する。というのは，言語は意図的な行為の道具であるだけではなく，「語りかけられている主体と共に語っている主体を構成する」力をもっており，「電子メディアによるコミュニケーションは言語のこのレベルにおいて強制的な効果をもっている」からだ。そこでポスターが提起するのが，「情報様式」という概念である。情報様式とは，過去の社会を「生産様式」の違いによって区分したマルクスに対し，歴史の発展を「シンボル交換の構造」の違いによって区分する仮説である。またこの言葉には，現代における文化や支配の形態は「情報というモード」によってこそ理解しうる，という意味も込められている（そのためポスターは，現代を単に「情報様式の時代」と呼ぶことも多い）。

　ポスターは情報様式を3つの段階に区分する。第1に，対面し，声によって媒介されるシンボル交換の段階。この段階では，言語は自然や共同体の秩序と照応し，自己は発話地点として対面的な人間関係に埋め込まれて構成されている。第2に，印刷物に媒介された書き言葉によるシンボル交換の段階。この段階では，言語は世界を表象し，自己はそれを理性や想像力を働かせて解釈する自律的な主体として構成される。そして第3が電子メディアによる情報交換の段階であり，この段階では，言語は外界を映す主体の道具ではなくなり，自己の地位は絶えず脱中心化され多数化されることになる。

　ポスターは現代を第3の情報様式が優勢になった時代とし，電子メディアをそれ以前の類推で分析している論者を容赦なく批判する。例えば，通信技術の発達を単なる時空間の縮減と捉える論者はもちろん，メディアによる身体感覚や対面状況の再編について論じたM. マクルーハンやJ. メイロウィッツも，それが「主体の全面的な

動揺」をもたらすとまでは考えていない。それに対し，電子メディアの潜在的な力を正確に捉えているのは，M. フーコーや J. デリダをはじめとするポスト構造主義あるいはポストモダンの思想家だとポスターは考える。つまり，「理性的個人」や「代行＝表象」といった西欧近代の思考様式を相対化し，主体に対する記号や言説の優位を論じた彼らの理論は，20世紀後半以降のメディア環境と深く共振したものなのである。こうしてポスターは，テレビ CM を J. ボードリヤールの「記号的消費」（2章）と，データベースをフーコーの「一望監視施設」（3章）と，電子メールをデリダの「エクリチュール」（4章）と，コンピュータ科学の言説を J.-F. リオタールの「大きな物語の凋落」（5章）と結びつけ，それぞれ分析していく。

では，電子メディアによる情報交換はどのように主体を脱中心化するのか。ポスターは，電子的コミュニケーションの特徴を3つ挙げている。第1に，電子メディアによる会話は通常の文脈を欠いているため，日常生活の制約に縛られない発話状況を新しく導き入れる（脱文脈的）。第2に，電子メディアの会話は主に一方向的・非同時的に行われるため，モノローグ的になる（独白的）。第3に，脱文脈的で独白的な電子メディアの会話は，誤解＝誤配の可能性が高まるため，自分が行っている発話の文脈について自己言及的になる（自己指示的）。つまり対面状況から離れるほど，電子メディアの言語は受け手の反応を偽装し，発話の文脈を自らシミュレートするようになるのだ。例えばテレビのニュースなら，キャスターの服装，カメラの角度，テロップ，視聴者の声を代弁するゲストといったさまざまな演出をすることで，番組内容のコンテクストを制御するわけだ。このように電子メディアは，現実の世界と関わらない「自己指示的」なコミュニケーションを創出することで，言語の表象機能を頼りに世界と向きあっていた主体の現実感覚を宙吊りにしてしまうのである。

2章で分析されるテレビ CM は，こうした自己指示的な言語の典

型と言えよう。CMの役目は，イメージの新しい結合を通じて，その商品の実体的な価値とは直結しない，記号的価値（他の商品との意味的な差異）を作り出すことにあるのだから。例えばジョンソン社のCMでは，他社製品を使って台所の床磨きに苦労している平凡な女性の前に魅力的な男性が「セクシーな床磨きワックス」として突然現れる，というマンガのような状況が描かれる。CMはこうしたテレビ特有の脱文脈的な表現法を用いて，ありふれた掃除用品に「ロマンスやセクシーな魅力」を付与するのである。

　ボードリヤールによれば，消費社会では，このような記号的価値に対する欲望が現実の物や出来事に対する欲求を凌駕し，メディアの作り出す現実の模像が人々のリアリティを侵食するようになるという。ならばテレビCMを観ることで構成される主体は，印刷物を読む場合のそれとは大いに異なるはずだ，とポスターは考える。すなわち，活字の読者は「たった一人で線的なシンボルを論理的に結合する，文化の安定した解釈者」であった。他方，突飛なイメージ操作によって次々に新商品の魅力を訴えてくるCMの言語を理解するには，テレビの視聴者は客観的な態度を括弧に入れて，CMが作り出す仮想現実の世界に自ら参加しなければならない。こうして視聴者は「テレビCMの目の回るような多声的性格」と積極的に戯れることで，「錯覚と現実との区別を侵食するような非中心的な主体」を自身のうちに形成し，「理性的で男性的なブルジョアの主体を融解させてしまう」のである。

　同じような現実感覚の変容は，4章で分析されるメッセージ・サービスや電子メールでも起こりうる。コンピュータの文字には，表情や声や性別といった個人的指標が欠けているので，書き手の実像をまったく反映しない自己指示的なコミュニケーションが築かれやすいからだ。例えば，電子掲示板の書き込みを通じた討論や交流に，普段の会話よりも自由や本音を感じる人が多いのは，参加者がお互いをネット上でのみ存在する虚構の人格と見なし，相手や自分の素

性を配慮する必要がないからだろう。そこでは,日常生活の中で築かれてきた「伝記的同一性〔biographical identity〕は,コミュニケーションの電子的ネットワークとコンピュータの記憶システムの中で散乱し」,電子の文字が肉声のリアリティを上回るのである。ただ,会話のコンテクストが現実の社会的な制約から自由であるということは,発言者の意図とは異なる文脈で受け取られる可能性にも大きく開かれていることも意味する。ネットの書き込みが加熱しやすいのはこのためだろう。デリダは,文字(エクリチュール)による表現や伝達は,その文が書かれたコンテクストから常に分離できるので,書き手の意図的な制御によって誤解＝誤配の危険性を完全に防ぐことはできない,と主張した。ポスターの考えでは,電子メディアはそうした文字の脱文脈性を極限まで高めるのである。

　こうしてポスターは,電子メディアの媒介によって理性的・男性的・白人的な主体が散乱していく様子をさまざまな領域の中に見出し,これらの現象が,硬直したアイデンティティから個々人を解放する可能性について考察を進める。その意味で本書は,ポストモダンの時代にふさわしい「主体の政治学」を探求する試みでもあるのだ。だが,ポスターは近代的主体の解体という事態を手放しで称揚しているわけではなく,現代社会が「情報」という様式を通じて,主体をより巧妙に管理するようになっていることも見逃してはいない。つまり,同じ時期にG.ドゥルーズが素描した「管理社会」への見通しを,本書もまた共有しているのだ。この二重の視点が,ポスターを能天気なポストモダニストから分かつ点であり,本書のアクチュアリティが現在でも失われていない理由であろう。

　とりわけ3章で分析されるデータベースは,分散し続ける主体を精妙に捕捉する,最も重要な情報テクノロジーと言えるだろう。移動や買い物や通院や口座取引や事故の履歴を,利用者自身が磁気カードやICチップを通じて情報処理センターに送信し,その蓄積された膨大な個人情報を顧客管理や公共サービスに役立てるシステム

は現在，クレジット会社，交通機関，役所，警察，保険会社，病院，企業等さまざまな場面で用いられるようになっている。フーコーはかつて，J. ベンサムが刑務所の改善案として考案した「パノプティコン（一望監視施設）」をモデルにして，近代社会の権力（規律訓練型権力）が，自らの行動を自発的に監視する人間を育成しようとしていることを明らかにした。生活のあらゆる細部を継続的に記録し，その情報のフィードバックによって，消費者が過去に購入した商品を確認したり，住民が互いの行動を監視しあったりすることを日常化した現代のデータベースは，ポスターによれば，近代的権力を完全な形で実現させた「超パノプティコン」なのである。

最後の5章で分析されるコンピュータ科学もまた，情報による環境制御の技術と理論（サイバネティクス等）を提供することで，人間や自然のあらゆる活動をコントロールしようとする現在の社会潮流を強力に支えている装置だとポスターは考える。リオタールによれば，人間の主体性という近代の共通理念（大きな物語）が失われたポストモダン社会において，諸科学はそれぞれの専門分野に閉じこもる一方，「効率」（偶然性の削減）が科学の営みを正当化する至上の原理となっていくという。実際，認知科学や犯罪学や組織論や経済学や環境工学といった多くの現代科学において，人間を自然や機械と同じ制御可能な資源として，あるいはシステムの作動を妨げるノイズ＝リスクとして扱うことは，研究者たちの前提になっていると言えよう。ポストモダンの文芸批評家が「主体の死」を派手にふれ回っているのをよそ目に，コンピュータで武装した現代の科学者たちは，それを字義通り淡々と遂行しているのである。

II　マーク・ポスターは1941年生まれ。1968年にニューヨーク大学で博士号を取得し，現在はカリフォルニア大学アーヴァイン校の歴史学教授として，20世紀ヨーロッパの思想史と文化史，批判理論，メディア学を担当している。また，同大学の批判理論研

究所にも所属しており，そこを拠点に内外の研究者との交流も活発に行っている。本書で取り上げられたデリダやリオタールも，同研究所に招かれてたびたび講演を行っている。

　ポスターは現代フランス思想の研究者としてのキャリアが長く，1971 年に出版した最初の著書は，18 世紀革命期の作家レチフ・ド・ラ・ブルトンヌのユートピア思想について論じたものだった。同時期には C. フーリエの選集も出しており，初期のポスターがマルクス以前の革命思想に惹かれていたことをうかがわせる。それは，彼が 1968 年にパリで起きた学生蜂起（5 月革命）から受けた衝撃とも関係していよう。『戦後フランスにおける実存主義的マルクス主義』(1976) や本書『情報様式論』の 5 章でも論じられているように，この事件はそれまでマルクス主義や共産党に共感を寄せていた進歩派知識人の限界を示し，脱近代的な政治や権力の姿を予告するものだったからだ。この間にポスターは数度渡仏し，ボードリヤールや C. カストリアディス，A. ゴルツ，E. モランらと親交を結ぶ。特にボードリヤールに関しては，1975 年に『生産の鏡』(1973) を自ら英訳し，1988 年には論文集も編んでいる。

　情報様式の概念はポスターが 1980 年代から唱えてきたもので，『フーコー，マルクス主義，歴史』(1984) や『批判理論とポスト構造主義』(1989) にも登場している。これらの著作でポスターは特にフーコーの言説分析を，マルクス主義的権力論を刷新するものとして評価していた。そして，それまで思想研究を通じて蓄積してきたアイディアを，電子メディアの分析に本格的に適用した最初の試みが，1990 年の『情報様式論』というわけだ。こうしてみると，ポスターは西欧マルクス主義への違和感からポストモダンの政治学を模索するうちに，情報技術やメディアの問題に出会ったことがわかるだろう。また序章にも明らかなように，ポスターは熱狂的なオーディオマニアでもあり，あるインタビューでは自分の音楽体験がテクノロジーについて深く考え始めたきっかけだったと語っている。現代フ

ランス思想と電子メディアという異質な領域を結びつける大胆なアイディアは、ポスターにとっては必然でもあったわけだ。

　ポスターは現在も第一線で活躍する学者であり、本書を出版したあとも『セカンド・メディア・エイジ』(1995)、『インターネットのなにが問題なのか』(2001)、『インフォメーション・プリーズ』(2006)といった力作を着々と発表し(すべて未邦訳)、ヴァーチャルリアリティやネット民主主義といった最新の事例について具体的な考察を行っている。ただ、最新作『インフォメーション・プリーズ』の序文において、著者自ら同書を『情報様式論』の「第4版」と位置づけているように、ポスター自身のキャリアにとっても、本書が重要な画期をなす作品だったことは間違いないようである。

III

　『情報様式論』は1990年に出版され、翌1991年には日本語に訳されている(2001年には文庫版も出ている)。このタイムラグの短さが示すように、本書は日本の研究者の間では早くから注目され、例えば1991年の公開シンポジウムに基づいた、1992年の雑誌『思想』の特集「情報化と文化変容」(817号)には、ポスターの著書に言及した報告論文が数多く収録されていた。そのうち吉見俊哉の論文(吉見[1994]に収録)は、本書をマクルーハン以降のメディア論の流れに位置づけたうえで、その核心部分を的確に論じている。また吉見を中心とした電話利用の研究[吉見・若林・水越 1992]でも、ポスターの議論等を参照しつつ、伝言ダイヤルを利用した電話コミュニケーションが興味深く分析されている。

　本書に触発された研究の中でも、大澤真幸の『電子メディア論』(1995)は、最も理論的精度の高い1冊と言える。大澤はデータベースの技術によって規律訓練型権力が完全に実現されれば、かえって権力の作動は内から失調する可能性があることを指摘し、ポスターの「超(スーパー)パノプティコン」論を批判的に乗り越える議論を行っている。ただ大澤の批判は、ポスターが管理社会論の文脈で論じたデー

タベースの議論を，本書のもう1つの主張である「電子メディアによる主体の散乱」という文脈により近づけて読み直す可能性も示唆していると思われる。

1990年代半ばになると，電子メディアやコンピュータを現代思想とクロスさせて分析する試みは続々と発表されるようになるが［例えば，Bolter 1991＝1994, 黒崎 1997, 和田 2004, 大黒 2006 等］，ポスターの仕事に直接言及したものはそれほど多くはない。これはある意味，本書が先駆的に提示した「電子メディアの構成する社会的経験とポストモダン社会の同型性」という着想が，その後の研究者たちの間で広く共有されるようになり，メディアの問題を考察するうえで必須の前提となったことを裏づけていよう。

例えば，東浩紀は，そうしたポスターの洞察を前提にしながら，現代日本社会のコンテクストを強く意識した研究を進めている論者の1人である。東［1998］は，本書の4章でも検討されている，『絵葉書』(1980) を中心としたデリダ作品の精緻な読解を通じて，メディアとエクリチュールの問題を主題的に考察している。また，リオタールやフーコーやドゥルーズの議論から「データベース的消費」や「環境管理型権力」といった卓抜な概念を編み出し，日本のポストモダン文化を明晰に分析した『動物化するポストモダン』(2001) も必読である。どちらの著書にも，ポスターが切り開いた電子メディアとポストモダン社会の連関を，さらに理論的・実証的に探求していくための重要なヒントが多く含まれている。

Quotations

情報様式において，主体はもはや絶対的な時間／空間の一点に位置してはおらず，また物理的で固定された視点をもってそこから何をするかを合理的に選択判断したりはしない。その代わりに，主体はデータベースによって増殖され，コンピュータによるメッセージ化や会議化によって散乱し，

テレビ広告によって脱コンテクスト化されたり再同定されたりし，電子的なシンボル転送において常に溶解されたり，材料化されたりしているのである。[ポスター 2001: 30]

　コンピュータと科学者のアイデンティティは非常に接近しているために，きわめて容易に鏡の効果が生じる。科学者は知的な主観性をコンピュータに投影し，そしてコンピュータが基準となって知性が定義され，科学者が判断され，人間性の本質が輪郭づけられるようになるのである。[同: 335]

参考・関連文献
東　浩紀 1998『存在論的，郵便的』新潮社。
――― 2001『動物化するポストモダン』講談社現代新書。
Bolter, J. D. 1991 *Writing Space: The Computer, Hypertext and the History of Writing*, Lawrence Erlbaum Associates.（ボルター 1994 黒崎政男・下野正俊・伊古田理訳『ライティングスペース――電子テキスト時代のエクリチュール』産業図書）
Deleuze, G. 1990 *Pourparlers*, Minuit.（ドゥルーズ 1992 宮林寛訳『記号と事件』河出書房新社; 2007 河出文庫）
黒崎政男 1997『カオス系の暗礁めぐる哲学の魚』NTT出版。
大黒岳彦 2006『〈メディア〉の哲学』NTT出版。
大澤真幸 1995『電子メディア論』新曜社。
Poster, M. 1984 *Foucault, Marxism and History: Mode of Production Versus Mode of Information*, Polity Press.
――― 2006 *Information Please: Culture and Politics in the Age of Digital Machines*, Duke University Press.
和田伸一郎 2004『存在論的メディア論』新曜社。
吉見俊哉 1994『メディア時代の文化社会学』新曜社。
吉見俊哉・若林幹夫・水越伸 1992『メディアとしての電話』弘文堂。

　　　　　　　　　　　　　　　　　　　　　　　　　（小倉敏彦）

4 メディア・イベント
D. ダヤーン／E. カッツ『メディア・イベント』

Daniel Dayan and Elihu Katz, *Media Events: The Live Broadcasting of History*, Harvard University Press, 1992.（『メディア・イベント——歴史をつくるメディア・セレモニー』浅見克彦訳, 青弓社, 1996）

Ⅰ　1959 年の皇太子成婚パレード，64 年の東京オリンピック。この 2 つの歴史的イベントは，日本のテレビ受像機普及の大きなきっかけとなった。大多数の国民がそれぞれ別の場所で同じ出来事を同時に見る——こんなことは，テレビの登場によって初めて可能となったのである。「歴史の生放送」（邦訳「歴史をつくるメディア・セレモニー」）という副題が示す通り，本書のテーマは，このような歴史的イベントのテレビ生中継放送である。ダヤーンとカッツは，これを「メディア・イベント」と呼ぶ。英国皇太子とダイアナの結婚式（1981 年），アポロ 11 号の月面着陸（1969 年），オリンピックのテレビ中継等が代表例として挙げられている。後述（Ⅲ）するように，現在のメディア研究において「メディア・イベント」という概念は，もっと広い意味で使われるのが一般的だ。著者らが，上述のような生放送だけに限定しているのは，これらのイベントを社会的儀礼として捉えるからである。例えば，突発的な大事故のニュース等は，歴史的な出来事が生で放送されるという点では同じだが，メディア・イベントではない。視聴者はあくまでも情報の「受け手」にすぎないニュース番組と違い，視聴者が「参加」するのがメディア・イベントであるというのだ。そのためには，あらかじめ準備されていることが，必要条件となる。

　重要なイベントが行われるとき，普段は熾烈な視聴率競争を演じ

ている放送局間のライバル関係は，いったん保留され，ほとんどの局が同じイベントについての放送を行う。電波は，イベントに「独占」される。視聴者の日常は「中断」され，いつもとは違う，という意識でテレビの前に座る。イベントの前には，通常放送の中で，規範的なメッセージが繰り返し伝えられる。〈その時間に，そのイベントを視聴するのは，必要なことなのだ〉。もし，それが，放送局主催イベントなら，ただの宣伝だ。しかし，メディア・イベントは，放送主体とは別の機関，国家や国際機関等によって運営されるものである。そのため，放送局による事前の働きかけは，公的な価値に基づくものだと受け取られる。メディア・イベントは，「特別な放送」なのである。

本書は，このようにメディア・イベントの要件を示したあと，事例に共通する構造を詳細に分類・整理していく。放送局／イベント主催者／視聴者——これら3者の間で，どのような相互作用があるのか，また，どのようなメッセージが伝達され，価値やネットワークが生み出されるのか，成功／失敗を分けるものは何か，等々が，「メディア・イベントの脚本」，「メディア・イベントをめぐる駆け引き」，「メディア・イベントの上演」，「メディア・イベントを「祝う」」と題された各章で，考察されている。

なかでも興味深いのは，2章「メディア・イベントの脚本」で示される，物語形式の考察である。放送局は，国家機関など別の主体が運営するイベントを生中継する。そのとき，現場の出来事をただ単に映して放送しているのではない。スタジオからの解説，ナレーション，またカメラワークや，画面の選択等，それぞれの場面で「脚本」に基づいた取捨選択が行われるのだ。イベントのメッセージを伝えるため，脚本は「物語」の形式を備えている。それには，基本形として，(1)競技型，(2)制覇型，(3)戴冠型の3つがあるという。

(1)競技型は，オリンピックや，大統領候補のテレビ討論等，結果のわからない勝負が焦点となるもの。(2)制覇型は，「人類にとって

の一大飛躍」が英雄によって達成される,という物語。アポロ 11 号の月面着陸の中継は,その典型例だ。(3)戴冠型は,王室の結婚式や,偉大な人物の葬儀,凱旋パレード等,狭義の社会的儀礼（セレモニー）の生中継である。そして,この 3 つの物語形式が上演する「権威のモデル」は,M. ヴェーバーの「支配の 3 類型」（合理的-合法的・伝統的・カリスマ的）と重なりあう。(1)競技型は,合意されたルールの大切さが語られる。(2)制覇型でスポットライトを浴びる英雄は,まさに「カリスマ」である。(3)戴冠型では,「伝統」が権威である。王室儀礼の中継で,宝物や儀式の由来が「うやうやしく」説明され,歴史的連続性が強調されるように。

　このような物語の形式で,テレビはイベントを語り直す。そして,「私たちの時間と関心を優先的に占領する権威を受け取り」,視聴経験を変容させる。

　事件や事故のニュースは,秩序の崩壊や危機を伝えるが,メディア・イベントは,混乱からの回復や,新秩序の誕生,人類の成功等を「祝う」ものである。視聴者が経験するのは,テレビ登場以前にはありえなかった,イベントへの「参加」だ。

　視聴者は,イベントの全体像を見渡せる,特権的な立場にいる。例えば,王室儀礼の場合。かつて,参列の仕方は,そのまま社会的地位の表現でもあった。中心からの物理的な距離は,そのまま権威からの距離を示した。重要な儀式への参列を許される,少数の特権階級。沿道から,通り過ぎる馬車に祝福を送るしかない大多数の庶民。今日でも,現場の構図は同じではあるが,テレビを通して語られることによって,イベントは本質的に転換させられ,「現場に居合わせた人々には認識できないもの」となる。

　中継先の現場レポーターの役割は,特権的なものではなく,場面に奥行きを与えるための大道具のようなものにすぎない。実況者には,イベントの邪魔をしないように話すことが求められる。視聴者へ「参加」を促しながらも,まるで,何も伝達していないかのよう

に。テレビは，視聴者が自由かつ平等にイベントに関与できる回路を開き，現場にいる感覚を与えるのだ。また，メディア・イベントは，家族等の集団で一緒に視聴するようにも働きかける。こうして，リビングルームは，イベントの空間へと変貌する。

今日では，もちろん，イベントそのものが，テレビで中継されることを前提として組み立てられている。テレビの登場は，公的な空間におけるイベントのあり方を，大きく変容させたのである。

メディア・イベントという人類にとってまったく新しい経験を，どう評価するべきだろうか。国民を魅了し，権威の再活性化を効果的に可能とするメディア・イベントは，国家の強力なイデオロギー装置にすぎないのではないか。著者らは，そのような危険性を指摘する議論を尊重しつつも，「無批判的ではないが，暗に擁護する立場をとっている」と宣言している。そこには，従来のマス・コミュニケーション研究では受動的なものと前提されていた，視聴者側の能動的な関与を，正当に評価すべきだという主張がある。本書では，基本的な分析視角として，象徴人類学の儀礼理論が採用されている。これは，前近代的な社会集団において，祝祭儀礼が果たした機能に注目したE.デュルケムの学問的伝統につながる視点である。世俗化が進んだ今日の市民社会では，テレビというシャーマンが司る儀礼＝メディア・イベントが，デュルケムの言う「社会的連帯の基礎にある前契約的な紐帯」を再生させる重要な役割を担っているのではないか。これまでのマス・コミュニケーション研究では，このようなメディアの機能を，不当にも見過ごしてきたのではないか。「暗に擁護する立場」とは，カッツらの，メディアがもつ可能性への期待を表明したものであろう。

メディア・イベントがもたらす，自由で平等な共同性の感覚は，大衆化した社会においてバラバラに切り離された個人を，再び結びつけるだろう。グローバルな通信ネットワークが発展した今日では，国際的なメディア・イベントが，「私たち」の境界線を，より広く引

き直すこともありうる。「私たち人類」へと。

　自分の人生を振り返ったとき，メディア・イベントへの「参加」経験が，特別な鮮度をもって思い出されるという人は，多いのではないだろうか。「○○をしていたのは，あのオリンピックの頃だったな」，「あの歴史的瞬間は，○○と一緒にテレビで見たのだったな」。個人的記憶と集団的記憶が，テレビによって媒介され，特別な思い出になる。良くも悪くも，そのようなことが当たり前になっている社会に，私たちは生きているのだ。

Ⅱ　エリユ・カッツは，1926年生まれ。本巻でも紹介されている『パーソナル・インフルエンス』(1955, ⇨本巻11章)では，指導教授のP.F.ラザースフェルドとともに著者として名を連ねている。現在は，ペンシルベニア大学アンネンバーグ・コミュニケーション研究所委嘱教授，ヘブライ大学名誉教授，ガットマン応用社会調査研究所科学主事等の肩書きをもつ，マス・コミュニケーション研究を代表する人物の1人である。

　ダニエル・ダヤーンは，1943年にカサブランカに生まれる。1970年代末以来，カッツとともに，メディア・イベントを対象にした研究を始め，注目を浴びているメディア研究者である。これまでに，スタンフォード大学をはじめ，さまざまな大学でメディア社会学や映画論を教えてきた。現在，フランス国立科学研究センター研究主幹，パリ政治学院メディア社会学教授。2008年から，ニューヨークのニュー・スクール・フォー・ソーシャル・リサーチ客員教授も務める。

　カッツらがメディア・イベントに関心を向けるきっかけになったのは，1977年のイスラエルでの体験であるという。第四次中東戦争後の混乱が続く情勢の中で，エジプトのサーダート大統領は，長年の敵国イスラエルへの電撃的訪問を敢行した（これをきっかけに，翌年には，エジプト-イスラエル間で和平合意が成立する）。泥沼の中東情勢の

打開へ向けて，まさに歴史的と言うべきサーダートの訪問を，イスラエルのテレビ局は，特別編成を組んで長時間にわたって生中継で放送した。この放送がイスラエル社会，ならびに他の中東諸国へ大きなインパクトを与えた様子を，当時エルサレムにいたカッツらは目の当たりにしたのである。歴史的な出来事の生中継が，人々に何をもたらすのか。このような関心のもと，彼らは，アメリカ国内外のさまざまな生放送に関する資料を収集分析していった。その15年にわたる研究の成果がまとめられたのが，本書である。本書は，マス・コミュニケーション研究に，「メディア・イベント」という新しい概念を導入し，批判も含め幅広い論議を呼び起こした。現在，7ヵ国語に翻訳され，世界中のメディアに関心をもつ研究者に読まれている。

彼らのメディア・イベントへ向けるまなざしが，基本的に肯定的であることはⅠで紹介した通りである。見方によれば楽観的すぎると思えるような，彼らの，メディア・イベントへ向ける期待の背景には何があるのか。カッツらの研究を紹介する論考の中で，竹内郁郎は，彼らがイスラエル国家に関わるユダヤ人であることに，その理由を求めている［竹内 1984］。「再建された国家」イスラエルは，多文化社会でもある。イスラエル人というアイデンティティの形成，あるいは，アラブ人との融和。そのような諸課題に，メディアはプラスの機能を果たせるのではないか。常に戦争と隣あわせの中東状勢の中，サーダートの訪問中継が見せたテレビの可能性に，大きな期待を見出したのも当然と言えるかもしれない。カッツ自身，1960年代の終わり頃に，イスラエル政府の招きを受け，テレビ放送をイスラエルで開始するためのプロジェクトチームのリーダーとなった経歴がある。その後，イスラエル・テレビの初代会長を務め，番組制作の方針作りに尽力した。自由社会のマスメディアは，国家から自立した存在である。そのように，放送主体へ基本的な信頼を置いているのも，テレビの送り手側として，実践的に関わった経験ゆえ

のことであろう。

III 本書では，メディア・イベントとそうでないものとの違いが詳しく論じられているが，その線引きには，恣意的な面もある。8章「メディア・イベントの魔術的効力」では，事例の1つとして1989年の東欧民主化運動を取り上げ，テレビが，歴史の転換を人々に呈示する過程を分析しているのだが，これなどは，著者らの定義するメディア・イベントとは，かなり異なる性格のものではないかと思えてしまう。私たちの日頃のテレビ視聴経験を振り返ってみても，さまざまな境界例があることがわかるだろう。例えば，テレビの登場以来，人気コンテンツであり続けたスポーツの生中継はどうか。毎晩のように放送されるプロ野球のナイター中継。日常を中断する特別な儀礼とまでは言えないが，テレビの前で一喜一憂しつつ勝負を見守る熱心なファンは，まさにイベントに「参加」する視聴者の一例だ。本書では，オリンピックや，MLBのワールド・シリーズ，アメフトのスーパーボウル等は，メディア・イベントの資格がある，と述べられているが，そうでないものとの境界線はかなり曖昧だ。カッツらの定義は，象徴人類学の儀礼理論という分析枠組が先にあり，選び出された研究対象に事後的に当てはめたものだと言うべきかもしれない。

　吉見俊哉が，本書の日本語版に付された「解題」［吉見 1996：387］で指摘しているように，象徴人類学的なアプローチには，今日のメディア理論によって越えられるべき限界もあるだろう。国家等のイベント主催者／放送局／視聴者，それぞれが，主体的に関わりつつイベントは成立し，その過程で，視聴者はある種の能動性を示す。本書ではこのように述べられているが，視聴者の文化的な多様性や，各主体間の権力関係等は，ここでは不問に付されている。マスメディアを介したイベントの作用は，紐帯の強化や権威の再生／転換として「全体的」に働くだけではない。メディア空間は，多様な主体

の意図や利害が錯綜する対抗的な場でもあるのだ［吉見 1993］。

　カッツらが「セレモニーのテレビ生中継」だけに限定して使ったメディア・イベントという概念は、本書の出版以降、メディアと社会を対象にした学問で広く使用されるようになった。そこでは、儀礼理論の枠にとらわれず、「メディアが関わるイベント」一般を指す概念として使われている。吉見によれば、メディア・イベントは、(1)マスメディアによって演出されるイベント、(2)マスメディアによって中継・報道されるイベント、(3)マスメディアによってイベント化された社会的事件、という3つのタイプ分けができる［吉見 1996］。これらは、相互に重なりあう部分をもつ。本書でカッツらが取り上げた事例は、(2)に相当するが、(1)も含まれる。(3)は、例えば日本では、1972年の浅間山荘事件がその典型だろう。実際に起こった事件が、メディアによって物語の形式を付与され、イベント化されるような事例だ。

　メディア・イベント概念が使われるようになって以降、日本では、主に(1)を対象とした歴史的研究が着実に成果を残している（津金澤聰廣［1996］以降のシリーズ等）。スポーツや芸術など、広く文化に関するイベントには、マスメディア主催のものが多い。例えば、朝日新聞社が主催する、夏の全国高校野球大会。読売新聞社が中心となって枠組みが作られたプロ野球。囲碁・将棋のタイトル戦も、新聞社が主催するものがほとんどだ。メディアが企画・運営し、メディアを使って広報し、かつ、そのイベントを「ニュース」として報道する（紅白歌合戦の出場者が決まりました、という「ニュース」）。このような、メディア・イベントの（いわば）マッチポンプ的構図は、美術展やコンサート、講演会など、さまざまな文化イベントでみられるものだ［有山 1997、江刺・小椋 1994、岡村 2002 等］。また、プロレスや野球、本章の最初に示したロイヤル・ウエディングやオリンピックなどのイベントとともに発展してきた日本のテレビ史に関する研究は、たとえメディア・イベントという言葉が直接使われていなくとも、重要

な先行研究と考えるべきだろう［猪瀬 1990, 佐藤 2008 等］。

カッツらのメディア・イベント観と，このような広い定義との間には，確かに大きなズレがある。しかしながら，上記の(1)(3)にあたるイベントであっても，あるいは，通常のテレビ番組等であっても，本書で分析されたような，視聴者／読者の主体的な「参加」を促し，物語によって「現場」を加工して伝える側面があることは明らかだろう。どのような話題の時でも，常に「うやうやしく」特別なトーンで報道されるわが国のロイヤル・ファミリー。あるいは，近年叫ばれる政治のワイドショー化。本書は，このような，メディアが作り出す「現実」に関心を抱く人々に，広く読まれるべき基本文献だといえるだろう。

Quotations

メディア・イベントは，テレビ中継されるイベントではない。それは，テレビのイベントなのである。自ら現場に居あわせて「そこにいること」は，依然として楽しい経験である。しかしどれほど楽しくとも，それはもはや，セレモニーに参加する唯一の方法ではない。イベントの現実——構成しなおされるであろうそれ——は，「現場」で起きたことではないのである。［ダヤーン／カッツ 1996: 280］

参考・関連文献
有山輝雄 1997『甲子園野球と日本人——メディアのつくったイベント』吉川弘文館。
江刺正吾・小椋博編 1994『高校野球の社会学——甲子園を読む』世界思想社。
猪瀬直樹 1990『欲望のメディア』小学館。
Liebes, T. and J. Curran (eds.) 1998 *Media, Ritual and Identity*, Routledge.
岡村正史編 2002『力道山と日本人』青弓社。
佐藤卓己 2008『テレビ的教養——一億総博知化への系譜』NTT 出版。

清水　諭 1998『甲子園野球のアルケオロジー——スポーツの「物語」・メディア・身体文化』新評論。
竹内郁郎 1984「テレビ中継をめぐる功罪論——E.カッツの"メディア・イベント論"ノート」水原泰介・辻村明編『コミュニケーションの社会心理学』東京大学出版会。
津金澤聰廣編 1996『近代日本のメディア・イベント』同文舘出版。
——— 2002『戦後日本のメディア・イベント——［1945-1960年］』世界思想社。
津金澤聰廣・有山輝雄編 1998『戦時期日本のメディア・イベント』世界思想社。
吉見俊哉 1993「メディアの中の祝祭——メディア・イベント研究のために」『情況』4(7)。
——— 1996「メディア・イベント概念の諸相」津金澤聰廣編『近代日本のメディア・イベント』同文舘出版。
——— 1996「解題」D.ダヤーン／E.カッツ『メディア・イベント』浅見克彦訳, 青弓社。

(古川岳志)

5 ケータイ文化の登場
J. E. カッツ／M. A. オークス編『絶え間なき交信の時代』

James Everett Katz and Mark Alan Aakhus (eds.), *Perpetual Contact : Mobile Communication, Private Talk, Public Performance*, Cambridge University Press, 2002.（『絶え間なき交信の時代——ケータイ文化の誕生』立川敬二監修，富田英典監訳，NTT 出版，2003）

I 電話や携帯電話は，人類史上他に類を見ない特有の位置を占めている。車や飛行機等のテクノロジーは，馬車や鳥によって予示されていた。それに対して，遠距離でのリアルタイムのオーラル・コミュニケーションは，最も神聖な存在でさえ不可能な偉大なパワーであった。ゼウスやパンテオンの神々ですら，伝令役であるマーキュリーに頼らねばならなかったのである。

本書は世界12ヵ国の研究者による携帯電話に関する論文集である。3つの部で構成されており，第1部では国ごとの比較研究に焦点が当てられ，第2部では個人間やミクロ・レベルでのコミュニケーションが取り上げられ，第3部では携帯電話の特性や公的な場面での役割等が議論される。

S. キムによれば，韓国では位階的・集団主義的な文化が携帯電話の急激な普及をもたらした。韓国社会では集団内の関係を維持・強化するために仕事のあとに始まる付き合いに多くの時間とエネルギーが充てられる。そんな人間関係を支えているのが携帯電話であるという。

それに対してイタリアでは，携帯電話が一種のファッションになっている。L. フォーチュナティによれば，イタリア人にとって携帯電話はそれを身につける人の価値観を高めるアクセサリーになっているという。テクノロジーが人々を惹きつける理由は，それが最先

端の技術であり、しかもすぐに時代遅れになるからである。

　イスラエルでも携帯電話で会話をするために膨大な時間を費やすようになり、1999年には1人当たりの1ヵ月の通話時間が欧州平均の2倍、米国の4倍に達した。A. シェッターと A. コーエンによれば、イスラエルでの携帯電話の普及の背景には、新技術に心酔しやすい国民性が存在するという。実は、イスラエルでは携帯電話だけでなく、ビデオデッキやケーブルテレビ等も同様に当初の予想をはるかに超える速さで普及しており、テレビや衛星放送用のパラボラアンテナ等は放送開始前から購入されているのである。

　英国でも携帯電話が普及した。R. シルバーストーンらのモラル・エコノミー概念に依拠しながら英国における携帯電話の普及を分析した D. ナフスと K. トレーシーによれば、英国では近代的個人の確立や成長という考え方が携帯電話利用を促進させた。

　携帯電話利用には、政治的環境も大きな影響を与えている。前述のシェッターらによれば、イスラエルではアラブ諸国との戦争やテロに備えてセキュリティに敏感になっている。そのため兵士の携帯電話利用は禁止されている。ただ、勤務時間外は利用可能であり兵士向けの特別料金も設定されている。また、家族の安否確認には欠かせないメディアとなっているという。

　自国の文化や国民性が携帯電話の普及を促進したというこれらの見解とは逆に、携帯電話が自国文化を侵食していると主張するのがJ.-P. プロである。携帯電話先進国であるフィンランドは、「いつでも」、「どこでも」通信ができるモバイル情報社会を代表している。しかし、沈黙を好むのが伝統的なフィンランド文化であり、モバイル情報社会と調和していないとプロは指摘する。さらに、携帯電話はデジタル版パノプティコンであるという。携帯電話によって私たちは固定的なスケジュールから解放された。しかし、仕事と私用の時間の境界線を引くことが難しくなり、いつでも監視されているような状況が生まれている。実は、このような現象はフィンランドに

限らず他の国々でも認められている。また，公共空間での携帯電話利用マナーも国境を越えて世界中の国々で問題となっている。本書でも各国の研究者がこの問題を取り上げている。

　社会構成主義者として著名なK. ガーゲンは，ラジオ，電子録音機，映画，テレビ等を「独白的存在のテクノロジー (the technologies of monological presence)」と位置づける。それらに没頭している人は，物理的に存在しているがどこか他の世界の住人となる。このような存在をガーゲンは「不在なる存在 (absent presence)」と呼ぶ。出版物を含め遠隔コミュニケーションを可能にしたあらゆるコミュニケーション技術は，「不在なる存在」の拡大に貢献したといえる。携帯電話も「不在なる存在」の領域を拡大する。しかし，携帯電話は他のメディアとは異なり大切な人と過ごす時間を拡大させる可能性も秘めている。携帯電話によって生まれる親密な人々とのコミュニティは，唯一無二の一貫した存在としてのアイデンティティを復興させることができるとガーゲンは考える。

　フランスにおける携帯電話の普及を論じたC. リコップとJ.-P. ウルタンは，携帯電話による「脱ローカリゼーション」に注目する。固定電話の場合は，家庭や職場のような特定の場所と社会的文脈に結びついている。しかし，携帯電話の場合は，相手の居場所がわからない。携帯電話では時間・空間・距離が不確定であるために，信頼がより重要になる。A. ギデンズはモダニティを象徴する特徴として「空間と時間の脱ローカリゼーション」に注目したが，リコップらはこれを可能にするテクノロジーこそが携帯電話であると考える。このようなモバイル情報社会の特徴をさらに詳細に分析したのがR. リンとB. イットリである。携帯電話は，私たちが待ち合わせ場所と時間を次々に修正しながら友人と落ちあうことを可能にした。このような調整を彼らは「ミクロ・コーディネーション」と呼ぶ。さらに，私たちは携帯電話で短い挨拶やジョークを交換することでお互いの関係を確かなものにしたり刷新したり，携帯電話の機能性

ではなくデザインや利用スタイル等によって自己表現をしようとしたりする。これらを「ハイパー・コーディネーション」と呼び，2つのコーディネーションが携帯電話の重要な機能であるとする。

携帯電話のSMS（ショートメッセージングサービス）機能に注目したのが，E.-L. カセスニエミとP. ラウティアイネンである。フィンランドにおけるティーンエイジャーは，大切なメッセージを日記帳やノートに書き写し保存している。収集されたメッセージは，友達同士で見せあい交換される。恋人たちはお互いのメッセージを読むことを認めることで恋愛関係への信頼を示そうとする。さらに，メッセージを作成する行為も友達と一緒に行われ，言語能力に長けている友達が「SMSコンサルタント」になっているという。

このような先進国での分析とは対照的に，新興国では異なる社会的背景が取り上げられる。G. ストロムによれば，フィリピンでは，インフラ整備が遅れている固定電話の代わりに携帯電話が利用されているという。さらに，携帯電話は海外で働く家族と国内にいる家族をつなぐメディアとなっている。それは，個の自立に役立つ携帯電話という英国での携帯電話イメージとは大きく異なる。V. ヴァルバノフによれば，ブルガリアでは携帯電話は豊かさのシンボルである。西部劇を見ることによって人々が米国社会を知ったように，ブルガリア人にとって携帯電話技術は西洋文明そのものであるという。

しかし，米国における携帯電話の普及を論じたK. A. ロビンスとM. A. ターナーによれば，携帯電話はこれまでの技術とは異なる性格をもつ。これまで米国の進んだ技術や商品，映画やテレビ番組は，商品の消費だけでなく米国社会への憧れを世界中に拡大してきた。しかし興味深いことに，携帯電話は米国で生まれた技術ではあるが，その大部分は北欧（フィンランド）やアジア（日本）で起こった技術革新によって作り上げられたものである。つまり，携帯電話は従来の豊かな米国社会を背景に普及している技術ではないというのである。

さらに，バスや列車やレストランでの携帯電話マナー問題等が各国で生じていることを取り上げ，文化的・言語的差異が存在するにもかかわらずこのような一致が見られるのは驚きであるという。

オランダと米国における携帯電話文化を比較研究したE.マンテは，多くの分野では価値観や規範の多様化が明確であるにもかかわらず，普遍的な情報通信技術文化が誕生しつつある可能性を指摘する。そして，情報通信技術が生み出す価値意識やライフスタイルの収斂が，国境を越えて発生している理由の研究の必要性を訴える。

カッツとオークスは，技術決定論から慎重に距離をとりながらこの現象を解明するため，「機械の魂（the spirit of the machine）」を意味するApparatgeistという概念を提起する。Apparatは，ラテン語に起源をもち，ドイツ語とスラブ語で機械を意味する。Geistは，ドイツ語で魂や心を意味し，運動，方向，動機を含意する。そして，Apparatgeistの論理とは，「絶え間なき交信（perpetual contact）」であるという。機械の技術的発達をもたらした「絶え間なき運動（perpetual motion）」に対して，「絶え間なき交信」はパーソナルな通信技術の発達をもたらすものである。「絶え間なき交信」のイメージは「純粋コミュニケーション」であり，身体的な制約なしに生まれる天使の会話のように，誰かと心を共有するという期待に身を任せたコミュニケーションの理想状態なのである。

そして今，「純粋コミュニケーション」に近づこうとする「絶え間なき交信」の論理は世界各国に拡大し，地上は携帯電話を手にしたマーキュリーたちであふれているのである。

II　ジェームス・エヴェレット・カッツは1948年に生まれ，ラトガース大学でPh.D.を取得してベル研究所等で研究に従事したのち，1997年にラトガース大学コミュニケーション学部の教授に就任した。カッツはこれまでテクノロジーと社会の関係に関する本を積極的に出版している。『連邦議会と国家エネルギー政策』

(1984) は，同年の最も優れた政治学の刊行物として米国政治学会グラディス・カマー賞にノミネートされた。『接続——米国生活における電話の社会的・文化的研究』(1999) が，米国図書館協会雑誌『チョイス』によって「傑出した学術書」37 冊の中に選ばれている。もう 1 人の編者であるマーク・アラン・オークスは，1964 年に生まれ，アリゾナ大学でコミュニケーションと経営情報システムの Ph. D. を取得し，現在はラトガース大学コミュニケーション学部の准教授である。新しいメディアとコミュニケーションの形式がいかにデザインされ，人間のコミュニケーションにおける問題がいかに解決されているかを研究している。

　本書は，1999 年 12 月 9 日から 10 日までロジャース大学で開催されたモバイル・コミュニケーションに関するワークショップでの報告に基づいてまとめられた論文集である。その当時，携帯電話の社会学的研究はまだ多いとはいえなかった。その意味でもこの時期に世界各国の研究成果が 1 冊の本として出版された意義は高かった。なお，その後も次のようにワークショップは開催され，その成果は出版されている。2001 年 4 月 18-19 日テーマ「私たちと一体化する機械」，2005 年 5 月 21 日テーマ「モバイル・コミュニケーションとネットワーク社会」，2007 年 4 月 20 日テーマ「インテリジェント・デバイス世界の中での個人のプライバシー」。

　また，カッツ自身もこれ以外に携帯電話文化に関する著作を刊行しており，本書の他の執筆者たちも次々に研究成果を発表している。その中でもリン［Ling 2004］はカッツとともに携帯電話に関する社会学的研究の発展に大きく貢献している。

III 携帯電話利用に関する初期の研究は，米国［McGough 1989, Rakow & Navarro 1993＝2001, Davis 1993 等］やフィンランド［Kangasluoma 1976, Roos 1993, Nurmela 1997, Kopomaa 2000＝2004, Mäenpää 2000 等］，ドイツ［Lange 1993 等］やフランス［Gournay 1994 等］をはじ

めとする国々で登場した。ただインターネットに比べると携帯電話が研究対象とされることは少なかった。

このような携帯電話文化に関する研究が始まるのと並行して、新しい理論研究が出現した。それらはテクノロジーに関する技術決定論に対して批判的な立場をとる。カッツらは、この新しい理論研究を2つに分類している。1つ目はシルバーストーンとL. ハドンの「ドメスティケーション論」であり、2つ目がギデンズの構造化理論に依拠しながら情報通信技術の役割を分析する試みである。本書は、この2つ目の流れと深く関係している。それはテクノロジーが組織の中で採用される方法に関する研究であり、W. J. オリコウスキー［Orlikowski 1992］の「テクノロジーの二重性」やM. S. プールとG. デサンクティス［Poole & DeSanctis 1990］の「適応的構造化理論（the theory of adaptive structuration）」等が含まれる。前者は、ギデンズの「構造の二重性（the duality of structure）」を応用し、テクノロジーは人間の行為を形作ると同時に形作られるという点を論じたものである。後者は、テクノロジカルな構造を「テクノロジーの魂（the spirit of the technology）」（目指している「一般的な目標と態度」）とシステム内に作られる「特別な構造的特徴（the specific structural features）」の2つの側面から捉え、ギデンズの「構造化の様相（modalities of structuration）」の観点からGDSS（group decision support systems）の現場への導入について分析したものである。カッツとオークスのApparatgeist概念は、この「適応的構造化理論」における「テクノロジーの魂」の延長線上に位置づけられる。彼らは、英語のspiritではなくドイツ語のGeistを使用することによって、そこにヘーゲル的な意味を込め、携帯電話が国境を越えて世界中に同種の現象を引き起こしている事実を説明しようとする。

日本でも、1990年代半ばに富田英典らによる青少年のポケベルと携帯電話利用に関するインタビュー調査が実施され、その成果［富田他 1997］が出版されている。2000年以降になると、携帯電話文化

に関する優れた研究が数多く登場するようになる。例えば，吉井博明らによる調査研究「携帯電話利用の深化とその社会的影響に関する国際比較研究」(2001-03) が実施され，川浦康至・松田美佐編『現代のエスプリ　携帯電話と社会生活』(2001)，岡田朋之・松田美佐編『ケータイ学入門』(2002) が相ついで出版された。そして，2002年には本書が出版される。同時期には，M. ハイデガーや J. ハーバーマスの思想と対比しながら，携帯電話の宣伝文等に描かれるコミュニケーションのモデルが他者に対する理解からいかにかけ離れているかを批判する G. マイアソン [Myerson 2001＝2004] の研究，それとは対照的にインターネット，ウェラブルコンピュータ，拡張現実感等の情報技術や通信技術の発展の中で携帯電話技術がいかに重要な位置を占めているかを取り上げる H. ラインゴールド [Rheingold 2002＝2003] の研究も登場した。その後も世界各国で携帯電話に関する社会学的研究が多数発表されるようになり，日本の携帯電話文化を世界に紹介した伊藤瑞子らの研究 [Ito et al. 2005]，モバイルネットワークに注目する M. カステルらの研究 [Castells et al. 2006]，カルチュラル・スタディーズの観点から携帯電話文化を分析する G. ゴギンの研究 [Goggin 2006]，携帯電話による空間と時間の変容に焦点を当てた論文集 [Ling & Campbell 2008] 等が登場する。そして，携帯電話文化に関する論文は世界的に急増し，研究は本格化するのである。

Quotations

テクノロジーを利用した相互作用の結果として，人々の心の中に，ある種の概念的な視点が生まれるのであり，これらは，驚くべきことに文化を横断して一貫していると考えられる。[カッツ／オークス 2003: 410]

Apparatgeist〔機械精神〕という用語は，個人の社会的行動と集合的な社会的行動の両方を結びつけるものである。すなわち，文化的状況と現存の

テクノロジーの限界は，集合や集団の中で行われる個人の行動を決定する。しかし，これは技術決定論ではない。実際，私たちは，テクノロジーは個人が何ができるかを決定しないと考える。むしろ，テクノロジーは可能性の制約として機能する。［同：397-8］

参考・関連文献

Castells, M. et al. 2006 *Mobile Communication and Society : A Global Perspective*, MIT Press.

Davis, D. M. 1993 "Social Impact of Cellular Telephone Usage in Hawaii," J. G. Savage and D. J. Wedemeyer (eds.), *Pacific Telecommunications Council Fifteenth Annual Conference Proceedings*, Session 3.1.1. to 4.4.1, volume 2.

Goggin, G. 2006 *Cell Phone Culture : Mobile Technology in Everyday Life*, Routledge.

Gournay, C. de 1994 "En attendant les nomades. Téléphonie mobile et mode de vie," *Réseaux*, 65.

Ito, M., D. Okabe and M. Matsuda (eds.) 2005 *Personal, Portable, Pedestrian : Mobile Phones in Japanese Life*, MIT Press.

Kangasluoma, M. 1976 "A Study of the Attitudes and Needs of Present and Potential Land Mobile Telephone Users," *Telecommunication Journal*, 43.

川浦康至・松田美佐編 2001『現代のエスプリ　携帯電話と社会生活』至文堂。

Kopomaa, T. 2000 *The City in Your Pocket : Birth of the Mobile Information Society*, Gaudeamus.（コポマー　2004　川浦康至・山田隆・溝渕佐知・森祐治訳『ケータイは世の中を変える——携帯電話先進国フィンランドのモバイル文化』北大路書房）

Lange, K. 1993 "Some Concerns about the Future of Mobile Communications in Residential Markets," M. Christoffersen and A. Henten (eds.), *Telecommunications : Limits to Deregulation ?*, IOS Press.

Ling, R. 2004 *The Mobile Connection : The Cell Phone's Impact on Society*, Morgan Kaufmann.

Ling, R. and S. W. Campbell (eds.) 2008 *The Reconstruction of Space and Time : Mobile Communication Practices*, Transaction Publishers.

Mäenpää, P. 2000 "Digitaalisen arjen ituja. Kännykkä ja urbaani elämäntapa," T.

Hoikkala and J. P. Roos (eds.), *2000-luvun elämä*, Gaudeamus.
松田美佐・岡部大介・伊藤瑞子編 2006『ケータイのある風景——テクノロジーの日常化を考える』北大路書房。
McGough, M. Q. 1989 "Cellular Mobile Telephones in Police Patrol Cars," *The Police Chief*, 56(6).
Myerson, G. 2001 *Heidegger, Habermas and the Mobile Phone*, Postmodern Encounters, Totem Books.(マイアソン 2004 武田ちあき訳『ハイデガーとハバーマスと携帯電話』岩波書店)
Nurmela, J. 1997 *The Finns and Modern Information Technology*, Reviews 1997/12, Statistics Finland.
岡田朋之・松田美佐編 2002『ケータイ学入門』有斐閣。
Orlikowski, W. J. 1992 "The Duality of Technology: Rethinking the Concept of Technology in Organizations," *Organization Science*, 3(3).
Poole, M. S. and G. DeSanctis 1990 "Understanding the Use of Group Decision Support Systems: The Theory of Adaptive Structuration," J. Fulk and C. Steinfeld (eds.), *Organizations and Communication Technology*, Sage.
Rakow, L. F. and V. Navarro 1993 "Remote Mothering and the Parallel Shift: Woman Meet the Cellular Telephone," *Critical Studies in Mass Communication*, 10.(ラコウ／ナバロ 2001 松田美佐訳「リモコンママの携帯電話」川浦康至・松田美佐編『現代のエスプリ 携帯電話と社会生活』至文堂)
Rheingold, H. 2002 *Smart Mobs: The Next Social Revolution*, Basic Books.(ラインゴールド 2003 公文俊平・会津泉監訳『スマートモブズ——〈群がる〉モバイル族の挑戦』NTT出版)
Roos, J.-P. 1993 "300,000 Yuppies? Mobile Phones in Finland," *Telecommunications Policy*, 17(6).
富田英典・藤本憲一・岡田朋之・松田美佐・高広伯彦 1997『ポケベル・ケータイ主義！』ジャストシステム。

(富田英典)

世　論

6 公衆の登場
G. タルド『世論と群集』

Gabriel Tarde, *L'Opinion et la foule*, F. Alcan, 1901.（『世論と群集』稲葉三千男訳, 未来社, 1964；新装版, 1989）

I 『世論と群集』は,『模倣の法則』(1890) で心理学的社会学理論を展開したフランスの社会学者 G. タルドの晩年の著作である。タルドは 1890 年頃からすでに群集に関する研究を行っており,『世論と群集』に収められた「犯罪群集と犯罪結社」(1893) においては, 群集や組織集団の犯罪行動だけでなく, 群集一般の性質も検討している。その後, タルドは「公衆と群集」(1898),「世論と会話」(1899) という論文を相ついで発表し, 1901 年にそれらをまとめて『世論と群集』として刊行した。本書の最大の意義は「公衆」という概念を確立したことであり, のちにタルド自身も『公衆と世論』というタイトルにすべきだったと述べている。

タルドはまず「まえがき」において自らの方法的立場を明確にしている。タルドによれば, 群集や公衆といった集合体について研究するときには, それらを個人精神の延長線上において捉えなければならず,「集団精神」や「社会意識」といった神秘的概念を持ち出す必要はない。彼にとって社会心理学は個人と個人の関係性を一つひとつ積み上げて考えられたものであり, むしろ精神間心理学と言うべきものである。こうした立場は, G. ル・ボンの「心理的群集」という考え方や, E. デュルケムの「集合表象」という考え方とは相容れないものである。

本書第 1 章「公衆と群集」においては, 公衆と群集の区別とそれ

らの特性が問題となる。タルドは「群集 (foule)」という言葉があらゆる集団に適用されている現状を批判し，直接的に身体的接触がある非組織的集合体を「群集」，身体的には接触がなく，心理的にのみ結びついている集合体を「公衆 (public)」と定義した。そして公衆こそが現代においてますます重要な地位を占めていると考えた。公衆の成員を結びつけているものは，彼らが信念や感情を同時に共有しているという自覚であり，そうした自覚をもたらすのは新聞のようなマスメディアである。公衆の成員は，自分が今読んでいる記事を多くの人が同時に読んでいることを知っているので，それが同調への圧力となって同じような判断を下すようになる。

　公衆の誕生の第一歩は，印刷術の発明とそれによる聖書の大量印刷にさかのぼる。フランス革命が起こった18世紀には多くの新聞が発行され，カフェやサロンにおける議論が活性化した。しかし，この時代の新聞は発行頻度や部数が少なく，影響力も限定的であった。19世紀になると大量かつ高速な印刷が可能となり，情報を瞬時に移動させる電信技術と，大量の新聞を遠隔地に輸送する鉄道網の発達によって，新聞の影響力は飛躍的に上昇した。それによって公衆の成員の結びつきはより緊密になり，公衆の規模も拡大した。タルドはこのような状況を見て，現代は群集の時代ではなく「公衆の，もしくは公衆たちの時代」［タルド 1989: 21］であると宣言した。

　タルドは，群集と公衆の性質の違いとして，人々が同時に複数の公衆に所属できるのに対して，群集には一度に1つしか所属できない点を指摘している。同じ人物がある論点について見解の異なる複数のメディアに接触するのはめずらしくない。成員が重複しているので，一般に公衆の方が群集よりも寛容である。また，公衆は精神的な結びつきであるから群集ほど物理的影響に左右されることはないが，自分が読んでいる新聞の記者の個人的な特質に影響されやすい。群集の煽動者の影響力が一時的なものにとどまるのに対して，記者の影響力は瞬間的にはわずかなものであるが，より持続的で強

力なものとなる。

　このように，タルドは新聞記者が果たす役割を重視している。タルドは公衆の成員同士の会話がなければ思想の共有ができないことを指摘しているが，現代において会話は新聞記事の内容を再確認するためのものになっているという。つまり上からの暗示を下で交換しあって強化するという構造である。群集の中に引きずり込まれた人間よりも，読者公衆の方がより自立的に判断を下せると考えられがちであるが，実際は必ずしもそうではない。というのは，新聞記者は絶えず一方的に自らの主張を読者に押しつけることができるのに対して，新聞の読者である公衆は，購読停止といったような限定的な反作用しかできないからである。むしろ新聞記者たちはこうした読者の反作用に基づいて，より読者の歓心を買うような記事を書くようになり，それによって読者はますます同じ方向に操縦されるようになる。こうして，優れた記者であれば自らの個性を発揮して，専制君主のように公衆たちを思い通りに動かすことができるようになる。タルドは公衆が民主主義の進展とともに発展する社会集団であると述べたが，それは公衆が優れた記者の独創的見解を広めるための踏み台としての役割を果たすことによるものである。

　さらに，記者が書く記事の内容によっては，公衆も犯罪的に振る舞うことがありうる。公衆は最高権威である世論の担い手であるから，なかなか責任を問われることはない。タルドは暗示的にしか述べていないが，19世紀末のフランスを揺るがせたドレフュス事件やそれに伴う反ユダヤ主義の高まりもまた，悪意ある記事を書きたてる新聞なしにはありえなかっただろう。

　このように，タルドの公衆についての評価は二面性を含むものであった。彼はまず，公衆の相互浸透性を挙げて，人々の団結と平和をもたらすものであると指摘している。公衆の成員は旧来の偏狭な集団内の慣習から脱却して，集団間の境界が不明確な，自由度の高い革新的な世界へと向かうようになる。その一方で，公衆において

も群集と同じように煽動される危険が残っている。われわれ人類の進歩は群集や公衆といった集団によるのではなく，常に独創的個人の成果である。真に個人的な思索をするならば，群集だけでなく公衆からも孤立していなければならない，とタルドは主張する。

　本書第２章「世論と会話」においては，世論とその構成要素である会話が問題となる。われわれ個人がそれぞれの精神をもっているのと同じように，公衆はそれぞれの「世論」をもっている。しかし，社会がもっている精神は世論だけではなく，それ以前の人々の判断が凝縮された「伝統」や，エリートたちの合理的な判断である「理性」がある。かつての人々は自分の属する社会における伝統や，卓越したエリートの判断に従っていたのであるが，しだいに世論の力が強くなり，伝統と理性をしのぐ勢力をもつようになる。世論は一方に肩入れしてもう一方を攻撃するが，エリートが世論を指導して伝統を打破する場合もあれば，その逆に世論が伝統を盾にとって理性を攻撃する場合もある。このように，タルドの視点では，世論は必ずしも理性的で合理的なものとはみなされていない。

　それでは，世論はどのようにして成り立っているのだろうか。タルドは世論を構成する最も重要な要素として「会話」を挙げている。もし人々が互いに話しあわなかったとすれば，たとえ新聞が存在していたとしてもそこに世論は生まれなかっただろう。人々は会話を交わして初めて，自分が他者と同じような考え方をもっていることを意識できることになる。したがって，会話はどの時代にも普遍的に存在する世論の源泉である。タルドは古代・中世から現代に至るまでの会話の歴史を振り返りつつ，会話の一般的な原則として次のような点を指摘している。まず，会話はもともと支配者による独白という形で始まったものであるが，しだいに家来たちにも応答の権利が与えられるようになり，さらにより対等な関係の対話という形へと進化した。また，会話には闘争的会話（討論）と交換的会話（意見交換）があり，前者が衰えて後者がしだいに優勢になる。こうして

人々の関係がより平等化するほど会話も多くなっていくことになるとタルドは指摘する。

このように、会話は世論が存在するうえで不可欠の要素である。しかしながら、19世紀末のように大量に発行される新聞が普及した時代においては、新聞が強い影響力をもつようになり、人々に共通の話題を提供する唯一の存在となる。今日のような新聞が発行される以前の世論は、公開討論のような形でせいぜい1つの地域や都市において共有された意見でしかなく、すぐ隣の地域に行くとそこではまったく別の世論が存在するという状況であった。つまり、かつての世論は空間的にはその範囲が限られており、時間的にはある程度長期間にわたって持続するものであった。しかしながら、大量に発行される日刊紙が全国ニュースや海外ニュースを毎日のように人々に送り込むようになると、人々の会話は新聞を唯一の情報源とするようになり、それによって世論は全国的規模で（さらに言えば世界的規模で）画一化していく一方で、時間的には非常に変わりやすいものとなっていく。このような考察からは、彼の模倣論における慣習と流行についての議論の影響を見ることができる。

Ⅱ　ガブリエル・タルドは、1843年にフランス南西部のサルラに生まれた。タルド家は貴族の家柄であり、本来は「ド・タルド（de Tarde）」という姓であるが、彼自身は著作においてはこれを用いなかった。裁判官であった父親はタルドが7歳のときに死去し、その後は母親1人の手によって育てられる。青年時代に重度の眼病に悩まされたため、タルドは理工科学校に進学して数学者になるという夢を諦め、父親と同じ法律の道を目指した。彼は司法官として長年サルラの予審判事という下級職にとどまり、その傍らで思索を続けた。

一介の司法官であった彼を有名にしたのは犯罪学の研究である。当時は犯罪の原因を主として人間の身体的要素に求めたイタリア実

証学派（とりわけC.ロンブローゾ）が有力であったが，タルドはこれに反対して社会的な要因を重視すべきだと説いた。犯罪学についての論考は『比較犯罪論』(1886)や『刑事哲学』(1890)として刊行された。

　社会学においてタルドを一躍有名にしたのは主著『模倣の法則』(1890)である。そこでは，個人の内部において従来のさまざまなアイディア（それもまた模倣されたものである）を結合させ，新たなものを生み出す過程である「発明」が重要視される。タルドによれば，社会は次の3つの段階が繰り返されることによって進歩する。それは，(1)発明されたものを個人から別の個人へと伝達する過程としての「模倣」，(2)競合しあう複数の模倣の相互干渉である「対立」，(3)対立した2つの模倣の流れが互いに結びつくか，一方が他方を駆逐することによって新たな安定状態に到達するという「適応」である。物理学と生物学がそれぞれ波動，生殖という反復現象を扱うのと同じように，科学としての社会学は模倣という社会的な反復現象を扱うとされた。

　こうした活動が司法大臣の目にとまり，タルドは1894年に司法省司法統計局長に任命されパリに上京した。ちょうどこの頃，『社会学的方法の規準』(1895，⇨別巻2章)を著して心理学的な立場に反対するデュルケムとの論争がしだいに激化してきた。デュルケムのタルド批判としては，『自殺論』(1897，⇨2巻3章)において展開された，司法省の未公開資料に基づく模倣論批判が有名であるが，その資料を提供したのは当時の統計局長であったタルド本人であった。またタルドは1896年頃から司法省勤務の傍らで政治科学自由学校（現在のパリ政治学院）等で教壇に立つようになり，1900年にはH.ベルクソンを抑えてコレージュ・ド・フランスの近代哲学講座教授に選出された。そのとき，講座名を「社会学」に変更しようという動きがあったが成功せず，「近代哲学講座」という名称のままで，社会学に関する講義を行った。

　その後のタルドは，「社会学」や「社会心理学」よりも広く精神間

関係一般を対象とする学問として,「精神間心理学」あるいは「心間心理学」という表現を好んで用いるようになる。1902年には『経済心理学』を著して,彼独自の「反復」,「対立」,「適応」という概念に基づいた経済学理論を主張した。しかし,ほどなく眼病の再発や過労により健康状態が悪化し,1904年にパリで死去した。コレージュ・ド・フランスの近代哲学講座はベルクソンに継承された。

　タルドの才能は詩作や小説等の文学的側面にも発揮された。なかでも,『未来史の断片』(1896)というSF小説は,太陽の冷却によって凍結した地表を逃れて地底生活を始めた数少ない人類の生き残りたちが,自然的要素を排して純粋に社会的な生活を繰り広げるというユートピア物語である。その英訳版の序文を執筆したのは,のちに火星人襲来パニックのラジオ放送の原作となるSF小説『宇宙戦争』の作者,H.G. ウェルズであった。

III

タルドは,個人間における観念や欲求の伝達を表す「模倣」という概念に基づく心理学的な社会学理論を作り上げ,それをさまざまな分野に応用したが,「公衆」についての議論は,模倣論のマス・コミュニケーション論への応用として考えることができる。

　タルドが生きた19世紀末は,大衆新聞の繁栄が始まった時代である。三面記事や絵入りの日曜版等で人々の目を引いた安価な新聞が発行され,例えば『プチ・ジュルナル』紙は1890年代には発行部数が100万部に達するなど,現在のフランスの日刊新聞よりも多くの読者を集めていた。それを可能にしたのは,印刷技術の改良,電信網の発達,鉄道網の発達という3つの技術革新であった。また,普通選挙制はすでに1848年に導入されていたが,1880年代には無償の義務教育制度が確立され,一般大衆の社会参加がさらに進んだ。このような一般大衆の進出はエリート主義者にとっては脅威であった。例えばル・ボンは『群衆心理』(1895)において,「群集」がこれまでエリートが作り上げてきたものを破壊してしまうと警告した。

それに対してタルドは，大衆新聞の興隆を理解していたからこそ，空間的に散らばってはいるが新聞によって結びついた人々に注目し，それに固有の術語を当てるべきだと考えた。こうして，タルドは「公衆」という社会学的概念を提唱したのであるが，それと同時にル・ボンのものよりも限定的で明確な「群集」の定義も与えていることに注意しなければならない。ル・ボンの言う「群集」は労働者階級や議会等あらゆる集合体を含んでおり，その定義は明確とは言えなかった。

　本書の意義は何よりもまず，マス・コミュニケーション研究の先鞭をつけたことであろう。タルドはル・ボンとは異なり，新聞が世論を決めるということをはっきりと主張していた。一般に「公衆」は成員間の理性的な討論によって「世論」を形成するものと考えられているが，少なくともタルドが考えている「公衆」や「世論」においては，理性的な討論はそれほど重要性をもたない。タルドはむしろ新聞がその圧倒的な情報力や威信によって，公衆の成員たちに問答無用の影響力をもっていると考えていた。この点は，『模倣の法則』でタルドが示した「上層から下層へ」の模倣の流れというモデルに合致している。また，タルドが会話の形態について，討論よりも意見交換が中心になると主張していることからも，彼が現代の公衆において討論の占める位置が低下していると考えていたことがわかる。理性的な討論という公衆像は，H. G. ブルーマーやC. W. ミルズらの所論において見られるが，その中で彼らはタルドの名前を挙げておらず，おそらくタルドからの直接的な影響関係はないと考えられる。

　タルドの公衆論の考え方は必ずしも大きな影響力をもったとは言えないが，例えばフランスにおける世論調査の先駆者であるJ. ステッツェルは『世論の理論』(1943)においてタルドの研究を取り上げており，またS. モスコヴィッシ［Moscovisi 1981＝1984］も，ル・ボンとともにタルドの議論を扱っている。近年では，P. シャンパーニュ

[Champagne 1990＝2004] の世論に関する著書においてタルドの議論が取り上げられている。アメリカでは，シカゴ大学の R. E. パークに始まる集合行動論に影響を与えた。近年では R. H. ウィリアムズ [Williams 1982＝1996, ⇨7巻6章] の消費社会に関する歴史研究において取り上げられている。わが国では，1928年に赤坂静也によって翻訳され，その後1950年代にかけて新明正道 [1929, 1954] や清水幾太郎 [1951] らが，群集や公衆の区別について論じるにあたってタルドの議論を取り上げている。さらに訳者の稲葉三千男による解説や1970年代の兒玉幹夫の論文（加筆のうえ兒玉 [1996] に収録）が，公衆の非合理的側面も含めて詳しく論じている。また横山滋 [1991] は，タルドの模倣論や公衆論についてわかりやすく解説している。

Quotations

　印刷術が発明されてこのかたの現代は，まったくちがった種類の公衆を出現させた。この公衆はたえず増大し，その無限のひろがりこそ，現代をもっともよくしめす特徴のひとつとなっている。さて群集心理学はすでに建設され，あとには公衆心理学をつくるしごとが残っている。ここでいう公衆とは，まったくちがった意味に解された公衆──すなわち純粋に精神的な集合体で，肉体的には分離し心理的にだけ結合している個人たちの散乱分布である。[タルド 1989: 11-2]

　新聞記者がその公衆に意見をいやおうなくおしつけてしまうだけでなく，二重の適合作用と二重の選択とによって，公衆は筆者に熟知され操縦されやすい等質的集団になってしまい，新聞記者はいっそう強力に，いっそう確実に行動できるようになる。[同: 27]

参考・関連文献

Champagne, P. (1990) 2001 *Faire l'opinion : le nouveau jeu politique*, Minuit.（シャンパーニュ 2004 宮島喬訳『世論をつくる──象徴闘争と民主主義』藤原書店）

Ginneken, J. van 1992 *Crowds, Psychology, and Politics, 1871-1899*, Cambridge University Press.
池田祥英 2009『タルド社会学への招待——模倣・犯罪・メディア』学文社。
兒玉幹夫 1996『〈社会的なもの〉の探求——フランス社会学の思想と方法』白桃書房。
Lazzarato, M. 2004 *La politica dell'evento*, Rubbettino.（ラッツァラート 2008 村澤真保呂・中倉智德訳『出来事のポリティクス——知-政治と新たな協働』洛北出版）
Le Bon, G. 1895 *Psychologie des foules*, F. Alcan.（ル・ボン 1993 櫻井成夫訳『群衆心理』講談社学術文庫）
Moscovici, S. 1981 *L'Âge des foules*, Fayard.（モスコヴィッシ 1984 古田幸男訳『群衆の時代』法政大学出版局）
夏刈康男 2008『タルドとデュルケム——社会学者へのパルクール』学文社。
小倉孝誠 2000『近代フランスの事件簿——犯罪・文学・社会』淡交社。
大野道邦 1986「「構造化されたもの」と「構造化するもの」——デュルケムとタルドの論争」碓井崧他編『社会学の焦点を求めて』アカデミア出版会。
清水幾太郎 1951『社會心理學』岩波書店。
新明正道 (1929)1993「群集社会学」『新明正道著作集第9巻 群集社会学』誠信書房。
——— (1954)1993「マス・ソサイチーの一考察」『新明正道著作集第9巻 群集社会学』誠信書房。
田中淳・土屋淳二 2003『集合行動の社会心理学』北樹出版。
Tarde, G. (1890)1895 *Les Lois de l'imitation*, F. Alcan.（タルド 2007 池田祥英・村澤真保呂訳『模倣の法則』河出書房新社）
——— 1895 "Monadologie et sociologie," *Essais et mélanges sociologiques*, A. Storck et G. Masson.（タルド 2008 村澤真保呂・信友建志訳「モナド論と社会学」『社会法則／モナド論と社会学』河出書房新社）
——— 1898 *Les Lois sociales*, F. Alcan.（タルド 2008 村澤真保呂・信友建志訳「社会法則」『社会法則／モナド論と社会学』河出書房新社）
Williams, R. H. 1982 *Dream Worlds: Mass Consumption in Late Nineteenth-Century France*, University of California Press.（ウィリアムズ 1996 吉田典子・田村真理訳『夢の消費革命——パリ万博と大衆消費の興隆』工作舎）
横山 滋 1991『模倣の社会学』丸善ライブラリー。

（池田祥英）

7 ステレオタイプ
W. リップマン『世論』

Walter Lippmann, *Public Opinion*, Harcourt, Brace, 1922.(『輿論』中島行一・山崎勉治訳, 大日本文明協会事務所, 1923;『世論』高根正昭他訳, 世界大思想全集 社会・宗教・科学思想篇 25, 河出書房新社, 1963; 掛川トミ子訳, 岩波文庫, 上・下, 1987)

I　リップマン『世論』(1922) は世論研究の古典として今日も不動の位置を占めており，そのキー概念である「ステレオタイプ (stereotype)」は「パターン化した画一イメージ」の意味で広く使われている。その語源は印刷用語に由来する。当時の新聞印刷では活字を拾って紙型を取り，さらに鉛版 (ステロ版) が輪転機にかけられた。

　「ステレオタイプ」は，リップマンが社会学的概念として使う以前には，精神病理学で「常同症」を指す言葉としても使われていた。同一の身振りや言語を繰り返す認知症患者の「病理」を，リップマンは現代人の日常性に見出したともいえるだろう。ステレオタイプの作用をリップマンは「見てから定義しないで，定義してから見る」と表現したが，このプロセスは今日の認知心理学でも基本的に承認されている。人間は外界から得た情報をそのまま処理するのではなく，すでに保持している認知枠組みを動員することで，新しい情報を変換処理している。ただし，ステレオタイプはしばしば好き嫌い等の感情的要素や善悪等の道徳的価値を帯びているため，社会心理学ではステレオタイプを「偏見」や「多数派の先入観」に限定することが多く，リップマンの原義「ある集団の中で共通に受け入れられている，単純化された固定的なイメージ」の意味ではスキーマ (schema) が使われる。

こうしたステレオタイプが作用する「頭の中の映像（pictures in our heads）」を，リップマンは「擬似環境（pseudo-environment）」と呼んだ。擬似環境とは人々が脳裡で描いている現実環境のイメージだが，それは現実環境の正確な再現ではなく，マスメディア情報による認識の歪みを伴っている。『世論』が執筆された1920年代初頭のマスメディアとは新聞・雑誌であり，リップマンは特に新聞が提供する情報に基づく擬似環境によって現実環境への誤った対応が生まれたことを具体的に批判している。こうした擬似環境化が権力による情報操作やプロパガンダを容易にすることは言うまでもないだろう。リップマンは，擬似環境化に拍車をかけるステレオタイプの外部的要因として以下の5つを挙げている。(1)人為的な検閲（第2章「検閲とプライバシー」），(2)社会的接触を制限するさまざまな状況（第3章「接触と機会」），(3)読者が1日のうちで公的な事柄に注意を払う時間が乏しいこと（第4章「時間と注意力」），(4)事件をごく短文に圧縮して報じなければならないために起こる歪曲，(5)錯綜した世界を数少ない語彙で表現することの難しさ（第5章「スピード，言葉，明確さ」）である。

　だが，こうした外部的要因を改善してもステレオタイプは残るだろう。村落共同体のような小社会なら直接観察も可能だろうが，グローバル化した情報化社会では，個人が新聞等のメディアによらず社会全体を一望することはできない。しかも1日平均15分程度しか新聞を読む時間がない平均的な市民の生活を考慮すれば，世界中のニュースをステレオタイプで流し込む新聞報道は経済的合理性にかなっている。この点でリップマンの『世論』は「メディアの議題設定機能」論を先取りしている。

　また，ステレオタイプは大社会（great society）の複雑性を縮減する安心のシステムとして不可欠である。安定した秩序と矛盾のない世界観を提供するステレオタイプを，個人は社会化プロセスで吸収しており，それは「社会的遺産」として親から子どもへ相続される。そのため人々がステレオタイプを拒絶すること，さらに是正するこ

とは予想以上に困難である。大衆は労働の疲労，生活の不安，都市の喧騒にさらされており，既存のステレオタイプを内省する余裕をもっていない。「教養と財産」をもつ市民も同様であり，危機状況ではステレオタイプを丸呑みするしかないだろう。マス・コミュニケーションという擬似環境のもとでは公衆の自律的な合意はありえず，ステレオタイプ通りの世論が形成されることになる。こうした「合意の製造」をリップマンは大衆民主主義の必然と考えた。

そこで発生する弊害を取り除くためには，歪んだステレオタイプを修正する制度を確立することが必要になる。ステレオタイプは空間的にも時間的にも限定された文化的形成物であるため，国際的な視野をもち長期的スパンで思考する訓練を積んだ「非党派的専門家」ならばその矛盾を指摘することが可能である。こうした専門家の情報活動を有効に機能させるためには，「万能の市民（omni-competent citizen）」という古典的民主主義の発想を放棄するべきだと，リップマンは主張する。つまり，市民がよく関心をもち，よく新聞を読み，よく議論すれば，公的な諸問題を十分に処理できるという民主主義の理想モデルの否定である。それは望ましい理想ではあるが，実現が不可能であるために，現実政治にとって不都合だというのである。

一般には擬似環境，ステレオタイプを扱った第2部「外界への接近」，第3部「ステレオタイプ」までが重要視され，第4部「さまざまな関心」，第5部「共通意志の形成」，第6部「民主主義のイメージ」，第7部「新聞」，第8部「情報の組織化」は同時代資料として読まれることが多い。だが，大衆民主主義における専門家問題という視点からは，第5部に注目すべきだろう。権力の行使方法を知らない大衆が主権者となると，人民による人民にとって最悪の統治形態が生まれる。ここにおいて，新聞と世論は歴史的進歩の否定的契機として考察されている。

こうした大衆民主主義批判の背景として，第一次世界大戦の文化的衝撃を強調しておくべきだろう。『世論』の巻頭には，1914年8

月の開戦を知らずに大西洋の孤島でバカンスを楽しむ英独仏の市民の寓話が置かれている。9月半ばに郵便船がもたらした新聞で互いの祖国が交戦状態にあることを知った人々は, 日常的な社交（外界）と新聞紙上の戦闘（頭の中で描く世界）が交錯する「不思議な6週間」を過ごした, というのである。開戦のニュースによってドイツ人と英・仏人との間の社交が途絶えたのは, 彼らの思考と行動が現実生活より新聞ニュースに依存しているからである。つまり, 人間の行動とは, 現実環境ではなく擬似環境に対する反応なのである。それは, 選ばれたエリート政治家にしても同じことで, パリ講和会議の出席者たちはヨーロッパの現状を見ることなく, 母国での新聞報道のみに気を奪われていた。結局, 大衆世論が求めるままに, 支払い能力を無視した懲罰的賠償が敗戦国に課せられた。その結果, ヴェルサイユ体制打倒を叫ぶ A. ヒトラーのナチズムが台頭し, やがて第二次世界大戦が勃発することは周知の通りである。

いずれにせよ,『世論』はステレオタイプによるシンボル操作によって, アメリカ民主主義の「合意による統治」が形骸化している状況を赤裸々に暴き出した。これを読んだ J. デューイは「現代抱かれている民主主義の概念に対して, おそらく, これまで書かれた最も手厳しい告発の書」と評した［Dewey 1927＝1969］。公教育に参加民主主義再生の活路を見出そうとしたデューイに対して, リップマンは大衆民主主義の合意形成に大衆宣伝と専門家による制御が不可欠と考えた。リップマンとデューイの公衆論争は有名だが, それは総力戦がもたらした危機感の世代差から説明できるだろう。1859年生まれのデューイは啓蒙と進歩の信仰になお生きることができただろうが, ヒトラーと同じ1889年生まれのリップマンにそうした未来への楽観はなかった。彼らは第一次世界大戦の前線体験で市民社会の価値観に懐疑的となったロストジェネレーションなのである。

大衆世論の暴走を警戒するリップマンは, 情報の収集と配信の統制を公共善に奉仕する知的エリートの手に委ねるべきだと考えた。

しかし，たとえこのエリート主義的な解決策が現実的であっても，それを公言することが現実の民主主義にとって望ましいとは限らない。確かに，内燃機関の工学知識を欠いていても自動車を運転することはできるだろう。だからといって，同様に一般市民が国際情勢の詳しい知識をもつ必要はない，という結論を引き出すべきではないのである。それを認めてしまえば，「報道の自由」の基盤は掘り崩されてしまうからである。その意味で，今日『世論』の後半部分を高く評価することは難しい。ただし，ステレオタイプを批判する専門家に向けたリップマンの言葉は，社会学を学ぶ者には有益である。「どんな分野であれわれわれが専門家になるということは，われわれが発見する要素の数をふやすことであり，それに加えて，あらかじめ期待していたものを無視する習慣をつけることである」[リップマン 1987: 158]。

「あらかじめ期待していたもの」とは常識であり，定説という名のステレオタイプにほかならない。

II

20世紀アメリカを代表するジャーナリストであるウォルター・リップマン (1889-1974) は，ユダヤ系ドイツ移民3世としてニューヨークで生まれた。1906年，ハーバード大学に入学し，W. ジェームズからプラグマティズム哲学，G. ウォーラスから政治学を学び，1910年，最優等の成績で卒業した。同級生に保守主義の文芸批評家 T. S. エリオット，ともに学内に社会主義クラブ (Socialist Club) を結成した J. リード等がいた。

卒業後はジャーナリストを目指し『エヴリボディーズ・マガジン』の編集を手伝った。リップマンは生涯に26冊の単著を公刊しているが，25歳の処女作は『政治学叙説』(1913) である。同書は，社会変革へのデューイの構想，ジェームズの経験主義，H. G. ウェルズの科学的ユートピア主義，そしてフロイト心理学等を盛り込んだ意欲的な政治論だった。この執筆を契機にリップマンは青年期の社会主

義幻想と訣別し，リベラル派の週刊誌『ニュー・リパブリック』創刊に参画した．その後，『漂流と統御』(1914)，『外交の利害』(1915)によって政治評論家の地歩を固めた．

　1914年，イギリス滞在中に第一次大戦勃発のニュースに接したが，帰国後は対ドイツ開戦論を展開した．1917年，アメリカが参戦すると，和平準備の委員会に加わり，1918年，情報担当将校としてフランスで宣伝ビラの作成等を行った．その後，T. W. ウィルソン大統領の「14条提案」起草のグループに加わり，1919年のパリ講和会議にはアメリカ代表団随員として参加した．しかし，アメリカの国際連盟不参加等，平和構想の挫折に幻滅し，すべての公務を辞して『ニュー・リパブリック』編集部に復帰した．リップマンはウィルソン「新外交」の挫折原因を，ジェファーソン的民主主義，すなわち民衆による直接統治の破綻に読み取り，『自由とニュース』(1920)を執筆した．その理論的考察が『世論』である．『世論』公刊の1922年，R. ピューリッツァー社主の招きで『ニューヨーク・ワールド』論説委員となり，1924年論説主幹，1929年主筆を歴任した．1931年，『ニューヨーク・ワールド』が経営難で廃刊したのち，『ニューヨーク・ヘラルド・トリビューン』のコラムニストに迎えられ週3回「今日と明日」の連載を開始した．この名物コラムは全米の主要新聞に特約掲載され，リップマンは1930年代アメリカで最も影響力の大きい政治評論家になった．

　リップマンは1932年の大統領選挙では，経済恐慌から脱するための強力な指導者を求めて民主党のF. D. ルーズベルトを支持した．しかし，やがてニューディール政策を「計画的集産主義」と批判するようになり，1936年の大統領選挙では共和党のA. M. ランドン支持を表明した．戦前の日本でも，リップマンの論文は「世界全體主義大系」の1冊として『自由全體主義』(1939)にまとめられている．大衆民主主義への批判は確かに強烈であり，今日のアメリカで『世論』やその続編『幻の公衆』(1925)は「保守思想叢書」で復刻されて

いる。

　リップマンは第二次大戦勃発まで，ドイツのユダヤ人迫害を知りつつも不介入主義の立場を変えなかった。しかし，1941年の真珠湾攻撃を契機に参戦支持に転じ，日系人排斥をコラムで煽動し続けた。ジャーナリストとしてのリップマンの評価は，この時期に関しては大きく分かれている。戦後，リップマンはソ連封じ込めを主張するG.ケナンを批判して『冷戦』(1947)を公刊した。「冷戦」という政治用語はここに誕生する。その後もマッカーシズムやアメリカのベトナム介入にもリベラリズムの立場から批判を続けた。

　『世論』の思想的帰結と見なすべき『公共の哲学』(1955)は，1938年のパリ滞在中に執筆が開始された。大衆の「公的意見 (public opinion)」を切り捨てて，選良の「公共哲学 (public philosophy)」により「西洋の没落」に歯止めをかけることを提唱している。しかし，こうしたエリート主義は，同書で批判される20世紀のジャコバン主義 (共産主義・ナチズム) が唱えた前衛党や優秀民族の思想と重なるようにも感じられる。

　1963年に特約を『ワシントン・ポスト』に移した「今日と明日」を1967年にやめ，1971年には『ニューズウィーク』のコラムも打ち切り，1974年，85歳で死去している。

III

　新聞が広める凡庸な平均的意見が卓越した少数者の見識を圧する状況を「多数者の専制」として批判する伝統は，A.トクヴィル『アメリカのデモクラシー』(1835-40，⇨9巻2章) や J.S.ミル『自由論』(1859) にも見ることができる。その意味では，リップマンの世論観は古典的自由主義者の系譜に連なるといえるだろう。

　しかし，大衆社会成立期の世論を考察したリップマンに直接的な影響を与えたのは，ウォーラス『大社会』(1914) である。ウォーラスは序文でリップマンとの交流に言及しているが，リップマンも『世論』を「大社会におけるデモクラシーの研究」と述べている。

邦訳『輿論』は原著刊行の1年後, 関東大震災直後の1923年10月に, 早稲田大学教授浮田和民の推薦で大日本文明協会から刊行され, 戦前から思想戦や戦時検閲の実践的参考書としても読まれてきた。第一次大戦中のアメリカの世論操作を描いたG.クリール『アメリカの広告方法』(1920), E.バーネイズ『プロパガンダ』(1928)等と比較して読まれるべき書物でもある。実際, 戦時宣伝の分析としても『世論』は傑出しており, リップマンの友人である政治学者H. D.ラスウェル等によって確立されるマス・コミュニケーション研究の「弾丸効果 (bullet effect)」モデルの思想的基盤と見ることもできる。

擬似環境論はテレビ時代の到来とともに, D. J.ブーアスティンの「疑似イベント」論 (1962, ⇨本巻18章) へと発展した。ブーアスティンは19世紀の「グラフィック革命」以後を比較メディア論として描いたが, 映画が新聞読者にイメージを提供しているという指摘はすでに『世論』にある。またE. S.ハーマンとN.チョムスキーが1980年代アメリカの冷戦報道を分析した著作 [Herman & Chomsky 1988 = 2007] のタイトルに,『世論』第5部から「合意の製造 (manufacture of consent)」の言葉を採用したように, 今日のプロパガンダ分析にも強い影響力を保っている。

一方で,『世論』は古典にもかかわらず, というよりも古典ゆえに, その世論概念が正確に読み取られていないという側面がある。リップマンは「世論」を個人の認知心理学的ミクロ・レベルと集合的な社会学的マクロ・レベルに区別しており, 前者を小文字複数形 (public opinions), 後者を大文字単数形 (Public Opinion) で使い分けている。「このような人々の脳裏にあるもろもろのイメージ, つまり, 頭の中に思い描く自分自身, 他人, 自分自身の要求, 目的, 関係のイメージが彼らの世論というわけである。人の集団によって, あるいは集団の名の下に活動する個人が頭の中に描くイメージを大文字の「世論」とする」[リップマン 1987: 47]

日本でも喜多壮一郎 [1930] は,「公衆的意識として個人がある媒

介的手段を透して自己の採る判断と他の個人が抱持する判断との類似を暗示的作用によって共通に意識する」輿論に対して，世論を「社会的認識の対象とならんとしつつあるもいまだ読者の共同関心の域にまで到達しない心理状態」と定義していた。こうした輿論と世論の境界線は大衆社会化の進行とともに曖昧になっていった［佐藤 2008］。1946年の当用漢字表で「輿」が制限漢字となると，輿論と世論を訳し分ける習慣も消えたが，戦前において輿論（よろん＝public opinion）と世論（せろん＝popular sentiments）が区別されていたことは指摘しておくべきだろう［宮武 2003］。

戦後も中野好之はE.バーク『アメリカ論・ブリストル演説』(1973)で，立法上の全権能を動かすgeneral opinionを「輿論」と訳し，戦争に向けて挑発されるpublic vengeanceを「世論の憤激」と翻訳している。ステレオタイプの蔓延と擬似環境化の加速の中で，私たちはこうした「輿論／世論」用語法の伝統を今こそ再創出すべきだと考える。

Quotations

われわれはたいていの場合，見てから定義しないで，定義してから見る。外界の，大きくて，盛んで，騒がしい混沌状態の中から，すでにわれわれの文化がわれわれのために定義してくれているものを拾い上げる。そしてこうして拾い上げたものを，われわれの文化によってステレオタイプ化されたかたちのままで知覚しがちである。［リップマン 1987：111-2］

ステレオタイプの体系は，秩序正しい，ともかく矛盾のない世界像であり，われわれの習慣，趣味，能力，慰め，希望はそれに適応してきた。それはこの世界を完全に描き切ってはいないかもしれないが，一つのありうる世界を描いておりわれわれはそれに順応している。そうした世界では，人も物も納得のいく場所を占め，期待通りのことをする。この世界にいれば心安んじ，違和感がない。われわれはその世界の一部なのだ。［同：130］

参考・関連文献

Berkman, R. and L. W. Kitch 1986 *Politics in the Media Age*, McGraw-Hill.
Dewey, J. 1927 *The Public and Its Problems: An Essay in Political Inquiry*, Henry Holt.（デューイ 1969 阿部斉訳『現代政治の基礎――公衆とその諸問題』みすず書房）
Herman, E. S. and N. Chomsky 1988 *Manufacturing Consent*, Pantheon Books.（チョムスキー／ハーマン 2007 中野真紀子訳『マニュファクチャリング・コンセント――マスメディアの政治経済学』Ⅰ・Ⅱ, トランスビュー）
喜多壮一郎 1930「輿論とヂャーナリズム」『綜合ヂャーナリズム講座2』内外社.
児島和人 1967「世論研究の現代的課題――「大社会」の成立と世論概念の変質過程」『NHK放送文化研究年報12』日本放送出版協会。
Lippmann, W. 1927 *The Phantom Public*, Macmillan.（リップマン 2007 河崎吉紀訳『幻の公衆』柏書房）
―――― 1955 *The Public Philosophy*, Hamish Hamilton.（リップマン 1957 矢部貞治訳『公共の哲学』時事通信社）
リップマン, W. 1939 服部辨之助訳『世界全體主義大系10 自由全體主義』白揚社。
Luskin, J. 1972 *Lippmann, Liberty, and the Press*, University of Alabama Press.（ラスキン 1980 鈴木忠雄訳『ウォルター・リップマン――正義と報道の自由のために』人間の科学社）
宮武実知子 2003「「世論」（せろん／よろん）概念の生成」津金澤聰廣・佐藤卓己責任編集『広報・広告・プロパガンダ』ミネルヴァ書房。
岡田直之 2003「リップマン対デューイ論争の見取り図と意義」廣瀬英彦・岡田直之編『現代メディア社会の諸相』学文社。
Riccio, B. D. 1994 *Walter Lippmann: Odyssey of a Liberal*, Transaction.
佐藤卓己 2008『輿論と世論――日本的民意の系譜学』新潮社。
Steel, R. 1980 *Walter Lippmann and the American Century*, Little, Brown.（スティール 1982 浅野輔訳『現代史の目撃者――リップマンとアメリカの世紀』上・下、TBSブリタニカ）
内田 満 1997「1920年代リップマンの政治学」『早稲田政治経済学雑誌』330。
山田吉二郎 2004「パブリックとエキスパート――メディア論的視点からみた初期リップマン」『大学院国際広報メディア研究科言語文化部紀要』（北海道大学）46。

（佐藤卓己）

8 世論形成の力学
E. ノエル=ノイマン『沈黙の螺旋理論』

Elisabeth Noelle-Neumann, *Die Schweigespirale: Öffentliche Meinung-unsere soziale Haut*, R. Riper, 1980.（『沈黙の螺旋理論——世論形成過程の社会心理学』池田謙一訳，ブレーン出版，1988；改訂版，池田謙一・安野智子訳，1997．邦訳初版は，英語版 *The Spiral of Silence: Public Opinion—Our Social Skin*, University of Chicago Press, 1984 を底本とする）

Ⅰ　世論を形成するものは何か。エリザベート・ノエル=ノイマンの『沈黙の螺旋理論』は，社会的な生き物である人間の弱さに着目する。彼女は学者であると同時に，ドイツ最大級の世論調査機関，アレンスバッハ世論調査研究所を率いる実務家でもある。その経験を活かして，世論形成の力学について実証的調査と文献研究の両方から明らかにしようとしたのが本書である。

まず1章「沈黙の仮説」では，仮説の内容が説明される。1965年，旧西ドイツ連邦議会選挙で，奇妙な現象が観察された。事前調査からは，二大政党CDU/CSUとSPDの接戦と思われたが，CDU/CSUの大勝利に終わったのである。この結果は有権者の〈投票意図〉（＝「どちらに投票するつもりですか」という質問）からは予測できなかった。しかし，他者の投票意図の〈予想〉（＝「どちらが勝つと思いますか」）に，CDU/CSUと答える割合が少し前から増加していた。つまり，有権者自身の〈投票意図〉より，他者の投票意図と〈予想〉される方向に，投票結果が動いたのである。

こうした「土壇場のなだれ現象」が発生するのは，「意見風土」を読む力が個々人に備わっているためだ，とノエル=ノイマンは考えた。他人がどの意見を支持し，どの意見が多数派か，人々は敏感に読み取る。そして，自説が受け容れられると信じる者は意見を表明し，取り残されたと感じる者は黙る。声高に支持された意見は実際以上

に優位に見え，他方は弱く見える。すると，一方はますます発言し，他方はますます沈黙する。この螺旋状の過程を経て，「知覚された多数派」が現実よりはるかに多く見積もられ，最後に支持の「なだれ現象」が生じる。これが「沈黙の螺旋」仮説である。

2章では，この仮説を確かめるため，彼女の研究所が開発してきた検証方法が紹介される。「沈黙の螺旋」が仮定するのは，(1)世論の分布や増減の傾向を感じ取る「準統計的能力」，(2)この実感に基づく反応の調整，(3)「孤立への恐怖」，という要素である。(1)の意見風土を読む能力は通常の質問票調査によって，ドイツだけでなく他の国でも確認された。(2)と(3)で想定された反応は，研究所が新しく開発した「列車テスト」（長距離列車の個室で同乗した他者との会話という状況を設定した質問）によって確認されたという。

一定数の人々が沈黙してしまうのは，「孤立への恐怖」が動機だと考えられる（3章）。人間は孤立することを恐れ，仲間に認められたいと願う「社会的天性」をもつからである。他人からの評価を気にするのは，気の弱い人に限らない。16世紀，シェイクスピアやマキャヴェリの著作にも書かれたように，王侯貴族も世間の評判を恐れた。現代の研究者は「自信をもった独立独歩の人間」という理想像に縛られすぎて，「仲間の意見を恐れる人間」という社会心理的な側面を見過ごしてきた，と彼女は指摘する。

さて，それでは「世論」とは何だろうか。

実はこの概念の定義は容易ではない。多くの思想家が正確に定義しようと悪戦苦闘してきた複雑怪奇な概念なのである。そもそも「世論」という言葉を作り出したのはM.モンテーニュで，『随想録』(1588)が初出と言われる（4章）。J.ロック（5章），D.ヒュームやJ.マディソン（6章）は，世評が下す判断によって，個人も政府も立場が左右されることを書いた。世論という言葉を定着させたJ.-J.ルソーは，「道徳の守護者」として世論を捉えた（7章）。

「沈黙の螺旋」と同じ現象を洞察したのは，A.トクヴィルである。

彼は『アメリカのデモクラシー』(1835-40, ⇨9巻2章) で,発言と沈黙がもつ意味を示唆し,アメリカの世論が人間を同調へ駆り立てる強烈な圧力として作用することを指摘した。王侯・貴族・教会等が権威を失った民主主義体制下では,人間は平等で互いに類似しており,個々人は限りなく無力で矮小な存在となる。すると,支配権を握るのは世論だけとなり,「多数派の専制」が生じると考えた(8章)。

しかし,なぜか20世紀の世論観は変化した。「国家的な重要事についての批判的な判断」の意味に限定され,世評という意味を失ってしまったのである(9章)。かつての世論概念は,個人と政府のどちらに作用するか区別しなかった。おそらく「社会統制」という概念が発明されて以降,個人への影響力は「社会統制」と呼ばれ,政府への影響力だけが「世論」と呼ばれるようになったのだろう。

この社会統制という機能を,ノエル=ノイマンは肯定的に捉える。動物行動学(10章)や文化人類学(11章)の知見によれば,社会の合意は集団の団結を強める。社会生活を営む動物にとって,団結を保つことは生存上きわめて重要である。近代以後の人間社会でも,社会環境を観察して帰属することは必要な生存戦略となるに違いない。革命やデモやサッカー観戦のような非日常的な群衆の中では,群から外れた行動は命取りとなりうる(12章)。日常的には,流行を追うことも孤立を回避して統合される手段である(13章)。

人間の社会的天性は,刑罰でも利用されてきた。身体の目立つ箇所に傷を負わせたり,さらし台につないだりする「名誉の罰」である。また,不名誉なゴシップの種となることも罰となる。現代では,新聞やテレビがその役割を担う(14章)。法や判決と世論は必ずしも一致しないが,一致することが望ましいと近年は考えられている。そのため,世論が支持する方向に法が動くこともある。逆に,世論を誘導するために法が制定される場合もある(15章)。

このように世論は,個々人を統制して社会を統合する。規範を明らかにし,逸脱を罰する。大半の人は,統合されることで安心感を

抱く（16章）。他方，前衛・異端・アウトサイダーは疎外されるだろう。だが，こうした孤立の恐怖を感じない「ハードコア」が，沈黙の螺旋を利用し，社会を変化へと導くことがある（17章）。

では，世論が変化するのは，いつ，なぜなのか。

現代社会においては，マスメディアの影響力が大きい。すでに1922年，W. リップマンは，メディアが提供する知識で「擬似環境」が構成され，「ステレオタイプ」で方向づけられた解釈によって世論が形成されると考えた（⇨本巻7章）。ステレオタイプは世論をすばやく伝播させ，いつ発言していつ沈黙すべきか明白にし，同調過程を作動させる役割を担う（18章）。

マスメディアはまた，多様な問題の中から「争点の選択」を行う。このことはN. ルーマンの社会システム論やM.E. マコームズとD.L. ショーの「マスメディアの議題設定機能」でも指摘されている（19章）。メディアの影響力に関する従来の研究は，原因と結果の間にごく単純な直接関係を設定してきた。しかし，彼らが指摘するように，メディアの効果はもっと複雑なものであろう（20章）。

彼女の研究所が実施した調査によれば，ジャーナリストの考えが受け手に影響する可能性もある。つまり，現代人は自分自身の直接的な観察から感知した世論だけでなく，テレビを通じて認識した世論という「二重の意見風土」をもつのではないか（21章）。

というのは，沈黙の螺旋が理論通りに作用しないことがあるからである。その理由としてノエル=ノイマンは，この「二重の意見風土」が主な原因ではないかと疑う（22章）。あるいは，孤立を恐れぬ「ハードコア」のせいかもしれない。逆に，自分が多数派だと自覚しているのに意見を表明しない人は，自分の立場に適した表現がメディアから提供されないと感じているのかもしれない（23章）。このように，マスメディアは情報を伝達して意見風土を形成するだけでなく，同調圧力を感じさせたり語彙を提供したりもする。メディアは複雑な作用によって世論形成に影響するのである。

原著には「社会の皮膚」と副題が付されている。社会全体を1つの生き物と考えると，世論は社会を皮膚のように守って結びつける。と同時に，社会的動物である人間は，その社会的皮膚の感受性によって苦しむからである。ノエル＝ノイマンは，ユダヤ人風刺家K.トゥホルスキーの「自分の時代とあからさまにぶつかり，「ノー」と声高に言うほど難しく，気骨を必要とすることはない」という言葉を引用する。トゥホルスキーは軍国主義を批判してナチ党から禁書と国籍剥奪の処分を受け，1935年に自殺した。世論は社会の守護者であると同時に，個人にとっての敵となりうるのである（24章）。

　初版は24章までだが，第2版には以下の3章が追加された。
　25章には，初版刊行後に新しく得られた文献調査の「新たなる知見」が，26章には，方法論上の批判に対する応答が加わった。最後の27章では，R.K.マートンの概念を援用して世論の機能が分類される。世論を論じる際に議論が混乱しがちなのは，世論の定義に，2つの異なる起源をもつ世論概念が混同されるからである。
　(1)「世論の顕在機能」＝〈理性としての世論〉
　　　＝民主主義における意見形成や意思決定の道具
　(2)「世論の潜在機能」＝〈社会統制としての世論〉
　　　＝社会の統合を促進し，行動や決定の基盤となる合意を保つ
　〈理性としての世論〉概念が現在の主流で，「政治的争点に関する合理的な議論」を意味する。しかし，合理的なはずの世論がなぜ非合理な圧力を生じさせ，社会の全成員に影響するのか。それは〈社会統制としての世論〉が，その社会の価値や目標に一致するよう内部の合意を保つことを重視するからである。ゆえに世論の力は無視できないほど大きく，逸脱した者に脅威を与える。

　社会的合意を維持するという「世論の潜在機能」は，民主主義における「世論の顕在機能」と比べて，理解されてこなかった。本書の最大の特徴は，〈社会統制としての世論〉の再発見でもある。

　現在，ドイツでは，長い後書きがついた第6版が刊行されている。

II

「すさまじい変動の時代には,自分が孤立しないよう立居振舞に注意することが,何よりも必要だった」[ノエル=ノイマン 1997: 87]。ロックやマディソンの思想的背景について,ノエル=ノイマンはこう表現する。では,ドイツ人である彼女は,なぜナチ時代のドイツ社会を例に挙げないのだろうか。

これについて,2003年のメディア史研究会シンポジウムで,鶴木眞が貴重な証言をしている。かつて彼女が来日した際,鶴木は研究会で「もし沈黙の螺旋をナチ党が政権奪取するときの社会状況にあてはめると,どのような説明ができるか」と尋ねたところ,質問は無視された。鶴木は理由がわからず困惑したが,あとでユダヤ人教授から彼女にナチ党の過去がある可能性を指摘されたという。

ノエル=ノイマン(当時は旧姓ノエル)の「褐色の過去」については,あまり知られていなかった。日本ばかりではない。欧米でも問題になったのはごく最近である。アメリカでは1996年に彼女の過去を告発する論文が発表されたが,ドイツでは黙殺された。2001年になってようやく,H.ペットカーの論文「協力,継続,沈黙」がドイツ公示学コミュニケーション学会の公式機関誌に掲載され,ドイツでも「ノエル=ノイマン論争」が起こった。これらの告発に対し,弟子や学会理事会は「スキャンダラスな中傷」と反発している。批判に応えるためか,2006年末には大部の自伝が刊行された。

エリザベート・ノエルは,1916年12月19日,父エルンスト,母エヴァの次女として,ベルリンに誕生した。父は法律家で会社も経営しており,祖父は双方ともベルリンの長者番付に載るほど裕福な家庭である。少女時代からジャーナリスト志望で,ベルリン大学やミュンヘン大学等で新聞学・歴史学・アメリカ学を学び,1938年にはドイツ学術交流会の給費留学生としてアメリカのミズーリ大学で学んだ。帰路,アジア各国を経由し,日本にも立ち寄っている。

1940年,ベルリン大学にて公示学の重鎮E.ドヴィファットのもとで,「アメリカの世論調査と大衆研究」と題した博士論文を執筆し

て学位を得た。そして，J. ゲッベルスが発行した日刊紙『ライヒ』等，5つの新聞雑誌でエリート記者として働いた。

この博士論文は後年，反ユダヤ主義的だとして問題になる。実際，1942年春，この論文で注目されたノエルは，国民啓蒙宣伝省に呼び出され，ゲッベルスの部下にならないかと誘われた。彼女は断れずに返事を保留したが，間もなく次々と重い病気に罹って寝込むうち，その話は流れたという [Noelle-Neumann 2006: 103-4]。

終戦後，彼女はスイス国境に隣接する小さな町アレンスバッハに転居した。1946年，当地でエーリッヒ・ペーター・ノイマンと結婚，以後，ノエル=ノイマン姓を名乗る。彼は『ライヒ』の上司で，一時はナチ党員だったが，のちにCDUの連邦議会議員となる。翌1947年，2人はアメリカのギャラップに倣って，ヨーロッパで初めての世論調査機関，アレンスバッハ世論調査研究所を設立した。

1961-64年，彼女はベルリン自由大学で教鞭をとった。そして1964年，のちに首相となるCDUの政治家H.コールの助力で，マインツ大学の院外教授に就任，83年まで講座を担当した。1978-91年にシカゴ大学，93-94年にミュンヘン大学の客員教授等を務め，冷戦時代のロシアでも学術講演を行うなど国際的に活躍している。

1976年の大功労十字章をはじめ，受賞経験も多い。1968-70年にはドイツ公示学コミュニケーション学会会長，1978-80年には世界世論調査協会会長を歴任。1989年以降は，世論研究分野の代表的な査読誌『国際世論研究雑誌 (*International Journal of Public Opinion Research: IJPOR*)』の編集委員を長く務めた。夫ノイマンの没後，1979年に再婚したハインツ・マイヤー=ライプニッツは，ドイツ学術振興会の会長を務めたこともある核物理学者であった。ノエル=ノイマンは名実ともにドイツ学術界の女帝であり続け，2010年3月25日，93歳で死去した。

III

「沈黙の螺旋」理論は，新しい世論モデルを提示した記念碑的な著作である。それだけに多くの批判が寄せられ，今も検証や応用を試みる分析が盛んに行われている。

実証レベルでの問題については，巻末の訳者解題に詳しい。代表的な批判は，(1)実証研究においては必ずしも仮説を支持する結果が得られない，(2)理論の前提となる「準統計的能力」と「孤立への恐怖」という概念は妥当ではない，という2点に集約される。(2)の批判には，「準拠集団」の影響力や，メディア報道の認知における個人差が過小評価されている点，世論の変化が生じる契機についての説明が不十分な点などが含まれる。

これらの問題点を克服する形で，邦訳第2版の訳者でもある安野智子 [2006] は，現代日本の世論形成過程を再検討した。個々人はそれぞれの準拠集団に属し，情報量と認知には偏りがある。にもかかわらず，人々は異なる態度や関心に基づいた異なるロジックを用いつつ，公共性を反映して世論を形成することを示した。

しかしながら，「沈黙の螺旋」理論の魅力は，実証レベルでの応用可能性だけでなく，文化論としての面白さにあるだろう。

ノエル=ノイマンは，この理論が多くの批判を浴びた理由は，欧米の人間観に当てはまらないためだと書く。彼女の研究所による調査でも，大半のドイツ人は他人の顔色をうかがうことを軽蔑すべき弱点と捉えている。だが，例えば日本人はそう感じないし，彼女自身，それを否定すべき弱さとは考えない。「実際，良き市民がどれだけの独立性を保つべきだと，我々は望むのだろうか」[ノエル=ノイマン 1997: 214] と強い調子で書いている。背景にはおそらく，自身がナチ体制を経験した人間観があるのだろう。だからこそ彼女は，世論という規範的・総体的に捉えられがちなマクロな概念を，社会的天性を備えた個々人が意見表明するかしないか決断するというミクロな反応の相互作用として把握することができた。

また，本書は「世論」という概念に，従来とは異なる意味を再発

見させた。現在の世論概念の主流は，J.ハーバーマスが理想的な世論形成過程として描写したような，「自律した人間による批判的討議」で成り立つ。しかし，彼女の「世論」は主に「世間の評判」を意味しており，日常に潜む統制的な圧力を指している。こうした二通りの世論概念はかつて日本でも「輿論」と「世論」として区別されていたし［宮武 2003，佐藤 2008］，「意見風土」は日本語の「空気」と同義である［伊藤 2006］。出すぎた人に「空気を読め」と牽制することがあるように，意見風土への配慮を前提とする「沈黙の螺旋」は，日本では日常的な実感として受け容れられやすい。

　メディア研究史上の本書の功績は，効果研究のパラダイムを「限定効果論」から「新しい強力効果論」へと転回させたことである。

　1940年代半ば以降の研究では，メディアには個々人がもともともつ考えや意見を補強する効果しかないとされた。しかし，1970年代になって，この限定効果論に挑戦する仮説が相ついで登場した。ノエル=ノイマンの「沈黙の螺旋」仮説はその代表である。現在，マスメディアは受け手に対して，間接的であれ広範に長期的な影響を及ぼすことで，結果的に強力な効果をもたらすと考えられている。

　特に近年，ウェブの発達と普及によって，この理論にリアリティが増した。検索サイトやニュースサイト，ウェブ上の店舗では，個々の利用者の情報行動がデータとして蓄積されて順位が決まる。多く利用されたページは上位に表示されて人目につきやすくなり，重要度を増し，いっそう人々の情報行動に影響する。そのため，注目を浴びるものと浴びないものの差が拡大し，意見の急速な一極集中を生じさせると指摘されている。現在，情報環境の変化によって，「沈黙の螺旋」の理論的射程はさらに拡大しているのである。

Quotations

　そして，雄弁は沈黙を生み，沈黙は雄弁を生むという螺旋状の自己増殖プロセスの中で，ついには一方の意見だけが公的場面で支配的となり，他

方の支持者は沈黙して公の場からは見えなくなってしまうのである。［ノ
エル=ノイマン 1997: 6］

　マスメディアの効果は単に一つの刺激によってもたらされたものではな
い。その効果は概ね累積的なものである。……メディアの効果は主として
無意識的なので，効果があったとしても受け手は何が起こったか説明でき
ない。［同: 197］

参考・関連文献
平林紀子 1987「「沈黙の螺旋状過程」仮説の理論的検討――世論過程とマス・メ
　　ディア効果の連繋のために」『放送学研究』37。
伊藤陽一 2006「意見風土,「空気」,民主主義」『メディア・コミュニケーション』56。
児島和人 1993『マス・コミュニケーション受容理論の展開』東京大学出版会。
メディア史研究会 2003「メディアがつくる歴史と記憶」特集（10周年記念シン
　　ポジウム），『メディア史研究』14。
宮武実知子 2003「「世論」（せろん／よろん）概念の生成」津金澤聰廣・佐藤卓
　　己責任編集『広報・広告・プロパガンダ』ミネルヴァ書房。
Noelle-Neumann, E. 2006 *Die Erinnerungen*, Herbig.
岡田直之 2001『世論の政治社会学』東京大学出版会。
Pöttker, H. 2001 "Mitgemacht, weitergemacht, zugemacht: Zum NS-Erbe der
　　Kommunikationswissenschaft in Deutschland," *AVISO*, 28(1).
佐藤卓己 2002「ナチズムのメディア学」小森陽一他編『岩波講座文学2　メデ
　　ィアの力学』岩波書店。
――― 2008『輿論と世論――日本的民意の系譜学』新潮社。
Simpson, C. 1996 "Elisabeth Noelle-Neumann's 'Spiral of Silence' and the
　　Historical Context of Communication Theory," *Journal of Communication*,
　　46(3).
安野智子 2006『重層的な世論形成過程』東京大学出版会。

　　　　　　　　　　　　　　　　　　　　　　　　　（宮武実知子）

9 アジェンダセッティング（議題設定）
D. H. ウィーバー／D. A. グレーバー／M. E. マコームズ／C. H. エーヤル
『マスコミが世論を決める』

David H. Weaver, Doris A. Graber, Maxwell E. McCombs and Chaim H. Eyal, *Media Agenda-Setting in a Presidential Election: Issues, Images, and Interest*, Praeger, 1981.（『マスコミが世論を決める——大統領選挙とメディアの議題設定機能』竹下俊郎訳, 勁草書房, 1988）

<u>I</u> 元朝日新聞記者で現在はフリーランスのジャーナリストである烏賀陽弘道が著した『「朝日」ともあろうものが。』という本がある。これは、彼が1986年に朝日新聞社に入社してから17年後に辞表を出すまでの顛末を綴った、興味深いエピソードに満ちた本である。この中で、なぜ日本の記者クラブ制度が問題かを述べた箇所で「アジェンダセッティング」という言葉が登場する。もっぱらマス・コミュニケーション研究の専門用語としてこの言葉に慣れ親しんできた筆者にとっては、（マスコミ関連の本とはいえ）一般読者向けの烏賀陽の著作でこの用語に出くわすことは予想外であり、またうれしい驚きであった。

「「agenda setting」とは聞き慣れない言葉だと思う。……ぼくも、95年にアメリカのジャーナリスト、デビッド・ハルバースタムにインタビューをしたときに教えてもらった。「今、何が問題なのか」「何を議論すべきなのか」「何を知るべきなのか」というテーマ（アジェンダ）を見つけて社会に提示すること。ハルバースタムはそれこそがジャーナリストの重要な使命のひとつだと言った」［烏賀陽 2005: 116］。

アジェンダセッティングとは、一言でいえば、世論のテーマとなるべき事柄をマスメディアが決めることである。日本語では従来「議題設定」と訳されることが多い。本章でも以後はこの訳語を用

いる。日本ではまだ一般的に知られていない言葉だが，アメリカの新聞記事等を読んでいると時おりこの表現に出くわす。日本よりは認知度が高いのかもしれない。とはいえ，この用語の起源が，1970年代初頭に刊行された一学術論文にあることまでハルバースタムは知っていたのだろうか。

「マスメディアの議題設定機能（The Agenda-Setting Function of Mass Media）」という題目の論文が『パブリック・オピニオン・クォータリー（*POQ*）』誌に発表されたのは1972年の夏である。著者はアメリカのコミュニケーション研究者 M. E. マコームズと D. L. ショー。当時2人はノースカロライナ大学の准教授で，まだ30代であった。

彼らは，政治学者 B. コーエンの「プレスは〔ある問題について〕どう考えるか（what to think）を人々に伝えることに多くの場合成功していない。だが，何について考えるか（what to think *about*）を読者に伝えることには驚くほど成功している」[Cohen 1963: 13, 強調は原文] という指摘から示唆を受け，「マスメディアがある争点やトピックを強調すればするほど，受け手もその争点やトピックを重要視するようになる」という議題設定効果仮説を定式化する。そして，1968年のアメリカ大統領選挙時にノースカロライナ州チャペルヒルで実証を試みる。具体的には，この地域の人々が普段見聞きしている新聞，テレビニュース等の報道内容分析と小規模な世論調査とをあわせて実施し，「メディア議題（media agenda）」（ニュースにおける争点強調順位）と「有権者議題（voter agenda）」（有権者の側での争点優先順位）との間にかなり高い正の関連があることをデータで示した。これは，どの問題が相対的に重要かというメディアの判断が，受け手の認識に影響を及ぼした証拠と解釈された。

このチャペルヒル調査に基づく *POQ* 論文は，研究者の間で大きな反響を呼び，その後，さまざまな研究者による数多くの後続研究が生まれることになる。マコームズら自身も議題設定研究を精力的に継続し，1972年の大統領選挙時にはノースカロライナ州シャーロ

ットで5波にわたるパネル調査（同一対象者に時間的間隔をおいて繰り返し測定することで、変化を調べる調査手法）を実施。その結果に基づき、初めて本の形で議題設定研究を発表する［Shaw & McCombs 1977］。さらに、それに続く大型研究プロジェクト第2弾が、本章で紹介する『マスコミが世論を決める』の基となった1976年調査である。

　D. H. ウィーバー，D. A. グレーバー，マコームズ，C. H. エーヤルの4人で著された本書の特色は次の2点である。第1に、議題設定効果の形成過程に影響するさまざまな要因を検討することで、議題設定仮説の精緻化を試みたこと。第2に、議題設定概念の適用範囲を、争点だけでなく候補者イメージの領域へと拡張したことである。第1の点に関していえば、メディアの社会的影響力は大きいといわれるが、実際にはメディアは万能ではないし、その力も決して普遍的な——いつでも、どこでも、誰にでも作用するという——ものではない。議題設定効果の場合もそれが当てはまる。実証研究の立場からは、どんな場合に効果が起こりやすいのか、その条件を特定する必要がある。第2の点が示唆するのは、議題設定という概念が、メディアがわれわれに代わってわれわれの直接経験外の現実を構成（意味づけ）するという、W. リップマン以来の考え方の一環だということが、より明確になったということである［Lippmann 1922，⇨本巻7章］。

　周知のように、アメリカ大統領選挙キャンペーンは、1月に各州の予備選挙や党員集会が始まり、夏の党全国大会、秋のテレビ討論会等を経て11月の投票日に至る、ほぼ1年がかりの大イベントである。こうした長期的なキャンペーンの各段階において、メディアはどのような議題設定力を行使しうるのか。この問題に取り組むために『マスコミが世論を決める』の著者たちは、1976年大統領選挙時に、レバノン（ニューハンプシャー州）、インディアナポリス（インディアナ州）、エバンストン（イリノイ州）の3地点で、同年2月から12月にかけて計9波（うち2波は投票日以降）にわたるパネル調査を実施

した。同時に，世論調査結果と対応させるために，各調査地点で主に読まれている新聞とテレビの3大ネットワークの主要ニュース番組に関しても，ほぼ1年分を内容分析したのである。この大がかりな調査から，メディアの議題設定効果は，キャンペーンの段階や，選挙に対する有権者の心理的構え等の諸要因によって規定されることがわかった。また，同じマスメディアでも新聞とテレビは異なる役割を演じていた。

　主要な知見を紹介しよう。第1に，キャンペーンの段階は，メディアの議題設定効果の生起と深い関わりをもっていた。議題設定効果が最も強く出るのは予備選挙期（1-6月）においてであり，夏期（6-8月），秋期（9-11月）と進むにつれ，効果は減少の一途をたどる。これは，キャンペーンの進行につれ，どの争点が重要かという判断が，有権者の間で固まっていくためだと推測できる。

　第2に，予備選挙期で見ると，テレビの議題設定力が新聞のそれを上回っていた。しかしながら，新聞が議題設定において大きな役割を果たしていないとは断定できない。予備選挙期のメディア議題と有権者議題を子細に検討してみると，新聞の議題が終始ほとんど不変であったのに対し，テレビの議題は時間が経つにつれ，徐々に新聞の議題と似たものに変化し，また，有権者議題はテレビの議題と似通っていく傾向が見られた。あたかも新聞の議題が一種の基準線となり，有権者議題はテレビの議題を媒介として，それに引き寄せられていくという，議題設定影響力の一種の「2段の流れ」が見られたのである。なお，夏以降は新聞とテレビの議題はほぼ同一となり，キャンペーン終了まで大きく変動することはなかった。

　第3に，上記のように有権者全体としては，メディアの影響を最も強く受けたのは予備選挙期であったが，しかし秋期においても，選挙への関心は高いが投票先をまだ決めかねている有権者（「オリエンテーション欲求（need for orientation）」の強い有権者と，本書の中では定義されている）に限っては，メディアの議題設定効果を受けていた。さら

に，投票後に行われた面接で明らかになったことだが，このタイプの有権者は「争点に基づく投票（issue voting）」を行う確率が，他のタイプの有権者よりも高かった。日本流に言えば，メディアは，選挙に対する関心の高い無党派タイプの人々に対しては，投票間近まで議題設定効果をもたらしていたのである。

さて，以上のように，「どんな公共的争点が重要か」というレベルでメディアの影響を追究してきたのがそれまでの議題設定研究であったが，この1976年調査では，議題設定概念の新たな領域への適用が試みられている。メディアのイメージ形成力への応用である。メディアが大統領候補のような公共的人物を取り上げる場合，その人がもつすべての側面をまんべんなく取り上げることは不可能である。候補者のある特性（例えば「庶民的」，「高潔である」）に焦点を合わせ，別の特性（例えば「政策に弱い」，「優柔不断である」）は無視するという取捨選択が必然的に行われる。結果として，メディアが候補者を描写するやり方は，有権者の候補者イメージにも影響を及ぼすと予想される。

ウィーバーらは，調査地点の1つエバンストンにおいて，有権者が民主・共和両党の主要候補者（J.カーターとG.フォード）をどう捉えているかを調べ，それをこの地域の主読紙『シカゴ・トリビューン』上での両候補の描写の仕方と比較することによって，この仮説を検証した。

有権者の回答と新聞の描写とは，14の特性カテゴリーに基づいてそれぞれ分類され，両者の比較が行われた。その結果，キャンペーンの全期間を通じて，新聞が各候補を描写する視点（その人のどの特性を重視するか）が，有権者が各候補を眺める視点に影響していることが示唆された。ウィーバーらはこうした効果を「イメージ型議題設定（image agenda-setting）」と命名した。これに対し，従来の議題設定は「争点型議題設定（issue agenda-setting）」と呼ぶことができる。

以上のように，マスメディアは選挙キャンペーンのさまざまな領

域において，有権者の政治的認知に影響を及ぼしていたのである。認知レベルへの影響は，有権者の態度や行動レベルにも波及効果をもたらしていたに違いない。

II　そもそも1976年調査は，前年にシカゴで開かれた国際コミュニケーション学会（ICA）で，ウィーバー，グレーバー，マコームズらが集まり，議題設定に関してもっと包括的な調査が必要だと議論したことがきっかけとなった。ここで『マスコミが世論を決める』の著者について簡単に紹介しよう。筆頭著者であるデービッド・H・ウィーバーは1946年生まれ，ノースカロライナ大学大学院でショーの指導のもとに学位を取得し，現在はインディアナ大学ジャーナリズム学部教授（本書刊行時点では准教授）である。議題設定の主導的研究者として，マコームズやショーと並び，メディア議題設定研究の創始者（founding fathers）の1人と称されることも多い。他にも全米ジャーナリストの実態調査研究でも有名である〔例えばWeaver et al. 2006〕。

ドリス・A・グレーバー（1923年生まれ，コロンビア大で博士号）はイリノイ大学教授でアメリカの政治コミュニケーション研究の重鎮である。彼女が編集した『政治におけるメディアの力』（3rd ed. 1994, 邦訳『メディア仕掛けの政治』）の中には議題設定に関する重要論文も含まれている。

ショー（1936年生まれ，ウィスコンシン大で博士号）とともに歴史的な*POQ*論文を著したマックスウェル・E・マコームズ（1938年生まれ，スタンフォード大で博士号）は今回は著者の3番目に位置している。1976年調査の時点では，ノースカロライナ大学からニューヨーク州のシラキューズ大学に移籍していた。さらに1985年にはテキサス大学ジャーナリズム学部教授となり，現在に至っている。彼の議題設定研究の集大成として『議題を設定する（*Setting the Agenda*）』（2004）がある。また，ウィーバーらと共著で世論研究に関するテクストも

出しており,邦訳もされている [McCombs et al. 1991]。そして,シラキューズ大学大学院でマコームズを指導教員として1979年に学位を取得したカイム・H・エーヤルも執筆に参加している。彼は本書刊行時はイスラエルのヘブライ大学に所属していたが,現在はサンフランシスコ州立大学の講師を務めている。

III 実証的なメディア効果研究は,アメリカで1930年代から始まった。当初,メディアの短期的な説得力(メッセージへの短期的接触により,受け手の態度を変えうる能力)をもっぱら追究していたが,数多くの研究の結果から得られた暫定的な結論は,マスメディアは受け手の既存の態度を補強する方向に作用することが多い,というものだった。この学説は「限定効果論 (limited effects theory)」と呼ばれている [Klapper 1960]。メディアが変化を惹起しないということが,メディアの無能力さの証左であると解釈された。

しかし,1960年代後半から,この限定効果論を再検討し,メディア効果を再評価しようとする機運が高まる。再評価の1つのやり方が,効果測定のレベルを態度(特定対象に対する感情的評価)から認知(知識獲得・認識形成)へと移すことである。個人の堅固な態度をメディアのメッセージだけで変えることは難しいかもしれないが,しかし,現代社会にはメディアを介さなければ知ることのできない事柄がたくさんあるはずだ,という考え方である(前出のコーエンの言葉を想起されたい)。こうした新しい認知的アプローチに基づく研究の代表格が議題設定研究である。

既述のように,議題設定のアイディアは多くの研究者の注目を集めた。時代背景も味方したのかもしれない。1970年代初めは,ペンタゴン・ペーパーズ事件(『ニューヨーク・タイムズ』紙が,ベトナム戦争に関する政府の秘密を暴露したもの)やウォーターゲート事件(『ワシントン・ポスト』紙が現職大統領の不正行為を暴き,辞任に追い込んだ事件)等,アメリカのジャーナリズムが権力監視・批判で顕著な成果を上げ,メ

ディアの議題設定力をまさに社会に印象づけた時期であった。

　議題設定と同じく認知的アプローチに依拠するものとして，プライミング効果（メディアが，特定の争点を重点的に取り上げることで，受け手が政治指導者の言動を評価する基準にも影響を及ぼすこと）やフレーミング効果（メディアが個々の争点を報道する際にどのようなフレーム（視点，切り口）を用いるかが，その争点に対する受け手の解釈や評価に影響を与えること）の概念も，1980年代から90年代にかけて提起されるようになった。また，フレーミングと競いあうかのように，議題設定研究においても90年代には「第2レベルの議題設定（second-level agenda-setting）」または「属性型議題設定（attribute agenda-setting）」という概念が登場する（こうした動向については，竹下俊郎［2008］を参照）。属性型議題設定とは，特定の争点や候補者をメディアが取り上げる際に，どの属性（特性）を強調するかに着目して，受け手へのニュースの効果を追究するものだが，実はこれは1976年調査のイメージ型議題設定を焼き直したものといってよい。『マスコミが世論を決める』は，この点でもその後の議題設定研究の先駆けとなる業績といえる。

　最初のチャペルヒル調査が行われてからほぼ40年。議題設定研究はマス・コミュニケーション研究における骨太な系譜へと発展した。だが同時に，大きな岐路に立っていることも事実である。ケーブルテレビや衛星放送，さらにはインターネットの普及に伴い，既存のマスメディアの「集客力」は減少の一途をたどっている。ほんの一握りのアウトレット（個別の新聞や放送局・番組のこと）が大衆の注意を独占できる時代は終わりつつある。これはメディアの議題設定機能の断片化を意味するのだろうか。

　どんな社会システムも，そのときどきで問題処理のために割くことができる資源の量には限度がある。したがって，対処すべき課題に優先順位をつけることは，システムの運営に不可欠な作業である。しかも，民主主義の場合，優先課題の決定には政治エリートの思惑だけでなく，多くの市民の利害関心が反映される必要がある。従来

マスメディアは，エリートから市民への伝令役であると同時に，市民の代理人としてエリートに要求を突きつけるという二重の役割を果たす——ジャーナリズムの規範としては後者の役割を前者に優先させる——ものと考えられてきた［蒲島・竹下・芹川 2007］。そのマスメディアが構造的大変動の渦中にある。世論のテーマは誰（どこ）が決めるのか。議題設定研究も新たな局面を迎えつつあるといえよう。

Quotations

マスメディアは，その日々のニュース選択・提示活動を通じて，いま何が重要なトピックであるかというわれわれの知覚に影響を与えている。この影響力ゆえに，マスメディアは，公衆の思考や議論の種となる「議題」(agenda) の設定に，大きな役割を果たしているのである。……公衆の注意を焦点化するうえで，プレスがこうした能動的な役割を果たすことの顕著な例として，ニクソン大統領を辞任においこんだウォーターゲート・スキャンダルがある。……ウォーターゲートはおそらく，われわれが「議題設定」と名づけた，プレスの能動的な役割の最も劇的な事例である。極言すれば，議題設定の考え方は次のような命題になる。すなわち，プレスの優先順位は，一定の時間を経て，公衆の優先順位になる，というものである。
［ウィーバー他 1988: 4］

参考・関連文献
Cohen, B. C. 1963 *The Press and Foreign Policy*, Princeton University Press.
Graber, D. A. (ed.) 1984 (3rd ed. 1994) *Media Power in Politics*, CQ Press.（グレイバー編 1996 佐藤雅彦抄訳『メディア仕掛けの政治』現代書館）
蒲島郁夫・竹下俊郎・芹川洋一 2007『メディアと政治』有斐閣。
Klapper, J. T. 1960 *The Effects of Mass Communication*, Free Press.（クラッパー 1966 NHK放送学研究室訳『マス・コミュニケーションの効果』日本放送出

版協会）

Lippmann, W. 1922 *Public Opinion*, Macmillan.（リップマン 1987 掛川トミ子訳『世論』上・下，岩波文庫）

McCombs, M.（2004）2014 *Setting the Agenda*, 2nd ed., Polity Press.（マコームズ 2018 竹下俊郎訳『アジェンダセッティング』学文社）

McCombs, M., E. Einsiedel and D. Weaver 1991 *Contemporary Public Opinion*, Lawrence Erlbaum.（マコームズ／アインセィデル／ウィーバー 1994 大石裕訳『ニュース・メディアと世論』関西大学出版部）

McCombs, M. E. and D. L. Shaw 1972 "The Agenda-Setting Function of Mass Media," *Public Opinion Quarterly*, 36(2)．（マコームズ／ショー 2002 谷藤悦史訳「マス・メディアの議題設定の機能」谷藤悦史・大石裕編訳『リーディングス政治コミュニケーション』一藝社）

Shaw, D. L. and M. E. McCombs（eds.）1977 *The Emergence of American Political Issues*, West Pub.

竹下俊郎 2008『メディアの議題設定機能 増補版』学文社。

烏賀陽弘道 2005『「朝日」ともあろうものが。』徳間書店；2009 河出文庫。

Weaver, D., R. Beam, B. Brownlee, P. Voakes and G. Wilhoit 2006 *The American Journalist in the 21st Century*, Routledge.

（竹下俊郎）

情報の流れと影響

10 パニック研究
H. キャントリル『火星からの侵入』

Hadley Cantril, *The Invasion from Mars : A Study in the Psychology of Panic*, Princeton University Press, 1940.（『火星からの侵入——パニックの社会心理学』斎藤耕二・菊池章夫訳，川島書店，1971）

I パニックは，メディアや災害を研究対象にする者にとって，刺激的ではあるが取り扱いにくい現象だ。というのも，経験的研究は，われ先に逃げようとすることで被害が拡大するよりも，自分は大丈夫だと思って避難が遅れ被害が拡大するケース（正常化バイアス normalcy bias）を示しているからだ。つまり，パニックは実際にはそれほど起こらない現象なのだ。が，もちろん起こらないわけではない。

本書は1938年10月30日の夜8時から9時（アメリカ東部時間）にかけて，CBSがオンエアしたラジオドラマ「オーソン・ウェルズとマーキュリー劇場（Mercury Theatre On The Air）による『宇宙戦争（*The War of the Worlds*）』」が聴取者にもたらした影響を分析したものである。特に，ドラマを現実に発生している事態と誤解した聴取者の行動と意識がテーマである。パニック研究，集合行動論の古典として今もなお読み継がれている。ミクロな聴取行動をマクロな第二次大戦直前の世界情勢，歴史的背景から読み解いた点も，本書が社会学・社会心理学の専門書としてだけでなく，広く読書人に読まれる理由である。

ラジオドラマの原作，H. G. ウェルズの『宇宙戦争』もSFの古典的名作として，わが国でも複数の翻訳が出ている。

キャントリルの分析を概観する前に，ラジオドラマのスクリプト

を要約しておく。番組の構造を理解することが，メディア史に残る事件がどのように起こったのかを理解することに直結するからである。

ラジオドラマ『宇宙戦争』の展開

(キャントリル [1971] 及び原文スクリプトから再構成。ゴチックはドラマであることを明示的に示す部分。オーソン・ウェルズはピアソン教授役)

1) アナウンサー (以下，AN)：**「CBS とその系列局は，オーソン・ウェルズとマーキュリー劇場によって，H. G. ウェルズの『宇宙戦争』をお送りします。」**
2) AN：ディレクターとしてのオーソン・ウェルズを紹介。
3) オーソン・ウェルズの語り。〈ドラマのスタート〉
4) AN：天気概況，楽団，音楽の紹介。
5) AN 3：楽団紹介。♪演奏♪
6) AN 2：臨時ニュース。火星でのガス爆発。プリンストン天文台ピアソン教授が地球への接近に言及。♪再び楽団の演奏♪
7) AN 3：音楽紹介。♪音楽♪
8) AN 2：臨時ニュースの続き。政府の火星観測指示。ピアソン教授のインタビューを準備。♪演奏♪
9) AN 2：ピアソン教授のインタビュー準備が完了。
10) 取材の担当記者カール・フィリップスがインタビュー開始。
11) ピアソン教授のインタビュー。
12) ピアソン教授にメモが渡される。
13) フィリップスがピアソン教授宛のメモの内容を説明 (プリンストン周辺で地震に近いショックがあり，調査してほしい)。
14) ピアソン教授のインタビュー終了。♪ピアノ演奏♪
15) AN 2：最新ニュースを報告。火星の爆発観測。ニュージャージー州トレントンで隕石とみられる物体が落下。担当記者のフィリップスを現場へ急行させる。♪スイング・バンド演奏♪
16) AN 2：グロバーズミルから中継。
17) フィリップスがグロバーズミルのウィルマス農場から円筒形の落下物について言及。

18) ピアソン教授と警官の反応。
19) フィリップスと農場主ウィルマスの会話。
20) フィリップスとピアソン教授の会話。
21) 群衆の声：物体が動き出した。
22) フィリップス：恐ろしい火星人の様子を描写。
23) AN：ニュージャージー州グロバーズミルのウィルマス農場での事件につきまして，現場からの実況をお送りしています。♪ピアノ演奏♪
24) AN：再び現場のフィリップスに返します。
25) フィリップス：火星人から攻撃される。
26) AN：現場実況中継の中断。♪ピアノ演奏♪
27) AN 2：グロバーズミルからの報告。州兵40名が死亡。
28) NJ州兵軍スミス准将：戒厳令発令を説明。
29) AN 2：続報。ピアソン教授と電話がつながった。
30) ピアソン教授：電話報告。熱光線による攻撃と推測。
31) AN 2：フィリップスの黒焦げの遺体確認。
32) 赤十字副社長マクナルド：放送設備を州兵の統制下に。
33) AN 2：次は州兵軍野戦司令部に……。
34) 州兵軍通信隊ランシング大尉：包囲網を説明。
35) AN：通信網，鉄道網の破断，高速道路の混乱。人々の混乱。戒厳令の発令。
36) 内務長官：国民への声明。
37) AN：侵入者の進軍過程を説明。
38) 砲撃主，将校等の攻撃場面。
39) 指揮官：攻撃指示。
40) 通信兵の交信場面。
41) AN：火星人の進軍状況，教会で祈る人に言及。
42) AN：「CBSがお送りしましたオーソン・ウェルズとマーキュリー劇場による，H. G. ウェルズの『宇宙戦争』のドラマをお聞きいただいております。少々休憩をいただきましたあとで，ドラマを続けさせていただきます。」
43) 休憩。
44) AN：「H. G. ウェルズの『宇宙戦争』をオーソン・ウェルズとマーキュリー劇場の出演でお送りしましょう……。」♪音楽♪
45) 廃屋に身を潜めるピアソン教授の独白。火星人の攻撃の描写。

46）ピアソン教授と見知らぬ男との会話。
47）マンハッタン島に来たピアソン教授。回想。♪音楽♪
48）オーソン・ウェルズが翌日のハローウィンを意識した番組であったことを説明。♪音楽♪
49）AN:「今夜, CBS とその系列局は全国ネットで, H. G. ウェルズの『宇宙戦争』をお送りいたしました。オーソン・ウェルズとマーキュリー劇場出演によるドラマ放送シリーズの第 17 回でした。来週は 3 つの有名な短編物語のドラマをお送りします。こちらは CBS です。」

　全米でこのラジオドラマを聞いた少なからぬ人が，火星から侵入した怪物が軍隊を撃滅し，恐ろしい事態が発生したと受け取った。

　キャントリルはアメリカ世論研究所（American Institute of Public Opinion: AIPO）他の調査機関の調査結果から，600 万人がこの放送を聞いたと推定できるとしている。また，同研究所の調査では，28％の人がニュースだと信じたと回答している。彼は「第一に，他の空想的な番組とちがって，なぜこの番組がある種の人々を驚かせたのだろうか。第二には，なぜこの番組はある種の人々を驚かせ，他の人々を驚かせなかったのだろうか」[キャントリル 1971: 67] という問いを立てた。

　もちろん，いくつもの要因を考えることができるが，番組側の要因から見ていこう。答えの 1 つは番組の特徴，さらに言えばメディアの文法，ニュースの形式にある。放送ではドラマであることを明示的に 4 回説明している（表のゴチック部分を参照）。1 回目は番組の冒頭，2 回目は休憩の直前，3 回目は休憩明け，4 回目は番組の最後である。それにもかかわらず，聴取者が誤解をしてしまったのは，番組がニュースと信じ込ませる要素を備えていたことを示している。現在の言葉で言えば，メディア・リテラシーの問題ということになろう。皮肉なことだが，誤解を回避するリテラシーもあれば，誤解を誘発するリテラシーもある。当時のリテラシーを検証することは

もはや不可能だが，ドラマの構成として，臨時ニュースの挿入というところから実質的にスタートするプロットを採用したことは大きな意味をもっている。現在でも「ニュース速報（Breaking News）」のテロップや番組中断等がもたらす緊迫感は，人々に「何だ，何だ，一体，今何が起こっているんだ？」という好奇心，不安感，そして，一種の高揚感を伴った興奮をもたらしてくれる。2001年9月11日，日本では同日午後10時すぎであったが，NHKをはじめ各局から次々と送出される映像に息を呑んだことを多くの人が思い出すだろう。臨時ニュースと現場中継というものがもつ意味作用を，1938年当時のラジオ聴取者は理解していた。ラジオは重大発表のために使われるものだという認識が当時の人々の中にあった。だからこそ，本当のことかもしれないと信じてしまった。

このような解釈は，通常の番組が中断されることの特異性から導かれるものである。当時の聴取者は，国内外の重大発表はラジオを通して流されることを経験的に理解しており，欧州に戦争の危機が迫っていることを不安に感じていた。ラジオニュースは新聞以上にさまざまな階層の人に受容され，当時の最重要メディアであった。「ラジオはその特質から，現実に起こっていることを人口のすべての部分に伝え，共通の恐怖や喜びの感覚を作りだし，またある単一の対象に同じような反応を引きおこさせるといった点で，きわめてすぐれたメディアである。……ラジオは本来的に，同時性，簡便性，個人への訴求性あるいは遍在性といった特質を持っている」［同: iv］という言葉が，ラジオというメディアの特質，当時の社会的意義と価値を示している。

また，先行して発生する小事態（兆候）と，科学者等が発するメッセージの結束性（cohesion）がもたらすストーリー展開は，探偵小説や諜報小説の常套手段であり，エンターテイメント性の源泉の1つである。ディテールに関しても，登場する科学者，軍人，行政官の解説やコメントが光背効果（halo effect）を生んでいたことも十分に

考えられる.具体的な地名,道路,避難ルートおよび避難行動への指示内容は,地域によっては聴取者のリアリティを喚起した.

さらに,聴取開始の時刻がいつかということも重要である.CBSとAIPOの調査では,番組開始時から聞いていた人は,ニュースと信じた割合は少ない.しかしながら,開始から聞いた人でも,臨時ニュースの割り込みで,番組開始時のドラマであるというアナウンサーの説明が失効したものと解釈してしまった場合がある.このことは,番組が重大事案によってしばしば中断されることがあるということを,聴取者が経験的に理解していることを示している.聴取者はメディアの文法を知らないから誤解したのではなく,知っていたからこそ誤解したのである.

なお,CBSは放送終了後「今夜,東部標準時の8時から9時まで放送されたオーソン・ウェルズとマーキュリー劇場の番組をお聞きになった聴取者の方々で,この番組がH. G. ウェルズの有名な小説『宇宙戦争』の現代的な翻案にすぎないことをご理解いただけなかった方々に申し上げます.番組で4回はっきり申し上げたことを繰り返しますと,アメリカ国内の都市の名前が用いられましたが,すべての小説やドラマと同様に,この物語全体とそのなかの出来事はすべてフィクションであります」[同: 44-5]というアナウンスを全中継局から3回流した.

一方,聴取者側の要因はどうだろうか.まずは,具体的にどのような人がニュースと信じたのか.キャントリルは聴取者を4つのタイプに分けた.(1)番組内に手がかりを見つけ,事実ではないと考えた人,(2)他の情報をチェックして,ドラマだとわかった人,(3)チェックを試みたが,何らかの理由でニュースだと信じ続けた人,(4)放送内容,事件をまったくチェックせずに,本当だと信じた人,である.キャントリルらの事例研究とCBSが実施した調査では,それぞれ(1) 23%(20%),(2) 18%(26%),(3) 27%(6%),(4) 32%(48%)(括弧内はCBS調査)であった.調査方法と時期に違いがあるものの,

ドラマだと判断した人の割合はほぼ同じだ。また，チェックをしたかどうかは聴取時の感情とも関係してくる。分析によれば，内在的チェックを試みた人は驚きが少なく，外在的チェックを試み成功した人，外在的チェックを試み失敗した人，チェックを試みない人となるにしたがって，驚きの程度が高くなっていく。

　次に問題になるのは聴取者の批判能力である。これも先に述べたように，広義のメディア・リテラシーである。メディアの文法を知るだけではなく，事実関係について批判的な見方ができるかどうかが問われる。だが当時，批判的能力をうまく測定することは困難であった。教育水準に相関するだろうという前提のもと分析した結果，ドラマをニュースと誤解した人ほど教育水準が低い傾向にあることがわかった。高学歴の人ほど自らの判断基準があり，信頼できる情報を用いて確認するまでは，1つの解釈を受け入れることはないことがうかがわれる。

　以上のような番組要因，聴取者要因の分析に加えて，本書の評価を高めているのは，キャントリルがより大きな社会的，歴史的文脈の中で，人間行動を意味づける試みに成功した点にある。放送当時の歴史的背景として「圧迫と緊張の時代において一般の人間がどのような反応を示すかをわれわれに教えてくれるような状況」[同：iv]が厳然とあったのだ。差し迫った戦争の脅威に対して放送局は常時，最新ニュース，特別ニュースのために予定された番組を中断する準備をしていた。『宇宙戦争』のドラマの構成と内容は，当時の社会状況をめぐって，聴取者が形成してきた／されてきた「構え」，つまり心理的な文脈に符合したのである。

Ⅱ　ハードレイ・キャントリルは，1906年，アメリカ・ユタ州ハイラムに生まれた。ダートマス大学卒業後，ミュンヘン，ベルリンへ留学。1931年，ハーバード大学から学位を授与された。1936年からプリンストン大学で心理学を担当，1945年に教授となっ

た。また同大世論調査所を設立した。1969年5月28日に62歳で亡くなった。

キャントリルの研究遍歴を振り返ると，より精緻な分析へと発展を遂げていくアメリカ社会心理学界において，常に社会学との接点を意識していたことがわかる。本書で取り上げたパニックやメディア受容をはじめ，自我，世論，集合行動，社会運動というように，ミクロ・メゾ・マクロの広いパースペクティブをもっていた。社会現象を読み解くため，個人の心理過程に立ち返り，その相互行為を描き出そうとした。『社会運動の心理学』(1941)を訳出した南博は，このような心理学と社会学，ミクロとマクロを架橋するパースペクティブは，G.W.オールポートの影響が大きいとしている。

III 本書は，ロックフェラー財団の助成を受け，マス・コミュニケーションの効果に関する実証研究を目的とした「プリンストン・ラジオ・プロジェクト (the Radio Princeton Project)」を代表する研究である。ディレクターはP.F.ラザースフェルドで，他にハーバード大学のオールポート，T.W.アドルノら錚々たるメンバーが参加していた。社会学，社会心理学，心理学のすべての分野に影響を与えたといえるだろう。

見てきたように，本書はパニック研究，集合行動論の古典である。しかしながら，経験的研究が災害時のパニックについて明らかにするのは，人々が実は避難行動をとらずにその場にとどまる傾向があることである。現実の災害場面や危機的状況では，パニックが起こることは滅多になく，発生した場合でも局所的・短時間にとどまることをE.L.クアランテリらの実証研究が明らかにしている。

日本では，安倍北夫がパニック，群衆行動の経験的研究を進めてきた。また，社会心理学的なマス・コミュニケーション研究者によって，災害や社会的混乱（金融機関の取付騒ぎ，石油ショック等）における人々の認知，態度，行動の研究が進められてきた。例えば，三上

俊治 [1984] は 1981 年に平塚市が誤って「警戒宣言発令」を行政無線で放送した事案を検証し，マスコミ報道と事実は異なり，実際はパニックは発生していないことを明らかにしている。

また近時の航空機火災からの脱出劇（トロント空港・エールフランス機：2005 年 8 月，那覇空港・中華航空機：2007 年 8 月）が示したのは，乗客・乗員の適切な避難行動であった [Fischhoff 2005]。

行動科学が定義するパニック（災害時等に人々が秩序を喪失し，集団的に陥る混乱状況）を見出すよりも，一般的に状況の切迫性を示す言葉としてのパニック，例えば「あわや大惨事でした」というメディアの言い方に示される表現としてのパニックを私たちは日々経験しているといえるかもしれない。

このように，その後の実証研究はパニック自体の発生をきわめて稀なものとしている。しかしながら，同時に私たちはすでに9.11を経験し，ハリウッド映画のような出来事が現実に起こることも目の当たりにした。キャントリルは「現代の金融と政治の複雑さ，さまざまな「専門家」の経済的・政治的提案にみられる矛盾，ファシズムやコミュニズム，そして慢性化した失業状態からくる不安感，こうした諸条件が現代生活のその他の無数の特徴とあいまって，一般の人々が完全には解釈できないような環境をつくりあげている」[キャントリル 1971: 157] とパニック発生の背景を読み解いている。「ファシズムとコミュニズム」を「グローバリズムとテロリズム」と読み替えてみると，はたして，私たちはそれほど異なる世界に住んでいるのだろうか。キャントリルを読み返す現代的意義もこの点にあろう。

Quotations

放送によって引きおこされた極端な行動は，この事態によって作り出された法外な自我関与の感覚と，個人には侵略の成り行きを緩和したり統制

したりする能力が全くないことからきている。火星人の来襲は，個人がある価値を犠牲にすれば他の価値を残すことができるような事態で起こったものではない。……こうした事態では，個人はすべての価値を一度に失うような立場に立っていた。これらの価値の中のいずれかを救うためにできることは，何もなかったのである。こうしてパニックは避けられないものとなった。[キャントリル 1971: 207]

参考・関連文献
安倍北夫 1974『パニックの心理――群集の恐怖と狂気』講談社現代新書。
――― 1982『災害心理学序説――生と死をわけるもの』サイエンス社。
Cantril, H. 1941 *The Psychology of Social Movements*, John Wiley.（キャントリル 1959 南博・石川弘義・滝沢正樹訳『社会運動の心理学』岩波書店）
――― 1950 *Tensions That Cause Wars*, University of Illinois Press.（キャントリル 1952 平和問題談話會訳『戦争はなぜ起るか――戦争原因としての國際的緊張』岩波書店）
Fischhoff, B. 2005 "A Hero in Every Aisle Seat," *New York Times*, August 7th.
三上俊治 1984「パニックおよび擬似パニックに関する実証的研究」『東洋大学社会学部紀要』21。
――― 2004「災害情報とパニック」廣井脩編『災害情報と社会心理』北樹出版。
Quarantelli, E. L. 1954 "The Nature and Conditions of Panic," *American Journal of Sociology*, 60.
Quarantelli, E. L. and R. R. Dynes 1972 *Images of Disaster Behavior: Myths and Consequences*, Ohio State University, Disaster Research Center.
Wells, H. G. 1898 *The War of the Worlds*, Penguin Classics.（ウェルズ 1967 中村能三訳『宇宙戦争』角川書店；1969 井上勇訳，東京創元社；2005 中村融訳，東京創元社；2005 小田麻紀訳，角川文庫）
（音声資料）ウェルズ，H. G. 2001『宇宙戦争』「全米ラジオドラマ傑作選ミステリー劇場3」（株）ユニコム 原文スクリプトおよび日本語訳の冊子付

（森　康俊）

11 コミュニケーションの2段の流れ
E. カッツ／P. F. ラザースフェルド『パーソナル・インフルエンス』

Elihu Katz and Paul F. Lazarsfeld, *Personal Influence: The Part Played by People in the Flow of Mass Communications*, Free Press, 1955 ; 2nd ed., with a new introduction by E. Katz, Transaction Publishers, 2005. (『パーソナル・インフルエンス——オピニオン・リーダーと人びとの意思決定』竹内郁郎訳, 培風館, 1965)

Ⅰ 「コミュニケーションの流れ」研究は, マスメディアが人々にどのように影響を与えるのかという問題を, 実証的データをもとに研究する。それは, マスメディアの効果を直接的でかつ強大なものであるとみた1930年代以降の大衆社会論的な見解を修正させる役割を果たした。そうした「コミュニケーションの流れ」研究の画期的な成果として1955年に出版されたのが, E. カッツとP. F. ラザースフェルドの『パーソナル・インフルエンス』であった。本書の重要な意義は, マス・コミュニケーション研究における「影響の媒介項としての人々」という視点を明確に打ち出したことにある。

『パーソナル・インフルエンス』は2部構成になっている。前半では, 小集団研究とマス・コミュニケーション研究との理論的な結びつきが, 多くの研究レビューを通して論じられる。後半では, 中規模都市の典型であるイリノイ州ディケーターでの調査の具体的な手続きと分析結果が示され, 「オピニオン・リーダー」や「コミュニケーションの2段の流れ」の仮説が論じられる。この著作を考える際にまず注意すべきなのは, カッツらのキータームである「オピニオン・リーダー」が, 影響領域の広いフォーマルな集団ではなく, むしろインフォーマルな対面的小集団のリーダーとして, 人々の意見とその変容に影響をもたらす者を指していることである。特に意見の変容という場合には, 短期間での小さな変容が対象となる。例え

ば，食料品の購入銘柄を最近になって変えたり，西部劇映画を好んで観ていたのがミステリーものに変わったりしたような場合である。「コミュニケーションの2段の流れ」の仮説については，本節の最後でまとめる。

　では，内容を順にみていこう。『パーソナル・インフルエンス』の第Ⅰ部では，マス・コミュニケーションが人々に影響を与えていく過程に関する，対人関係を扱った研究例が検討されていく。そして，それらの多くが，元は中間要因を考慮に入れずに行われた調査研究でもあったことが論じられる。言い換えれば，研究が進められるに従って，社会学の小集団研究に刺激されつつ，対人関係という媒介項の重要性が浮かび上がったのである。この思いがけない結果は，ラザースフェルドらの『ピープルズ・チョイス』(1944)において見出されたものでもあった。ラザースフェルドはB.ベレルソンらとともに，1940年のアメリカ大統領選挙で人々の投票選択行動を変えたマスメディアの影響力を考察するために，オハイオ州エリー郡の600人の住民にインタビューした調査結果を分析した。そうすると，予想とは違い，投票意図の決定にあたって家族や知人からの働きかけが大きな影響力をもった事例が非常に多く，また，コミュニティのどの階層にもマス・コミュニケーションの中継役を果たす人々がいたことがわかった。

　カッツらの『パーソナル・インフルエンス』ではこうした知見も受けて，対人コミュニケーションが効果的になりうる理論的条件が探られ，集団内部での影響の流れの問題と，そうした集団内のコミュニケーション・ネットワークが集団外の世界とどう結びつくのかという問題とが論じられる。そこで要となったのも，一種のメディアとして機能している「人々」であった。

　カッツらによれば，対人コミュニケーションには2つの特徴がある。1つは，「先有傾向」を帯びた理念や行動様式が，集団内の人々によって絶えず作り出され維持されていることである。先有傾向と

は，人々における社会的・経済的・地域的・文化的な一定の傾向性のことを指す。マス・コミュニケーションは人々のそうした先有傾向を補強する方向に働く場合が多いのである。いま1つは，小集団の対人関係そのものに中継機能があり，それがマスメディアからの伝達内容の通路となっていることである。マス・コミュニケーションはそうしたネットワークに媒介されて，人々の間に浸透するのである。

　『パーソナル・インフルエンス』の第Ⅱ部では，影響の流れの要となる人々が具体的に描かれ，論じられる。1945年に，賃労働者層を読者対象とする出版物を発行しているマクファーデン社の支援のもとに，カッツとラザースフェルドはディケーターでの調査を行った。それは女性消費者の意思決定に関わる個人間の影響とマスメディアの役割とを調査・分析するプロジェクトであり，日用品の買い物，流行，社会的・政治的問題，映画観賞の4分野をめぐって行われた。800人の女性に2度の面接が行われ，彼女らが影響者として指名した人々に対する付加的な面接も行われた。その結果，1549人の影響者が確認され，そのうち634人が実際に突きとめられて面接された。この調査で特に重要だったのは，「被調査者に影響を与えた人」だけではなく「被調査者が影響を与えた人」についての質問も組み込まれたことである。つまり，ある特定の事柄に関して，最近誰かから助言を求められた経験についても調べられたのである。

　買い物行動に関する影響の流れは，次のようであった。オピニオン・リーダーは大世帯の主婦で社交性が高い人に集中した。また，影響は同じ社会的地位の知人同士で流れやすく，年長から若年への方向が多かった。ただし，主に夫や子どもが使うような品物の場合には家族員相互間の影響が目立った。

　衣服や化粧品等の流行に関する影響の流れは，次のように説明される。オピニオン・リーダーは未婚女性に集中した。異なった社会的地位の人々に影響が及ぼされる場合には，高い社交性をもった中

層の地位にいる人がオピニオン・リーダーになることが多かった。また，この分野では若年から年長へという影響の方向が予想されていたが，それは家族内でしか当てはまらなかった。

　社会的・政治的問題に関する影響の流れは，次のようになる。この種のオピニオン・リーダーとは，最近のニュースに関して誰かから助言を求められた人である。ここでは社交性や学歴等の社会的地位が重要な役割を演じていた。オピニオン・リーダーの絶対数自体は少なかったが，父親や夫の役割は大きかった。

　映画観賞に関する影響の流れは，次のように説明される。オピニオン・リーダーは映画をよく観に行く若い未婚女性に集中した。彼女たちは，家族以外の人と一緒に行くことも多かった。社交性や社会的地位はあまり関連がなく，影響の流れの多くは，一緒に映画を観に行く同年齢層の仲間たちの間で生じていた。

　では，以上の具体的な結果に対して，オピニオン・リーダーはどのように把握されるのか。まずカッツらが導いたのは，オピニオン・リーダーが他の人々よりもマスメディアへの接触が多いということだった。実際に，どの分野においても，オピニオン・リーダーは他の人々よりも多くの雑誌や本を読んでいた。とはいえ，マスメディアの影響の強さについては領域ごとに違っていた。カッツらは社会的・政治的問題のオピニオン・リーダーが特にマスメディアからの情報を多用すると予想していたが，事実としては他の人々よりもむしろマスメディアからの影響が少なかった。要するに，現代社会の人々の多くが主にマスメディアから情報を得ている中で，オピニオン・リーダーは多様な分野において情報を得る程度や頻度が比較的多いということでしかないのだった。ここから，「影響の流れ」と「情報の流れ」とを区別する論点が浮かび上がることになる。

　また，オピニオン・リーダーは，コミュニティの全域においてみられ，しかもそれぞれの社会経済的な各階層に均しく分布していた。だが同時に，社交性の高い人々に集中してもいた。このことから，

「共有された関心」こそが影響の流れの重要な要因として機能しており、影響の流れの通路にもなっているとカッツらは考えた。つまり、影響の流れは関心の高い人々から同じく関心の高い人々へ、あるいはやや低い人々へ流れると考えられたのである。

さらには、それぞれの行動領域でそれぞれのオピニオン・リーダーが生み出されており、全般的にオピニオン・リーダーであるようなタイプの人は見られないこともわかった。

以上のような分析や議論から、コミュニケーションの影響の流れについて、『パーソナル・インフルエンス』では「いろいろな観念はラジオや印刷物からオピニオン・リーダーに流れ、さらにオピニオン・リーダーから活動性の比較的少ない人々に流れることが多い」という「コミュニケーションの2段の流れ」の仮説が展開される。カッツらは、交わされたコミュニケーション内容以上の牽引力が対人的影響に含まれると考え、人々の意思決定にとって対人接触の影響がマスメディアの影響よりも強力だと想定したのだ。

Ⅱ 著者の1人であるポール・F・ラザースフェルドは、1901年にオーストリアに生まれ1976年に亡くなった高名な社会学者である。社会心理学的なコミュニケーション研究の分野においては、同一人物に反復して質問調査をしていく「パネル調査法」等の新しい社会調査法を開発した。事実、『パーソナル・インフルエンス』では調査法の技術的議論や問題提起に多くのページが割かれている。1960年にはアメリカ社会学会会長に選出され、「社会学の応用」を唱道した。一般的な著作としては、J.G.レイツとの共著『応用社会学——調査研究と政策実践』(1975) 等がある。

ラザースフェルドはウィーン大学で数学を教えていたが、社会改革に強い期待をもつ社会主義者だったこともあり、社会心理学研究センターを組織して指揮することになる。センターは運営のために市場調査を引き受けることもした。だが、ユダヤ系であった彼はナ

チスの勢力が強まった1933年にアメリカに亡命する。

　当時のアメリカでは，ラジオ放送が社会的重要性を大きくもつようになっていた。ラザースフェルドはロックフェラー財団が支援するプリンストン大学ラジオ研究所の理事職に任命され，2年後にはコロンビア大学応用社会調査研究所の所長となる。彼は1940年代のラジオ研究に指導的役割を果たし，印刷物とラジオの特質を解明した『ラジオと印刷物』(1940)等の成果を生む。社会学者R.K.マートンとの30年以上にわたる親しい交流も，このラジオ調査研究から始まる。また，ラジオ研究にはCBSがかなりの資金を提供しており，ラザースフェルドはのちにCBS社長になったF.スタントンとも親友であった。この点で，ラザースフェルドの研究には企業によるバイアスがかかっているという批判もある。友人の前で自称していた「休眠中のマルクス主義者」が，皮肉にも，資本主義のアメリカで制度的な社会学研究に尽力したわけである。学生紛争期にアメリカ海軍調査局からの資金援助を受けた彼のプロジェクトも激しい批判や抗議を被ったが，彼は公式にはほとんど対応せず，依頼された事例研究と資料の収集にひたすら集中していたという。

　なお，著名な社会学者C.W.ミルズは，コロンビア大学勤務時代にラザースフェルドのもとで『パーソナル・インフルエンス』の実査担当者として仕事をした。ミルズ自身データに強い関心をもち，事例を分析し，政治の領域でのピラミッド状の影響の流れについての膨大な量の草稿を書いたという。しかし，ミルズはのちにラザースフェルドの手法を「抽象的な経験主義」として批判することになる。

　もう1人の著者であるエリユ・カッツは，1926年にアメリカで生まれ現在も活躍している。共著や共編だけでも20冊を超える著名なマス・コミュニケーション研究者である。ラザースフェルドに師事し，『パーソナル・インフルエンス』の研究成果を1965年に学位論文としてコロンビア大学に提出した。その後シカゴ大学を経て，イスラエルのヘブライ大学や南カリフォルニア大学で教えている。

広範囲にわたるカッツの業績の中で，投票行動研究や対人ネットワークの影響過程に関する研究の他に述べるべきものは，「利用と満足」研究での成果である。「利用と満足」研究は，受け手のメディア利用の多様なパターンを具体的に論じ，受け手の心理的充足を分析する。ドラマやクイズ等の番組視聴者における心理的充足の類型を論じた D. マクウェールらとの共著『マス・メディアの受け手分析』(1972) が代表的である。受け手がそれぞれ能動的な番組視聴を行っているという希望的な観測を含んだカッツらの「利用と満足」研究のアプローチは，カルチュラル・スタディーズ系のオーディエンス論からも批判的に論及され続けている。また，D. ダヤーンとの共著『メディア・イベント』(1992, ⇨本巻 4 章) はテレビによる集団的記憶の形成を論じたものとして，よく知られている。

III　1960 年代に入ると，「コミュニケーションの 2 段の流れ」の仮説に対する批判が出されていく。まず，J. T. クラッパーがラザースフェルドの指導のもとでメディア効果研究の成果を一般化して書いた『マス・コミュニケーションの効果』(1960) での議論が挙げられる。クラッパーは，あくまで対人コミュニケーションの影響が存在するときにだけ，それがマス・コミュニケーションよりも効果的である場合が多く，それら 2 つのコミュニケーションの相互作用が不明確だという点から，カッツらの仮説を理論的に批判した。なお，この著作によって，マスメディアの効果は先有傾向に基づく状態を補強する方向で間接的に現れるとする「限定効果論」が確立された。

　実証的研究からは，強力な反証も出された。大統領の急病やアラスカの州昇格といったニュースの伝達経路の研究や，ケネディ大統領暗殺事件等のニュース伝播過程の研究からは，ニュースを知った人のほとんどがオピニオン・リーダーを媒介せずに，マスメディアから直接に第一報を得ていたことが確認されたのである。カッツら

の仮説が,情報の告知については当てはまらないのであった。

重要な建設的批判としては,農村社会学者E. M. ロジャーズの『技術革新の普及過程』(1962)での議論が挙げられる。ロジャーズは,個人の意思決定としての「技術の採用過程」と新しい技術が広がっていく社会的過程としての「技術の伝播過程」とを区別し,それぞれの過程では時期によって対人コミュニケーションの影響力が異なることを論じた。そして,時間要素を導入することで,コミュニケーション過程を段階的に把握する必要性を強調した。また,オピニオン・リーダー自身の意思決定も実際には対人コミュニケーションに依存しうると述べ,影響の流れが「多段的」になることを指摘した。

さらに1980年代の中頃になると,「コミュニケーションの流れ」研究の批判対象であったメディアの強力効果論モデルそのものが,限定効果論を引き立てる目的でラザースフェルド以降の研究者たちによって創作された面があるのではないか,という見方も出てくるようになる［竹下 1998］。

日本では,1955年の『パーソナル・インフルエンス』出版当時に,「コミュニケーションの2段の流れ」の考え方を現状の政治への抵抗的な見方として取り入れる試みが,「進歩的知識人」らによって行われていた。また1957年には,奈良県の農村における一家族のコミュニケーション過程を具体的に描いた,加藤秀俊の「ある家族のコミュニケイション生活」が発表される。加藤は,家族内のコミュニケーション量の差を示すとともに,「コミュニケーションの2段の流れ」の考え方を援用して,集団規範が諸個人のコミュニケーション生活を制限することも明らかにした。

1960年代末から70年代初めになると,『パーソナル・インフルエンス』の翻訳を行った竹内郁郎を中心に,「コミュニケーションの流れ」研究の丹念な追跡がなされる。その後,竹内の「受容過程の研究」(1982)が研究レビューを通してカッツらの仮説に厳しい限定を加えた。児島和人は「「限定効果論」の内在的批判」(1984)で『パー

ソナル・インフルエンス』の限界点をさらに詳しく抽出し，継承すべきものは「理論と調査結果の乖離の持つ意味」と「会話への強い問題意識」くらいであると論じた。

近年のメディア社会特有の現象を論じたものとして，オピニオン・リーダーとしての「識者」が受け手に歪んだイメージをもたせてしまう問題を扱った，小城英子の『『劇場型犯罪』とマス・コミュニケーション』(2004) 等がある。また，現代コミュニケーションの変容を論じた船津衛の『コミュニケーションと社会心理』(2006) は，携帯メールのコミュニケーションと人々の関係性の親密・疎遠化との，相互的な影響を論じている。他方，社会心理学の分野では，今井芳昭の『依頼と説得の心理学』(2006) において，オピニオン・リーダーからの影響を受けない「不活性層」や「意図的でない対人的影響」についての研究も報告されている。

以上のような批判や展開を経てきた「コミュニケーションの2段の流れ」の仮説であるが，『パーソナル・インフルエンス』は 2005 年にカッツの新たなイントロダクションが加えられて再版された。それは，この著作が依然として重要な議論の源を内蔵し続けていることを示している。

Quotations

人間，とくにオピニオン・リーダーというものを，雑誌とか新聞とかラジオとならぶ，コミュニケーションのもうひとつのメディアとしてみることができる。[カッツ／ラザースフェルド 1965: xxxii]

いろいろな観念はラジオや印刷物からオピニオン・リーダーに流れ，さらにオピニオン・リーダーから活動性の比較的少ない人びとに流れることが多い。[同: 314]

リーダーシップというものは他の人びとよりも関心が高いということだけで決まるものではなく，周囲の人びともまた関心を持っている場合には

じめて,みずからの関心の高さが重要性をもってくるのである。[同: 333]

参考・関連文献
船津 衛 2006『コミュニケーションと社会心理』北樹出版。
今井芳昭 2006『依頼と説得の心理学』サイエンス社。
加藤秀俊 1957「ある家族のコミュニケイション生活——マス・コミュニケイション過程における小集団の問題」『思想』392号。(再録 1987 竹内郁郎・岡田直之・児島和人編『リーディングス日本の社会学 20 マス・コミュニケーション』東京大学出版会)
Klapper, J. T. 1960 *The Effects of Mass Communication*, Free Press. (クラッパー 1966 NHK放送学研究室訳『マス・コミュニケーションの効果』日本放送出版協会)
児島和人 1984「「限定効果論」の内在的批判——『パーソナル・インフルエンス』再考」水原泰介・辻村明編『コミュニケーションの社会心理学』東京大学出版会。(再録 1993『マス・コミュニケーション受容理論の展開』東京大学出版会)
小城英子 2004『「劇場型犯罪」とマス・コミュニケーション』ナカニシヤ出版。
Lazarsfeld, P. F., B. Berelson and H. Gaudet (1944) 1968 *The People's Choice: How the Voter Makes Up His Mind in a Presidential Campaign*, 3rd ed., Columbia University Press. (ラザースフェルド/ベレルソン/ゴーデット 1987 有吉広介監訳『ピープルズ・チョイス——アメリカ人と大統領選挙』芦書房)
Rogers, E. M. 1962 *Diffusion of Innovations*, Free Press. (ロジャース 1966 藤竹暁訳『技術革新の普及過程』培風館)
竹下俊郎 1998「マスメディアの利用と効果」竹内郁郎・児島和人・橋元良明編『メディア・コミュニケーション論』北樹出版。
竹内郁郎 1982「受容過程の研究」竹内郁郎・児島和人編『現代マス・コミュニケーション論』有斐閣。(再録 1990『マス・コミュニケーションの社会理論』東京大学出版会)

(鍵本 優)

12 うわさの背景
E. モラン『オルレアンのうわさ』

Edgar Morin (avec la collaboration de Bernard Paillard, Evelyne Burguière, Claude Capulier, Suzanne de Lusignan, Julia Vérone), *La rumeur d'Orléans*, Seuil, 1969; Nouvelle édition complétée avec "La rumeur d'Amiens," Seuil, 1970. (『オルレアンのうわさ――女性誘拐のうわさとその神話作用』杉山光信訳, みすず書房, 1973; 第2版, 1980; 新装版, 1997)

I　私たちが日常生活しているのは家族や学校のクラス, 職場等の中であって, 会話で共通する話題は普通この範囲を越えない。つまり日常の生活は, 実はさまざまな垣根に仕切られている中で行われている。ところが何か大きな不安なことが生じると, この垣根が取り払われることになる。うわさの現実化とは, 潜在的なものとして存在していたうわさ集団が顕在化することである。社会学の教科書でのうわさの説明はこのようである。現象のメカニズムとしてはそうに違いないけれど, 現実に突発するうわさ事件はそれ以上に社会を考察し診断するうえで多くのことをもたらすものではないか。エドガール・モランの『オルレアンのうわさ』が社会学の中でユニークな著作として読み継がれるとしたら, このことを範型的に示しているからであろう。

　フランスでのいわゆる5月革命のあと, C. ド・ゴールは大統領退陣を表明し, 1969年5月に大統領選挙が行われる。第2回投票に残っているのはG. ポンピドゥーとA. ポエルだ。ポンピドゥーの優位は明白とはいえ緊張がみなぎっているその時期に, フランス中部の都市オルレアンで女性誘拐のうわさ事件が突発し, うわさは町中の人々を巻き込む。事件についてパリのマスコミが知るのはうわさがピークを過ぎてからであり, モランたちが調査のためにオルレアンに赴くのはほぼ1ヵ月後のことであった。高校や大学はすでに夏休

みに入っていたが関係者たちへの聞き取りを続け，その調査報告として『オルレアンのうわさ』はまとめられる。

この著作はモランの手になる総合レポート（第1章〜第7章），5人の調査員による調査日記，父兄会，カトリック教会，政党等の声明文や新聞記事等を集めた記録，そしてモランの手になる方法論ノート「現在あるものの社会学」が収録されているが，中心をなすのは総合レポートのうち第1章「うわさの経過」と第2章「神話の構造」である。それゆえこの2章を中心に見ていくことにしよう。

うわさ事件というのはこうである。1969年5月の中旬から女子高校生たちを中心に，オルレアンの中心街にあるしゃれた女性服のブティックで試着室に入ったまま出てこなくなった若い女性客がいる，といううわさがささやかれていた。うわさが流れるのは初めのうちは若い女性たちの間でであったが，母親たちや女教師たちも警戒を促すという配慮から，うわさに巻き込まれていく。5月24日は聖霊降臨祭で人々は町の中心街に繰り出すが，このときにうわさは一挙に広まることになる。女性誘拐を行っているブティックは1軒だけでなく，相互に数百メートル離れている6軒がこの悪しき仕事でぐるになっており，これらは地下通路で連絡をとりあっているというのだ。うわさがピークを迎えるのは大統領選挙の第2回投票日直前の5月29日，30日，31日の3日間である。この3日間に，冗談でしかなかった話は人々に本当のことと受け取られ，女性だけでなく男性も巻き込む。6軒のブティックはどれも非難の声を上げる群衆に取り囲まれ，店は開いているのに客足は途絶える。店の主人は取り囲んだ人々の敵意におびえる。

選挙が終わると，2つの人権団体が中心になってうわさへの反撃に乗り出す。また学校の父兄会，カトリック教会や政党も批判の列に加わる。これらの反撃に対して再反撃はあるものの，うわさは急速に退潮し，モランたちの調査の頃には反対キャンペーンも完全に終わっていた。

もちろんこれは完全にうわさだけのことであり，誘拐された女性はいないしそのような行動をとったブティックもない。大統領選挙といういささか心理的に緊張の雰囲気があったといっても，それはフランスではどこでも同じ。なぜオルレアンでだけこのような事件が生じたのだろう。うわさ研究に従っていうなら，流行の先端を行くブティックに惹かれる若い女性たちという潜在集団をうわさの顕在集団に転化させたのは，何だったのだろうか。モランたちの立てた問いはこのようであった。

　『オルレアンのうわさ』の書かれた時期には，まだ都市伝説という用語は用いられていなかった。それでモランは神話といっている（人の情念を動員するという意味ではこの方が適切かもしれない）。若い女性がやくざ者の甘い言葉にだまされて外国の町に売り飛ばされ娼婦にさせられる話は，19世紀にはやった小説にあり，その後都市伝説になる。この都市伝説からは時おりうわさ事件が立ち上がり，そのたびにフランスのどこかの都市で，規模は小さいが同種の事件を生じさせていた。オルレアンのケースでも，うわさが生まれる直前の5月初旬，週刊誌『ノワール・エ・ブラン』がグルノーブルでの話として，妻が店の試着室に入ったまま出てこないことを不審に思い，警察官と一緒に踏み込んだ夫が奥の部屋で眠らされている妻を発見したという記事を載せていた。実はこれは他の書物からの転載で事件の日付もブティックの名もなかった。オルレアンに特殊なことは5月10日に新しいブティックが華々しく営業を始めたくらいだが，それが引き金になったのだろうか。

　モランはうわさの発生・伝搬の経路を突きとめるよりも，人々をうわさに巻き込んだものは何かを考える。そして，古くからの都市伝説のオルレアン・バージョンが町の人々をこれほど激しく動かした秘密を，このバージョンを構成するいくつかの要素に求める。それが総合レポートの第2章「神話の構造」である。うわさが古くからある都市伝説を支えとしているとしても，そのままではない。か

つての物語では若い女性はいかがわしい界隈のバーに連れ込まれるのだが，今では舞台装置は現代化されていて，白昼の繁華街のショーウィンドウ，ブティックの試着室，ドラッグの注射等に置き換えられている。やくざ者やいかがわしい界隈ならすぐわかるけれど，道具立てがこうもモダンになってみると，さらわれるかもしれないという恐れは，都市のどこでもありうることとなる。

　こうして女性誘拐の都市伝説は現代化されているがゆえに人々を夢中にさせたのだが，その際に現代的バージョンのうちでも2つの要素が特に大きく作用したとモランはいう。試着室とユダヤ人である。

　しゃれたブティックの試着室は若い女性たちの欲望を刺激し想像を駆動させる装置なのである。オルレアンでうわさの数日前に開店したウーブリエットでは，試着室を中世の城の地下牢ふうに演出してあった。この装置の効果を高めるためである。試着室は脱いだり着たりするところを他人に見られないための密室だが，仕切るものはカーテンだけの不完全な密室である。その中には大きな鏡が置かれている。着てみたい服を試しポーズをとることは夢の実現であり，想像の旅に出ることである。また鏡の前で脱ぐことはストリップティーズめいていて，ときにはボーイフレンドを連れ込む女性もいる。店員がぴったりフィットさせるために服の上から軽くふれることは，レスビアンへの誘いを連想させるだろう。というわけで，試着室は若い女性たちの関心を引きつけるにあたって途方もなく大きな力をもつとモランはいう。そしてこの試着室の中で薬物の注射が打たれて眠らされ運び出されるとなると，もともとこの都市伝説に伴っていたエロティックな連想の効果はさらに高められる。若い女性たちにとってのこうした魅力は，母親や女教師にとっては心配の種でもあったのだ。

　もう1つのユダヤ人の方はどうか。女性誘拐の都市伝説の中にはユダヤ人の要素は含まれていないのに，オルレアンその他の都市で

うわさ事件となるときには,いつもユダヤ人が名指しされる。フランスには,東欧や北アフリカから移住してきたいかにもユダヤ人らしい人たちと,世代を重ねフランス人とまったく区別のつかないユダヤ系の人々がいるが,名指しされるのはいつでも後者なのだ。店を始めて数年しかたっていないのにはやっている,あるいは安い値段で売っているのにもう一財産作っている。どうしてなのか。外観は普通の人と少しも違わないのに違うとされ,2つの顔をもつとされるイメージがかえって中世的な謎の存在としてのユダヤ人を連想させるのである。そして中世的なものの想起は,オルレアンの都市の地下に今も残っているとされる大昔の地下通路の話にまで結びつけられる。

モランは第3章では対抗神話を論じている。オルレアンの住民すべてがうわさを信じたのではない。人権団体,カトリック教会,政党等はうわさが根も葉もないとして否定と抑止に立ち上がった。抑止の側ではこれは右翼あるいは親アラブの極左派等反ユダヤ勢力により発信された中傷,謀略であるというのである。しかしうわさが現実の力となったあとでは,対抗神話もかえって火に油を注ぐことにしかならない。行政や警察はとにかく選挙が終わってからと静観しているのだが,このことで行政や警察は謀略の勢力とぐるになっているとされてしまう。

このように『オルレアンのうわさ』は1969年5月にオルレアンで生じたうわさ事件の調査なのであるが,急速に現代化していく都市と生活スタイルの変化の速さに惹かれ,またとまどっている人々の意識と行動をブリリアントな仕方で分析してみせたのである。

II エドガール・モランは自らのアイデンティティをネオ・マラーノ(マラーノはスペインの改宗ユダヤ人のこと)と称している。1921年にテサロニケのユダヤ系の家族に生まれた。貿易商をしていた父親は宗教には無関心であったという。ソルボンヌ大学で学び,

第二次大戦中は対独レジスタンス活動に参加．このときに共産党に近づく．戦争が終わると敗戦直後のドイツに入り，占領下での人々の状況を報告した『ドイツ零年』(1946)は好評で迎えられた．『新フランス評論(NLF)』にも寄稿するようになる．しだいに共産党の方針に距離を感じるようになり，コミンフォルムがユーゴスラビアのチトーを批判し追放した(1948年)ときに，一部の知識人たちとともに共産党を離脱する．このときのことは『自己批判』(1959)に詳しい．

　レジスタンス時代に労働社会学者のG.フリードマンと知りあい，フリードマンの創意で国立科学研究センター(CNRS)の社会学研究所が発足するときに，A.トゥレーヌ，M.クロジエその他の社会学者とともに参加し，その後はR.バルトらとともにマスコミや文化現象の斬新な研究の中心となるマスコミ研究センター(CECMAS)に移り，雑誌『コミュニカシオン』を発刊する．この雑誌は今日も続いておりその活動には依然として注目すべきものがある．初期の著作である『人間と死』(1951)や『映画――あるいは想像上の人間』(1956)には，コミュニストであった時期に，なぜコミュニストが「諸民族の父」(スターリンがこう呼ばれた)にあれほどの尊崇を捧げたのかという問題をモランなりに考え続けてつかんだ投射＝同一化の考え方が駆使されている．

　アルジェリア戦争が終わり，経済成長が軌道に乗りフランス社会が豊かになっていくとともに急速に変貌していく様子をヴィヴィッドに記録し描き出す著作を，このあとの時期に著す．1960年代にCNRSはフランスの人文・社会科学者を多数動員してブルターニュ地方の近代化による変化の学際的な調査を行ったが，モランはこの中で中心的な役割を果たし『プロデメの変貌』(1967)を著した．ここで近代化がさまざまな対流現象を引き起こすこと，それゆえ中央の開発推進の側ではなく，遅れているとされる地方の人々の活動が逆に本当の近代化の推進になっている等の逆説的な事実を明らかにしている．5月革命についてのC.ルフォール，C.カストリアディ

スとの共著『亀裂』(1968，邦訳『学生コミューン』)とともに，『オルレアンのうわさ』は，モランの仕事としてはこの時期を代表するものである。

このあとでモランはアメリカ合衆国サンディエゴのサルク研究所に研究員として招かれ，ノーベル賞を受賞した分子生物学者で『偶然と必然』の著者でもあるJ.モノーと出会う。そしてモノーが自然界において考察した遺伝子変異の偶然の発生，それによる進化の方向の変化等の考えを社会現象において考える著作を書き続ける。

長い期間にわたり在職していたCNRSを定年退職し，今日ではその名誉ディレクターとなっている。また複雑性思考協会を設立しその会長になっている。また『ヌーヴェル・オプセルヴァテール』その他マスメディアでも，今なおよく発言している。また戦中から戦後にかけてのフランスの知識人の世界では，モランはルフォール，カストリアディス，そしてのちに演劇社会学者になるJ.デュビニョーらとともに，非正統的マルクス主義の雑誌『アルギュマン』でも活躍しここでも大きな役割を果たしたことは，M.ヴィノックの大著『知識人の世紀』(1997)等にも記されている通りである。

III

『オルレアンのうわさ』は，その後のフランスでのうわさ研究をスタートさせることになる。うわさの研究というと普通G.W.オールポートとL.ポストマンの『デマの心理学』(1947)に言及される。しかしモランは，オルレアンでのうわさ事件を分析するにあたって，これらのアングロサクソン諸国の仕事を参照していない。モランがうわさを分析する際に用いるのは「神話」である。政治イデオロギーの研究では，人々に日常の秩序の意味を説明し，人々を行動に駆り立てる物語という意味で神話を用いる。ファシズムやスターリニズムが人々を動員したのも，それぞれの神話の作用として説明される。オルレアンの人々を事件に引き込んでいったのも，うわさの核心にある神話ゆえであるとモランは説明した。

ところで人々の日常の会話において口から口へと伝えられる中で，うわさの物語はさまざまな要素を付け加えられ肥大化していく。モランの書物から6年後に現れる M.-L. ルケートの『うわさ』(1975) はこの面に焦点をあわせている。ルケートは内容よりも形式に注目した。うわさは言語メッセージであり，必ず主語と述語という形式を備えている。そして主語についても述語についてもその詳しさはさまざまであり，うわさの主語と述語の間で詳しさの程度（特定化）に不均衡があると，うわさはその伝達の過程で均衡に達するまで形を変化させていく。伝言ゲームで知られているように，口から口への伝達はメッセージの正確な複写をもたらさない。聞き手の欲求に対応して，必ず歪曲や修正が入ってくる。こうしてメッセージは変形され，不均衡が作り出され均衡を回復しようというメカニズムが働く。モランがうわさを神話として分析したとき，うわさ事件は病理的現象として見られたのだが，J.-N. カプフェレの『うわさ――もっとも古いメディア』(1987) は，うわさを日常生活のうちに普通に見られるものと位置づけ直している。人は自分や身近な人に関わりのあることはすぐに伝えようとするが，その場合にニュースや情報の出所がどこであるかは気にしない。多数の人々の間で本当のこととされていれば，「本当らしさ」だけでうわさが広まるには十分なのであるとする。

　雑誌『ジャンル・ユマン』のうわさ特集 [Flem 1982] は，歴史家と現役ジャーナリストの手になるもので，古代・中世のうわさ事件や具体的な証言を含んでいて興味深い。しかし，その後のフランスのうわさ研究にとって大きな意味をもつのは，『コミュニカシオン』誌の「うわさと都市伝説」特集 [Campion-Vincent & Renard 1990] である。1980年代にアメリカでは J. H. ブルンヴァンが『消えるヒッチハイカー』(1981) 等で都市伝説の採集を精力的に進めた。「うわさと都市伝説」特集はこのアプローチをフランスに導入する。それまでフランスの学問世界では，うわさや迷信のような現象は他の時代（歴史学）

や他の場所（民俗学）におけるものしか研究対象として認められなかったが、ここでうわさに対する見方が変化するのである。都市伝説が盛んに語りあわれるのが日常生活の中にある不安と対応しているのであれば、幻覚剤 LSD を染み込ませたミッキーマウスのシールが出回っていることの危険を告げるビラ、あるいは食品添加物に含まれる発ガン物質リストのビラ（フランスではヴィルジュイフ病院発表とされるにせビラ）がファックスで膨大な数飛び交ったことも、現代化した都市伝説からうわさが立ち上がった現象として考えることができる。このような研究の地平が拓かれると、オルレアンのうわさも都市伝説から生じてくる現象と捉え直される。同様のうわさは、1970 年以後にもストラスブール、シャロン・シュール・ソーヌ、ディジョンでも生じ、1990 年にはローマ、モントリオールで、そして 1992 年には韓国のソウルでも生じたが、このときにはブティックの経営者は日系人とされたことが報告されている [Froissart 2002]。

　こうしてフランスのうわさ研究は、社会心理学の方法に従うアングロサクソン諸国のうわさ研究の流れとは別に独自な展開をみ、そのことでフランス社会学の流れの中に統合されていくのであるが、『オルレアンのうわさ』はこの流れのスタート地点に位置しているのである。モラン自身の政治的経歴からうわさは神話として理解されたけれど、今ではうわさと都市伝説は本当の問題を強調するために虚構の物語を語るのであり、増大している都市での暴力が危険なヒッチハイカーや女性誘拐のうわさ物語となり、自然に対する私たちの新たな関係がフランスの田舎におけるオオカミ、クマ、オオヤマネコ等の捕食動物の出現をめぐるうわさになっているというのである。さらにまたテレビや新聞のニュースはほぼ同時に数千万人にふれるのに、インターネットでの情報の流れはそれとはまったく異なる形態をとる。そこからインターネット上でも新たな形のうわさが盛んに流れるようになっている。これについては、D. エイデリシュの研究 [Heiderich 2004] が現れていることも付記しておこう。

Quotations

　新聞が何も語らないのはどうしてなのか。捜査の邪魔をしないためなのか。疑問は他の説明を求め，なんらかの説明を見つけ出していく。こうして，うわさの内部で新しい奇妙なうわさがはらまれ，ものすごい速さで広まる。新しいうわさは，先のうわさに寄生し，もしかすると前者を喰いつくしかねない。[モラン 1973: 31]

　この種のひそかなエロティックな効力を帯びさせたファッションのドレスやスカート，上着や下着，装身具やレースの縁飾りなどを集め，ならべているのが，これら婦人服の店なのだ。なかでも，このエロティック化の効果が集中され，発酵しているのが試着室のなかなのである。[同: 56]

参考・関連文献

Campion-Vincent, V. et J.-B. Renard 2004 *De source sûre : nouvelles rumeurs d'aujourd'hui*, Payot.

Campion-Vincent, V. et J.-B. Renard (sous dir. de) 1990 «Numéro spécial de rumeurs et légendes contemporaines», *Communications*, 52.

Flem, L. (ed.) 1982 «La rumeur», *Le genre humain*, 5.

Froissart, P. 2002 *La rumeur : histoire et fantasmes*, Belin.

Heiderich, D. 2004 *Rumeur sur Internet : comprendre, anticiper et gérer une cybercrise*, Village Mondial.

Kapferer, J.-N. 1987 *Rumeurs : le plus vieux média du monde*, Seuil.（カプフェレ　1988　古田幸男訳『うわさ——もっとも古いメディア』法政大学出版局；1993 増補版）

Neubauer, H.-J. 1988 *Fama : Eine Geschichte des Gerüchts*, Berlin Verlag.（ノイバウアー　2000　西村正身訳『噂の研究』青土社）

Rouquette, M.-L. 1975 *Les rumeurs*, Collection SUP, Presses Universitaires de France.

　　　　　　　　　　　　　　　　　　　　　　　　　　　（杉山光信）

13 報道の限界
G. タックマン『ニュース社会学』

Gaye Tuchman, *Making News: A Study in the Construction of Reality*, Free Press, 1978.（『ニュース社会学』鶴木眞・櫻内篤子訳, 三嶺書房, 1991）

I ニュースといえば,「現実をありのままに映し出すもの」と考える人は多いだろう。このような常識的な見方に対して G. タックマンは, 発想を180度転換し, ニュースを「社会的構成物」として捉えようとした。言い換えれば, ニュースを「おとぎ話」や「神話」と同じような「作り話」として考察しようとした。

「ニュースは作り話だ」などといわれると, 多くの人は一瞬戸惑うかもしれない。しかし, これはよく考えてみれば, それほど驚くべきことではない。ニュースは毎日誰かによって作り出されている。現代社会においてニュースを作り出すのは, 主に新聞社やテレビ局で働く専門家たちである。こうした専門家たちは, 制度的な過程にのっとり, 制度の慣習に従って, 日々ニュースを探し出し, 並べ替え, 広めていく。通常, そうした複雑な制作過程は裏側に隠れているので, 読者や視聴者の多くは, それをわざわざ「作り話」と意識していないだけなのだ。

しかし, ひとたびニュースを「作り話」として意識し始めるとさまざまな疑問が頭に浮かんでくる。そもそも報道する側はいかにニュースを作り出しているのか。記者たちは無数の出来事の中から何をニュースと判断するのか。ある項目はニュースとして取り上げ, 他のものは取り上げない基準は何か。専門家集団としてのニュース制作者はどのように組織されているのか。タックマンはこれらの疑

問を解決するために，約10年にわたって，アメリカ合衆国の新聞社とテレビ局のニュース制作の現場に分け入り，参与観察とインタビューを行った。その成果が本書『ニュースを作る』（邦訳『ニュース社会学』）である。

さて本書の最大の魅力の1つは，間違いなく，その豊富な事例研究にある。タックマンは，ニュース制作の舞台裏で繰り広げられるさまざまな慣習や人間関係をめぐる駆引きがいかに報道の枠組みを限界づけているかを，いくつものエピソードを交えながら明らかにしていく。ニュース組織の特殊性，そこで働く専門家集団の職業意識，取材者と情報源の人間関係等が，ニュースを作り出すうえでどのように作用するかをいきいきとした筆致で描き出していくあたりは，「読み物」としても十分に面白い。

ただし，本書は決して単なるニュース制作の舞台裏の暴露本ではない。なぜなら，タックマンの最終的なねらいは，ニュースという公共の知識の形成を通じて，人々の社会的現実がどのように構成されているかを明らかにすることにあるからだ。タックマンは第1章で，ニュースを「世界に向けられた窓」と呼ぶ。高度に情報化した現代社会では，人々は自分たちが生きる世界の輪郭を知るために，この「窓枠」を利用せざるをえない。したがって，この枠組みがどのように作り出されているかを探ることは，人々が世界をどのように認識しているか（あるいは認識し損なっているか）について考えるうえで，どうしても避けて通れないテーマなのだ。

こうした明確な理論的関心に基づいて，タックマンはニュース制作の複雑な過程を描き出していく。「ニュース制作は現実の反映というより，現実を構築する行為である」という首尾一貫したテーマが，さまざまなヴァリエーションによって明らかにされていく。

まずタックマンが注目するのは，ニュース取材網の空間的な限界についてである（第2章）。ニュース組織があらゆる出来事を網羅的に取材しているというのは幻想にすぎない。なぜならニュース組織

はあらかじめ特定の場所や領域に記者を優先的に配置するからだ。タックマンによれば，ニュース組織は次の3つの官僚組織的な取材網をもつ。第1に各都市圏をカバーする「地域別」取材網，第2に情報が集まりやすい警察署や裁判所や市庁舎等に常駐する「機関別」取材網，第3に金融やスポーツ，家庭や教育等に特化した「専門分野別」取材網である。ニュース組織はこれら3つの相対立する取材網を中心に，ニュースになりそうな事件や出来事を収集する。こうした官僚組織的な取材網は，一方でニュース制作を効率化するのに役立つが，他方でこの網にかからないいくつかの出来事をあらかじめニュースから除外してしまう。記者は自分たちの置かれている社会的位置（それは地理的位置かもしれないし，階級的位置かもしれない）から見えない出来事については，そもそも報道できないのである。

またニュース組織は，空間的な要因だけでなく，時間的な要因にも縛られている（第3章）。ニュース組織は毎日一定のリズムで，紙面や番組枠を埋めるためのニュースを作り出さなければならない。「本日はニュースが集まらなかったので，夕方のニュースは取りやめにします」というわけにはいかないからだ。したがって，ニュース組織は，締め切りまでに確実にニュースを集めるために，報道価値のある事件や出来事を前もっていくつかのパターンに分類し，記者や機材を効率的に配分せざるをえない。こうしたニュースの事前の類型化は，記者の仕事を予測可能なものにしてくれる一方で，出来事に対するステレオタイプな見方を助長する原因にもなる。

さらにタックマンは，こうした官僚的なニュース組織を維持していくうえで，記者や編集者のプロフェッショナリズムが果たす重要な役割にも注目している（第4章）。ニュース制作者はプロとして，ある程度行動の自由を許されている。所属するニュース組織の同僚や他の組織に属するライバルと，情報を共有したり隠したり，現場で協力したり牽制したり，仕事を離れて付き合ったりしながら，専門家集団としての共通の文化を作り上げていく。こうしたやりとり

を通じて，ニュース制作者は，組織の基準に沿ったニュースを作り上げるための独特の職業規範を身につけていくのである。

では，取材者と情報源の関係はニュースにどのように作用するのだろうか（第5章）。ここでも，あらゆる情報が平等に扱われるというのは幻想にすぎない。情報源には明確な序列が存在するからだ。タックマンによれば，ニュース制作者は一般市民が提供する情報より，官庁など制度に組み込まれた情報源を重視する傾向がある。記者はニュースの信憑性を維持するために，公的制度に組み込まれている特定の情報源と密接な関係を築き上げる。ニュース網は最初から一部の出来事はニュースとして取り上げるが，一部の出来事は無視するようにできているのである。こうしたことが既存の社会的・政治的制度の暗黙の正当化につながるとタックマンは指摘する。

またニュース制作に作用するのは，こうした人間関係だけではない。ニュースの語り口にも，特定の問題を提起し，特定の問題を無視する働きがある（第6章）。例えば，テレビニュースには，「具象性の重視」，「中立性・信憑性の強調」，「被写体との距離の設定」，「人物・場所・出来事のコード化」，「物語的な筋立て」等，映像やナレーションの標準的な形式が存在する。逆に言うと，こうした標準的な形式にうまく当てはまらないものは，ニュースから容易に排除されてしまうのだ。

そして，これらの問題を考えるための格好の素材としてタックマンが取り上げるのが，「女性解放運動の報道のされ方」である（第7章）。タックマンは，ニュース制作の仕組みが当時の人々の目を女性解放運動の争点からそらすのに大きく貢献したという。「ニュースは社会を鏡のように映すのではない。ニュースは出来事を報じる過程で，その出来事を定義し形作る。現代の女性解放運動の初期において，ニュースがこの運動をブラジャーを燃やす馬鹿げた行為として作り上げたようにである。したがってニュースは社会を共通の社会現象として作り上げるのに一役買っている」［タックマン 1991:

249]。

　ここでタックマンは,個々のニュース制作者に偏見があるなどと言っているのではない。「偏見」などと非難するからには,どこかに客観的な真実があると想定しなければならない。そうではなくて,そもそもニュースという制度が社会的現実の特定の理解を促すように作られているというのが,タックマンの主張の核心である。歴史的にみても,ニュースのプロフェッショナリズムとニュース組織の発展は,企業主導型資本主義の発展と切り離せない。その意味で,ニュースは現状の政治秩序,産業秩序を正当化し,支配的な文化を再生産するイデオロギーなのである (第8章)。

　以上,本書においてタックマンは,ニュースを現実の反映というより,むしろ現実を構築する行為として捉えることを主張した。こうした根本的な発想の転換は,タックマン自身が述べているように,解釈社会学という当時の新たな理論的潮流 (特にH.ガーフィンケル,E.ゴッフマン,P.L.バーガーとT.ルックマン,A.シュッツ等) に大きく影響を受けている (第9章)。解釈社会学は,社会現象を与えられた客観的なものとして扱う代わりに,人々が積極的に社会的意味を作り上げることを強調した。本書は,解釈社会学がそれまでの伝統的な社会学に対して向けたラディカルな批判を,ニュース批判に応用したものと考えることができる。

　ニュースは単に事件や出来事を報道するのではない。ニュースは事件や出来事を積極的に意味づけ,解釈し,形作る。それは「知識の源」であると同時に「権力の源」でもあるのだ。

Ⅱ　ゲイ・タックマン (1943-) がニュース研究を始めたのは1966年,まだブランダイス大学の大学院生のときだった。その背景には,子どもの頃のマッカーシズムの記憶や,当時のベトナム戦争に対する関心があったという。その後タックマンは1967年に同大学院で社会学の修士号を,1969年に社会学の博士号を取得した。

このときの博士論文のテーマが「ニュース——ニュース制作者たちの現実」である。この研究が1978年に出版された本書『ニュースを作る』へとつながった。研究者となってからは，ニューヨーク州立大学 (1969-72) やニューヨーク市立大学 (1972-90) で教鞭に立ち，2009年現在はコネチカット大学の教授 (1990-) を務めている。

日本ではタックマンのプロフィールはあまり紹介されていない（なかには，その名前から男性と勘違いしている読者も多いようだ）。しかし彼女には，ここで取り上げたニュース研究以外にも『家庭の団欒——マスメディアにおける女性のイメージ』(編著, 1978) や『女性の周辺化——ビクトリア朝の小説家，出版社，社会変化』(共著, 1989) 等，ジェンダー，フェミニズム関連の有名な研究業績が数多くある。特に『家庭の団欒』は，女性とポピュラー文化に関する先駆的な研究の1つといってよいだろう。タックマンはこの中で，マスメディアの表現がいかに女性とその関心を無視し，排除し，周辺化しているかを「女性の象徴的消去」という観点から明らかにした。また彼女は1970年に結成された「社会における女性を支援する社会学者の会」の創設者の1人でもある。タックマンのラディカルなニュース批判の背景に，1960年代後半から1970年代にかけてアメリカ合衆国で盛り上がったベトナム反戦運動や女性解放運動等，既存の文化基準を問い直す対抗運動の影響があったことは，見逃すべきではない。

また，タックマンとシカゴ学派との密接なつながりについても指摘しておかなければならないだろう。タックマンは自分自身のことをエスノグラファーと考えている。彼女のこうした姿勢は，大学院の指導教授であったE.C.ヒューズの影響によるところが大きい。ヒューズは「初期シカゴ学派」の中心人物であったR.E.パークやE.W.バージェスからフィールド研究の指導を受けた世代にあたり（同世代にはL.ワースやH.G.ブルーマーらがいた），「初期シカゴ学派」の都市エスノグラフィの伝統を戦後の「第2次シカゴ学派」へと継承・

発展させたキーパーソンとして近年再評価されている人物である[野田 2003]。

　ヒューズはシカゴ大学を退職後，1961年からブランダイス大学で教鞭をとった。彼は大学院生を次々にフィールドに送り込み，シカゴ流の調査研究プログラムをブランダイス大学で再現した。タックマンによれば「ブランダイスのフィールドワーク・コースは完全にシカゴのように組織されていた」，「当時私を含めてブランダイス大学のほとんどの大学院生は，自分たちが「初期シカゴ学派」の衣鉢を継いでいると考えていた」という[Reinharz 1995: 292-3]。ここで特にヒューズが力を入れたのが，G. ジンメルの相互作用論的社会観を積極的に取り入れた組織・制度研究，専門職研究であった。ニュース組織を舞台に，人々の相互作用がニュースを生み出していく過程を鮮やかに描き出すタックマンの研究は，こうしたシカゴ学派のエスノグラフィの継承・発展のうえに生まれたのである。

III

　ニュースに関する研究はたくさんあるが，実際に制作の現場に入り込んで，ニュースが収集・編集されていく過程を社会学的に分析したものとなると，それほど多くはない。報道する側がいかにニュースを生み出しているかを明らかにした本書は，ニュース研究の古典として，最も有名なものの1つといえる。特にタックマンが提起した「組織とプロセスの産物としてニュースを見る視点」は，ニュースがいかなる価値観や権力関係を背景として作られているのかを問うことを可能にしたという点で，画期的なものだった。

　それまでのアメリカ合衆国におけるマスコミ研究の主流は，メディアが個人の態度や行動にどのような効果や影響を及ぼすかを行動主義的な観点から論じることに主な関心があった。また多くのジャーナリズム研究は，アメリカ流リベラル・デモクラシーの積極的な担い手として，ジャーナリズムを位置づけてきた。メディアそれ自体の権力性に無自覚なこうしたアメリカ流マスコミ研究，ジャーナ

リズム研究に対して，タックマンはメディアにおける意味の生産の問題やメディアと政治の関わりを批判的な観点から分析する道を開いたのである。

この時期，こうした批判的なニュース研究が他にも登場している。イギリスではグラスゴー大学メディア・グループによる BBC ニュースの研究が有名である。彼らはその著書『悪いニュース』，『もっと悪いニュース』で，ニュースがいかに意味を生産し，全体として支配的な文化を再生産しているかを明らかにした [Glasgow University Media Group 1976, 1980]。また，E. W. サイードは『イスラム報道』で西洋のメディアがフィクションとしての「イスラム」をいかに作り上げてきたかを論じた [Said 1981 = 2003]。1970 年代以降に登場してきたこうした「メディア研究の批判的パラダイム」は，メディアと政治の関係を考えるうえで，その後のメディア研究，ジャーナリズム研究に根本的な発想の転換をもたらした。

これらの批判的メディア研究が提起した問題は，テレビが映像ジャーナリズムの機能を急速に強化・発展させた 1980 年代以降，色あせるどころか，ますますその重要性を増していった。本書も 1978 年に原著が出版されて以降，日本語以外に，スペイン語，中国語，ポルトガル語，ハンガリー語等に翻訳された。特に湾岸戦争や 9.11 同時多発テロ以降，現代のニュース・メディアを批判的に問い直そうとする動きが活発化する中で，タックマンが指摘した「ニュースを社会的構成物として捉える視点」の重要性が再認識されつつある。

日本でも近年，こうした観点からニュースや報道を捉え直す試みが目立ち始めた。例えば E. S. クラウス [Krauss 2000 = 2006] は，NHK のニュース組織と国家の関係を検証し，行政報道を重視する NHK のテレビニュースが，戦後日本の政治秩序の安定にいかに貢献してきたかを明らかにした。また萩原滋編 [2007] は，テレビニュースの外国関連報道がどのような世界像を構築しているかを分析した。これ以外にも，伊藤守編 [2006] や小玉美意子編 [2008] のように，現代

のテレビニュースを対象に，その構成や編集のされ方を具体的な番組レベルで詳細に読み解こうとする試みもある。

　確かにタックマンが研究した時代に比べると，ニュースの制作過程もその表現も様変わりした。しかし，人々が今もニュースという「おとぎ話」を必要としていることには変わりがない。いやそれどころか，マスメディアが提供するこうした「おとぎ話」の力はますます強くなっているようにすら思われる。ニュースという現代の「おとぎ話」を政治過程や権力作用の問題と結びつけて考える作業は，タックマンの書物を端緒として，まだようやく始まったばかりなのである。

Quotations

　私はニュースをおとぎ話と同類と見なしている。おとぎ話もまた文化的背景と人々の積極的な駆引きの産物である。おとぎ話は「昔あるところに……」で始まるが，ニュースは「現地の軍報道官が語ったところによれば，今日エジプト機がリビアの空軍基地を爆撃しました……」というように始まる。「昔あるところに」という出だしは，続く話が現実とは異なる神話であり，文化の想像力が生んだものであることをはっきり示している。ニュースの出だしは，続く話が事実に基づき，現実的で，世界に起きた出来事の真実を報告したものであると宣言している。しかし最終的には，おとぎ話もニュースもお話であり，どちらも語り継がれ，コメントされ，各人が自分なりに受け止める公共の資源であることには違いない。[タックマン 1991：8-9]

参考・関連文献

Glasgow University Media Group 1976 *Bad News*, Routledge & K. Paul.
──── 1980 *More Bad News*, Routledge & K. Paul.
萩原滋編 2007『テレビニュースの世界像──外国関連報道が構築するリアリテ

ィ』勁草書房。
伊藤守編 2006『テレビニュースの社会学』世界思想社。
小玉美意子編 2008『テレビニュースの解剖学――映像時代のメディア・リテラシー』新曜社。
Krauss, E. S. 2000 *Broadcasting Politics in Japan : NHK and Television News*, Cornell University Press.(クラウス 2006 村松岐夫監訳・後藤潤平訳『NHK vs 日本政治』東洋経済新報社)
野田浩資 2003「ヒューズによる「シカゴ学派の伝統」の継承と伝達」中野正大・宝月誠編『シカゴ学派の社会学』世界思想社。
大石裕・岩田温・藤田真文 2000『現代ニュース論』有斐閣。
Reinharz, S. 1995 "The Chicago School of Sociology and the Founding of the Brandeis University Graduate Program in Sociology : A Case Study in Cultural Diffusion," G. A. Fine (ed.), *A Second Chicago School ?: The Development of a Postwar American Sociology*, The University of Chicago Press.
Said, E. W. 1981 *Covering Islam : How the Media and the Experts Determine How We See the Rest of the World*, Pantheon Books.(サイード 2003 浅井信雄・佐藤成文・岡真理訳『イスラム報道 増補版』みすず書房)
田村紀雄・林利隆・大井眞二編 2004『現代ジャーナリズムを学ぶ人のために』世界思想社。
Tuchman, G. et al. 1989 *Edging Women Out : Victorian Novelists, Publishers, and Social Change*, Yale University Press.
Tuchman, G. et al. (eds.) 1978 *Hearth and Home : Images of Women in the Mass Media*, Oxford University Press.

(丹羽美之)

14 広告の魔術
J. ウィリアムスン『広告の記号論』

Judith Williamson, *Decoding Advertisements: Ideology and Meaning in Advertising*, Boyars, 1978; 4th ed., Marion Boyars, 1982.(『広告の記号論——記号生成過程とイデオロギー』1・2, 山崎カヲル・三神弘子訳, 柘植書房, 1985)

<u>I</u>　「広告とは, 私たちの現在の生活を形づくり, また反映もしているもっとも重要な文化的要素のひとつである」[Williamson 1982＝1985/1: 22]。だからであろうか, 広告の研究は数多く, そのパースペクティブも多岐にわたっている。その中で「広告を解読する」ことを徹底して行ったのが J. ウィリアムスンである。

周知のように広告はモノを私たちに売りつける。しかし, ウィリアムスンによれば, 広告には「モノを売りつける」以上の機能があるという。それは「意味の構造を創り出す」という機能である。ここでの「意味」とは, 本質的で固定的なものではなく, ある社会・階級・歴史・時代に応じて産出されるものを指しており, イデオロギーと言い換えてもいいだろう。かつてはそういった「意味の構造」(イデオロギー) を充たしてきたのは芸術や宗教であったが, 今や広告がその役割を果たしていると彼女は主張する。

ウィリアムスンは, 何年かにわたり雑誌から切り取ってファイリングした広告を, 構造分析・記号論的分析を用いながら(時には精神分析学も援用して)解読してみせる。そこで目指したのは広告のイデオロギー的機能の批判であった。彼女はイデオロギーという不可視のものを, 広告を解読するという「実践」を通して, 見えるものにしようとしたのである。

ただし, ウィリアムスンの批判は, 広告の「内容」のみに向けら

れたものではない。すなわち，広告の伝えているメッセージが差別的だ／不適切だと批判したり，広告が不必要な製品を買わせようとしていることに苦情を述べたり，環境や生産者を犠牲にした製品を買わせようとすることを問題にしたりしたのではない。むしろ，彼女は，そういった「内容」を批判するだけでは不十分だと考えたのである。そして，広告の「形式」がもつ意味を重要であると考え，「広告が働く仕方」［同: 31］を明らかにしようとしたのであった。言い換えれば，広告が「何を (what)」意味するかではなく，「どのように (how)」意味するかを問題にしたのである。そこで，「形式」と「内容」という用語を，「記号表現」と「記号内容」いう用語で捉え直し，形式＝記号表現が意味を作り出すのにどういった役割を果たすかについて分析した。

　さて，実際のところ，本書の魅力的な部分は，説明のための理論的装置よりも，実際の広告の解読にあるかもしれない。数多くの広告図像とともに提示される彼女の分析は，読者に迫力をもって迫ってくる。彼女の記述はやや錯綜しており，あまりわかりやすいものではないが，それでも具体的な分析は多くの人の関心を誘うだろう。では実際の分析を順次6点にまとめながら見ていきたい。

　第1に，ウィリアムスンは広告の内部で何が起きているかを示していく。彼女によれば，広告において，モノやヒトが何らかのイメージ・情感・意味を表象し，ついで製品がこのモノ・ヒトの役割を「取り替え」て，そのイメージを占有するという。わかりにくいので具体例で考えよう。製品であるタバコの横に，新鮮そうなキュウリが併置された広告があるとする。ここで，キュウリ（モノ）は新鮮さ（イメージ）を表している。次に，キュウリ（モノ）の新鮮さ（イメージ）がタバコ（製品）に「転移」されて，タバコまで新鮮に見えてくるということだ。

　この事態を，ウィリアムスンは「指示対象システムの一要素と製品とが結びついた」こととして記述する。「指示対象システム」とは，

基本的なイメージや意味を広告に提供するシステムである(難しく聞こえるが,要するに私たちが「キュウリ」を「新鮮だ」と認識すること)。また彼女はここでのモノ・ヒト(この場合はキュウリ)を「客観的相関物」と呼んでいる。

同時に,転移が行われる際には,「記号内容」ではなく「記号表現」のレベルで交換が行われていることが強調される。製品(タバコ)と他のモノ(キュウリ)は記号内容(内容)では結びつかない。色彩や形が同じであるとか,あるいはただ併置されているとかいう記号表現(形式)によって結びつけられるのである。しかもその作り上げられた結びつきは「客観的」「自然的」と見なされるようになるという。

さらに,機能的には同一の製品を差異化するためにも,指示対象システムは使われる。例えば,香水aはフェミニンでゴージャスなイメージのモデルAを使い,香水bは活発でボーイッシュなモデルBを使ったとしたら,モデルAがもっているイメージが広告の中で香水aに転移され,モデルBのもつイメージは香水bに転移される。ここで重要なことは,モデルAとBが互いに互いを差異化することである。私たちがもっているモデルAとBのイメージの違いを広告は利用し,類似した製品さえも差異化するのである。

第2に,広告外部でも,購入や消費を通じて,イメージ・情感・意味が転移していくことが指摘される。つまり,ある製品はある特質や気分と結びつけられるのだ。

ここも具体例で説明しよう。幸せだと感じたときに「チョコレートでも買おう」と思った場合,チョコレートは幸福感の記号にすぎないし,指示対象はあくまで幸福感である。しかし,広告の作用によって,製品が感情を作り出すとき,チョコレートを買ったから幸福だと感じることになる。このとき,チョコは記号以上の存在となり,指示対象以上の存在になってしまっている。

あるいは「洗顔料を変えることで3人ものボーイフレンドができた」とする広告は,製品(洗顔料)は「あなたが買うことのできない

もの（愛，幸福感）を買うことができる」と主張する（製品はお金で買える）。このとき，製品は消費者を代替する地位につく。消費者にはできなかったことを洗顔料が代行してくれるからである。

　第3に，広告の内部・外部で起こるイメージや意味の転移は，広告が行うのではなく，私たち自身が行っていることをウィリアムスンは指摘する。広告の中でモノ・ヒト（客観的相関物）と製品が併置されているとしても，結びつけ自体は行われていない。私たちが，広告の「おい，君，君は〇〇が何を意味するか知っているだろう。この製品も同じモノを意味しているのだ」という「呼びかけ」に応じて初めて結びつきは成立するのである。

　ついで製品は私たち自身を意味することにもなるという。彼女は「ペプシ・ピープル」というフレーズ，C. レヴィ＝ストロースの「トーテミズム」というタームを援用しながら，消費者がある集団へ同一化することを説明する。私たちは広告に呼応して，ある特定のブランドを使うはずの人間として自分自身を認知し「選び取る」というのだ。また，C. メッツの「失われた対象」（＝欲望が追い求める想像的な対象）という概念を使用しながら，私たちの外見が広告によって自分から分離された対象になること，そして企業の所有物になってしまうことも指摘する。私たちは「失われた対象」を取り戻すため，それを買い入れて自身の「スペアパーツ」（一種のアイデンティティキット）から自分を再創出しなければならなくなるという。

　第4に，ウィリアムスンは，広告がどのような手法で，私たちを広告過程に参加させるかを検討している。例えば，不在という手法。あるビールのキャッチフレーズに「すばらしい色，すばらしい味，そのうえなんと……」というものがある。この点線部分を私たちが埋めなければならない。あるいは，ギャップという手法。笑顔でうつる女性の横に「彼女は不幸だ」との文章がつく。この齟齬を理解しようとして私たちは広告の中に引き入れられる。その他いくつかの戦略によって，私たちは広告過程に引き込まれてしまうのである。

第5に，ウィリアムスンは，広告に引き入れられるイデオロギー・システムを記述しようとする。例えば「自然」について。広告は自然-科学-文化の関係に入り込み，「自然」と「自然的なもの」が混同された領域を作り出す。あるいは「魔法」について。魔法という奇跡は広告の中で説明もなく使用されて，消費行動を生産行為に思わせたり，私たちが住む社会を誤表象したりする。また「時間」について。広告上では偽の時間が私たちの時間に取って代わってしまうという。ここで共通しているのは，広告が作り出す領域はイデオロギーとして機能するという指摘，そして，それによって私たちの認識は歪められてしまい，「現実」ではない作られた「偽」の関係の中に私たちが置かれてしまうという指摘である。

　第6に，広告（イデオロギー）への批判がすぐに骨抜きにされてしまう事態に，ウィリアムスンは警鐘を鳴らす。広告の「なか」にあるものを論じようと努力しても，結局は，記号の構造，その記号表現を語ることにすりかえられてしまう。記号が指し示すべきものや指し示したものは消去され，記号は広告が売ろうとしている製品を指すようにされてしまうからである。それでは製品批判にしかならなくなる。したがって，広告は法的制約からも，広告批判からも無傷で立ち直ることができるという。

　それでもウィリアムスンは，本書において，執拗なまでに広告の解読を重ね，そのイデオロギー的機能を暴露しようとした。ときに，「硬直したイデオロギー批判」を繰り返しているという誤解を与えかねないほどに。しかし，それは広告のイデオロギー的魔術に対抗しようとする彼女の強い意志の表れなのである。数々の魅惑的な広告とともに示される，強い意志から生まれ出る解釈は，読者に鮮烈な印象を与えることだろう。

II

　ジュディス・ウィリアムスンは，現代文化や政治についての文章や映像を数多く世に送り出している人物である。彼女は

1954年,ロンドンに生まれ,サセックス大学,ロイヤル・カレッジ・オブ・アートで学び,『タイム・アウト』,『シティ・リミッツ』,『ガーディアン』等の雑誌のコラムを書いていた。また,高等教育機関でも働いており,1992年から1998年までミドルセックス大学で現代文化について教えていた。それ以降,フリーランスのライターに戻っている。住まいをロンドン北部に置き,そこで彼女は地域コミュニティの住民運動に関わって「テナントと住民による大連合」の議長を務めている。このことからもわかるように,ウィリアムスンは,いわゆるアカデミックな領域に限定して仕事をしている人物ではなく,もっと広く社会と接するきわめて実践的な運動家・活動家である。

彼女の単著は,現在までに3冊出版されている。1つは,今回紹介している『広告の記号論』である。その他に翻訳されているものとして『消費の欲望——大衆文化のダイナミズム』(1986)がある。また,映画について書いたものを集めた著作には,『暁の死線——映画批評 1980-1990』(1993)があるが,まだ翻訳されていない。

単著以外の仕事として,「だが私は自分の好きなものを知っている——広告における芸術の機能」(P.コブリー編『コミュニケーション・セオリー・リーダー』1996)や,「どのウイルスも物語を語る——HIVとエイズの意味」(E.カーター/S.ワトニー編『テイキング・リバティーズ——エイズとカルチュラル・ポリティクス』1989)等がある。さらに『記号は優れた投資である』(1983)という広告に関する映像作品もある(すべて現在まで未翻訳)。いずれの著作・作品も表象におけるイデオロギーを批判する彼女の一貫した姿勢が表れているように思われる。

さて,本書『広告の記号論』の理解にとって最も優れているのは,本書の巻末に収められている佐野山寛太による「クリティーク」と訳者山崎カヲルによる「訳者解題」であろう。それ以外に本書を紹介している著作には『マスコミの受容理論』[佐藤 1990]や,「メディアと広告の記号論」[真鍋 1999]が挙げられる。またウィリアムスンを援用して広告を新たに分析した研究については「健康は普遍的

か?」[池田 2000]等を挙げることができるだろう。

　以上のような有益な著作もある一方で,基本的に本書の紹介・引用はさほど多くないのが実情である。もちろん,潜在的に影響を受けた研究はあるだろうが,それらの研究がウィリアムスンに直接言及することは少ない。

　その原因は3つあり,1つには記号論が日本で流行として消費されてしまった状況にあり,もう1つにはウィリアムスン自身の立ち位置——理論家というより運動家であること——にあると思われる。この2つの理由に関してはⅢで改めて論じる(立ち位置に関して一言だけ付け加えておきたい。彼女が一貫してイデオロギー批判を繰り広げたことで,やや硬直したイメージがついてしまい,のちに引用されにくくなった可能性は否定できない)。

　ここでは3つ目の原因を述べてⅡの結びとしたい。それは,彼女の広告分析が「職人技」だからではないかということである。本書を読んで気づくのは,彼女の分析が「誰でもできそうに見えて,できない」ことだろう。本書で展開される分析は,誰もが使用可能な道具としての「方法」ではなく,熟練した職人にしか使えない「技」なのだ。そういった技は,なかなか後進には伝わらないものである。

Ⅲ　本書においてウィリアムスンが依拠する理論は複数ある。特に,マルクス主義(というよりL.アルチュセールのイデオロギー論)や精神分析学,フェミニズムの影響が強い。しかしここでは,レヴィ=ストロースやR.バルトらに代表される構造主義あるいは記号論の影響を中心に論じていきたい。というのも,邦訳のタイトルに「記号論」とあるからである。

　まずは記号論がたどった不幸な(?)経緯を押さえておきたい。構造主義や記号論が日本で流行したのは1970年代末から80年代初め頃のことだった。

　一方で,構造主義は(何を構造主義とするかは難しい問題だが),F.ソシ

ュールによる言語学を源流にして，レヴィ=ストロースの構造主義人類学に見られるような思想のムーブメントであり，それまでの西洋思想の伝統を揺るがすようなインパクトを与えた。他方で，記号論（記号学と書くべきかもしれないが，邦訳に合わせて記号論と記す）もソシュールを源流として，R.ヤコブソンに代表される現代言語学に引き継がれ，さらにはバルトらによって言語以外の文化作品にも適用されていった研究である。両者は同じものではないが重ねて議論されることも多い。ウィリアムソンも「構造論的＝記号論的」[Williamson 1982=1985/1: 10] という言い方をしている。

それらの学問的豊かさは，日本での「ニューアカデミズム」と呼ばれる社会的な背景の中で，幸運なことに多くの人に知られると同時に，不幸なことに「消費」されてしまうことにもなった。そしていつしか「「構造主義はもう古い」といった決まり文句」[小田 2000] が生み出されるようになったのである。

また，学問領域における「はやりすたり」とは異なる話だが，そもそも日本の広告研究に記号論が果たした役割は，社会学よりもマーケティングの領域において大きかった。例えば，星野克美 [1984] は「記号論は，明らかにマーケティングに応用することが可能なのである」と断言し，「記号論の考え方によれば，社会のさまざまな記号現象からその深層にある意味――文化意識や感性，感覚――を科学的に分析をし，それらの意味を合成することによって新たな意味――商品・広告コンセプト――を開発・制作することになる」としている。

マーケティングに使える流行の思想として消費されるとともに，メディアを記号論的に分析するスタイルは，批判の対象となっていった。例えば，カルチュラル・スタディーズの立場からは，記号論は「広告とは何かという議論を経ていない」し，「研究者の解釈であって受け手がどう受容しているかを見ていない」し，「コンテクストを無視して単にテクスト内だけを見過ぎ」ている，といった批判が

成り立つだろう［北田 2000, 難波 1996, 2000 等］。これらの批判に記号論は応えていく必要がある。

とはいえ，ウィリアムスンは決してコンテクストを無視してテクストの中に逃げ込んだわけではない。彼女は明らかに「私たちの世界を根底から変革したいと願っている全ての人々」［Williamson 1982＝1985/1: 10］の１人である。学者であると同時に運動家であって，理論そのものよりも，理論が諸関係を変革することが重要だと考えた。何より「実践」を重視したのである。彼女が「構造論的＝記号論的」な理論を採用したのは，それが旧弊な観念論から脱し，それまでのアカデミックな伝統に挑戦するものだったからだ。実際，E. リーチ［Leach 1970＝2000］は構造分析の魅力を「方法」に見出している。その方法を作品に適用することによって，よく知られていることがらを別の角度から捉えることができるとリーチはいう。

社会学の魅力が，「伝統」的なものの見方をひっくり返す可能性や，社会や関係を変革する可能性にあるならば，記号論の魅力もまた同じところにある。だとすれば，本書はきわめて社会学的な魅力を備えた１冊といえるだろう。

Quotations

広告製作がさまざまな技術的メディアの内部で機能するものだという事実にもかかわらず，またことなった「内容」（つまり，ことなった製品についてのことなったメッセージ）をもつにもかかわらず，以上のようなその遍在的な性格や，識別可能な「形式」としてのその執拗さこそが，広告製作の意義を示しているのである。もちろん広告には，モノを私たちに売りつけるという機能がある。しかし，それは別の機能も持っており，その機能は芸術や宗教が伝統的に充たしてきたものを，さまざまな仕方で置き換えている。広告は意味の構造を創り出しているのである。［Williamson 1982＝1985/1: 22-3］

参考・関連文献

Althusser, L. 1995 *Sur la reproduction*, Presses Universitaires de France.（アルチュセール 2005 西川長夫・伊吹浩一・大中一彌・今野晃・山家歩訳『再生産について』平凡社）

Barthes, R. 1982 *L'obie et l'obtus (extrait)*, Seuil.（バルト 1984 沢崎浩平訳『第三の意味』みすず書房）

Bignell, J. 1997 *Media Semiotics: An Introduction*, Manchester University Press.

Freud, S. 1920 *Vorlesungen zur Einführung in die Psychoanalyse*, 3. Aufl., Internationaler Psychoanalytischer Verlag.（フロイト 1999 高橋義孝・下坂幸三訳『精神分析入門』上・下，新潮文庫）

星野克美 1984「文化意識と広告表現」ADSEC 編『牛タコさっちゃん』宣伝会議。

池田光穂 2000「健康は普遍的か？」佐藤純一・池田光穂・野村一夫・寺岡伸悟・佐藤哲彦『健康論の誘惑』文化書房博文社。

北田暁大 2000『広告の誕生』岩波書店。

Langholz Leymore, V. 1975 *Hidden Myth*, Heinemann Educational.（ラングホルツ・レイモア 1985 岡本慶一・青木貞茂訳『隠された神話――広告における構造と象徴』日経広告研究所）

Leach, E. 1970 *Lévi-Strauss*, Fontana/Collins.（リーチ 1971 吉田禎吾訳『レヴィ＝ストロース』新潮社；2000 ちくま学芸文庫）

Lévi-Strauss, C. 1978 *Myth and Meaning*, University of Toronto Press.（レヴィ＝ストロース 1996 大橋保夫訳『神話と意味』みすず書房）

真鍋一史 1999「メディアと広告の記号論」『関西学院大学社会学部紀要』83。

難波功士 1996「広告というコミュニケーション」井上俊・上野千鶴子・大澤真幸・見田宗介・吉見俊哉編『岩波講座現代社会学 21 デザイン・モード・ファッション』岩波書店。

――― 2000『「広告」への社会学』世界思想社。

小田 亮 2000『レヴィ＝ストロース入門』ちくま新書。

佐藤 毅 1990『マスコミの受容理論』法政大学出版局。

（谷本奈穂）

15 エンコーディング／デコーディング
S. ホール「Encoding/Decoding」

Stuart Hall, "Encoding/Decoding," in S. Hall et al.（eds.）, *Culture, Media, Language: Working Papers in Cultural Studies, 1972-79*, Routledge, 1980.

I 言葉には，「音」と「意味」の側面がある。「パン」という「音」を聞いたとき，私たちは，（水やイーストを加えた）小麦粉をこねて発酵させ，焼いた食べ物という「意味」を想像する。これは「コード」の働きである。コードとは，音と意味を結合する規則である。それは，ある言語社会のメンバーに共有され，メッセージの交換を可能にする。言語学者R.ヤコブソンは，発信者が発話を生み出す過程をエンコーディングと呼び（意味から音へ進む），受信者が発話を知覚する過程をデコーディングと呼んだ（音から意味へ進む）。S.ホールは，テレビ番組を媒介としたコミュニケーション過程を分析するため，エンコーディング／デコーディング・モデル（以下「ホールのモデル」と略記）を独自に理論化した。エンコーディングは番組制作の過程に，デコーディングは視聴者が番組を見る過程に対応している。番組の制作と受容は，生産，流通，分配／消費，再生産の契機からなる円環的な過程において把握される。各契機は相対的に自律しており，経済のみならず多様な要因により規定される。

生の出来事は，そのままではニュース番組で伝達しえない。出来事は，あらかじめ物語化され，（言語や音や映像等の）コードに従って，番組の視聴覚形式に変換される。このエンコーディングの過程は，技術的基盤や社会的関係を必要とし，多様な知識で枠づけられる（日常業務の知識，技術的スキル，定義や仮定，視聴者についての想定等）。

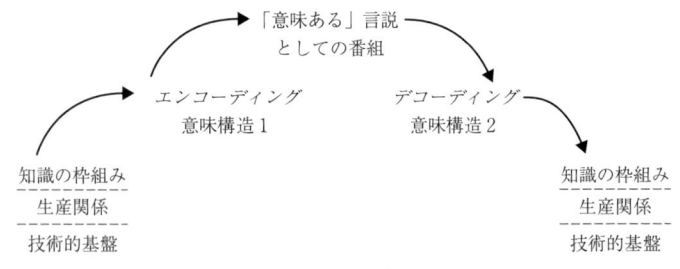

```
                    「意味ある」言説
                     としての番組
         エンコーディング      デコーディング
          意味構造 1         意味構造 2

  知識の枠組み                        知識の枠組み
  ‾‾‾‾‾‾‾‾                        ‾‾‾‾‾‾‾‾
   生産関係                           生産関係
  ‾‾‾‾‾‾‾‾                        ‾‾‾‾‾‾‾‾
  技術的基盤                          技術的基盤
```

ホールのモデル

　映像は，私たちに何かを語りかける。慰霊碑の周りにいるハトの映像は，生物としてのハトを想起させるだけでなく，平和主義を暗示するかもしれない。後者の場合，映像が喚起するのは，連想的な意味である。ホールは，R. バルトの視点をふまえて，文字通りの「明示的意味 (denotation)」と，それに付け加わる連想的な「暗示的意味 (connotation)」という区別を分析ツールとして導入した（実際は，多くの記号が両側面を結合している）。セーターは，明示的には「暖かい衣服」等を意味するが，連想的なレベルでは「冬の到来」や「寒い日」を暗示しうる [Hall 1980: 133]。ニュース写真論でホールが扱った「キック写真」も例となる。ベトナム反戦デモの一場面を撮ったこの写真の明示的なメッセージは，雑踏の中のある人物が警官を蹴っているというものである。それはさらに，反戦デモの参加者たちは，国家を脅かし警官を不当に襲撃する暴力的な人々だと読まれるという。説明文や見出しが，このメッセージを増幅する。

　テレビ的記号は，視覚的言説と音声的言説の結合から構成されている。明示的レベルにおいては，複雑な諸コードを通じて固定化がなされる一方，暗示的レベルではより開かれており，変化しやすい。どんな記号も，潜在的には 1 つ以上の暗示的意味に変換できるが，支配関係において構造化されてもいる。程度はさまざまとはいえ，いかなる社会／文化も，社会的・文化的・政治的世界の諸分類を押しつける傾向にあり，これらが支配的文化秩序を形成している。し

かし，それらは無競争なものでも一義的なものでもない。つまり，ホールのモデルでは，意味の制約と同時に，その多様性にも十分な目配りがなされているのである。

　記号に変換されたメッセージは，ある時点で視聴者に受容される。ホールが重視するのは，メディアの「効果」が，コードを介して解読された意味のセットによって生じる点である。一般に「誤解」と呼ばれる事態の背景には，制作者と視聴者の社会的位置の違い，また，両者の参照したコードが対称的ではないことがある。エンコーディングとデコーディングは常に一致するわけではなく，多様な仕方で結合されうる。特にデコーディングの過程をめぐり，ホールは，視聴者の置かれる3つの仮説的位置を提示する。第1は，「支配的-ヘゲモニー的位置」である。番組制作は，相対的に自律しているとはいえ，支配的文化秩序の影響を受ける。その制作過程で参照されたコードから，視聴者がメッセージを解読する場合がこれにあたる（ホールは，このような読解を「完全に透明なコミュニケーション」と呼ぶ）。例えば，スト権を制限する法案についてのニュースに接しつつ，それを肯定する暗示的意味を，視聴者がそのまま受容するようなケースである。第2は，「折衝的位置」である。特定の出来事を国益に結びつけるなど，問題の巨視的な見方が採用されるのが支配的な定義づけの特徴である。そうした見方の正統性を，視聴者がある程度は受け入れつつも，ローカルな状況では賛同しない場合が考えられる。具体的には，賃金凍結の報道について（1970年代前半，ヒース政権時代のイギリスでは，インフレ対策として賃金凍結等の政策が実施された），国益という視点では部分的に承認するが，他方では，自分の属する労働組合の指示に従って賃金凍結反対のストライキに参加するといったケースである。つまり，折衝的読解の特徴は，適応的要素と対抗的要素の混合である。第3は，「対抗的位置」である。これは，報道のメッセージを理解しつつも，真っ向から反対する形で解釈するようなケースである。例えば，賃金制限の必要性を説く議論に対し，視

聴者が，その明示的意味や暗示的意味を理解しつつも，労働者の立場といったオルターナティブな枠組みから番組を読み解くような場合である。

本論文で重要なのは，支配的読解のみならず，折衝的読解や対抗的読解の可能性が想定されていることである。従来の左派的なメッセージ読解の議論やマスコミ研究には，ここでいう支配的読解に偏る傾向が見られた。これに対して，ホールは，エンコーディングとデコーディングの対応だけではなく，両者のズレにも注意を向けた。それは，支配的メッセージを受動的に受け取る視聴者像から，一定の制約のもとで能動的に受容する視聴者像への転換でもあった。能動性を過度に強調する議論とは一線を画している点，また，支配と抵抗の交錯しうる「折衝」に光をあてた点は注目に値する。

II　ホールの生涯をたどる際，インタビュー「あるディアスポラ的知識人の形成」が重要な手引きとなる。1932年，植民地時代のジャマイカで生まれたホールは，首都キングストン郊外に住む中産階級の家庭で育った。父母は，貧しい黒人より植民者の方に共感を抱いていた。そんな家族の中で肌の色が最も黒かったホールは，自分が「そぐわない者」であると感じていた。彼が17歳の頃，有色の博士課程の学生と交際しようとした姉が，両親の反対に直面し，重い神経衰弱に陥る。自分も壊されてしまうだろうと感じたホールは，1951年，イギリスに赴く。それは，どちらの土地にも完全には同化できない移住者への道でもあった。

オックスフォードで学んだホールは奨学金を獲得，大学院で研究を続ける決意を固める。やがて，彼は，R. ウィリアムズと出会い，広範な左翼の人々による討論の輪に参加するようになる。1956年には，ソ連によるハンガリー侵攻やイギリスによるスエズ侵略が勃発。こうした情勢の中，スターリン主義と帝国主義にもともと反対していた者が，イギリス最初のニューレフトを形成する。R. サミュ

エルに説得されたホールらは『ユニバーシティズ・アンド・レフト・レビュー (ULR)』誌を創刊、C. テイラーとともに、ホールは4名の編集者の1人となった。1957年以降、ロンドンで中等学校の補助教員をしつつ、ホールは編集に携わり、1958年までにフルタイムの編集者となる。

　スエズ戦争の経済的ダメージにもかかわらず、1958年頃のイギリスでは、テレビや洗濯機が普及していた。ホールがULR誌に発表した「無階級の感覚」は、資本制が消費に準拠していることや、労働者が自己を消費者として理解していることを指摘した [Hall 1958]。このULR誌は、マルクス主義に批判的であるとともに、前世代が政治的に軽視したポピュラー文化に着目した。他方、E. P. トムスンらの『ニュー・リーズナー (NR)』誌編集部は多少古い世代からなり、理論的に異なる立場をとっていたが、共闘関係も生じていた (ULR誌にNR誌の広告が掲載されることもあった)。ウィリアムズは両誌に執筆しており、媒介者の役目を果たした。財政的な逼迫のため両編集部は接近、1960年には合併により『ニューレフト・レビュー (NLR)』が創刊される。ホールは初代編集長になるが、編集部では、彼だけが黒人だった。NLR誌の論考でホールが取り組んだ主題は、消費社会や大衆文化が伝統的な労働者の連帯を溶解させることに関連していた。文化は経済の単なる反映ではなく、現実的な効果をもつ。また、ポピュラー文化は潜在的な抵抗の現場とも考えられていた [Procter 2004: 18-9＝2006: 33-41]。

　1961年、一部の編集委員と対立していたホールは編集を離れ、大学でメディアや映画、ポピュラー文化に関する講義をもつようになる。その間も、R. ホガートやウィリアムズとの交流が続いた。1964年にホールは、P. ワネルとの共著『ザ・ポピュラー・アーツ』を出版。同年、バーミンガム大学現代文化研究センター (CCCS) が設立され、所長のホガートに呼ばれたホールは研究員になる。センターの授業は主に個別指導やスタッフと大学院生が集まる毎週のセミナ

ーからなり，研究の共通点に関する議論や進行中の仕事についての相互的論評がなされた。センターの推進力は，しだいにホガートのヴィジョンから変化し，文芸批評とは異なる概念や方法，学問分野に親しむことも必要となった [Davis 2004: 27]。

　1960年代後半になるとホガートはユネスコに出向し，ホールがセンターの責任者となる。センターでは，メディア，民族誌，サブカルチャーが研究された。ベトナム戦争報道は，メディアとイデオロギーの問題を前景化した。方法としては，共同研究を特徴としており，M. グリーンによれば，通例6-10人からなる集団が大抵は3-4年存続したという。研究成果は，雑誌『ワーキング・ペーパーズ・イン・カルチュラル・スタディーズ（WPCS）』として自費出版され，1970年代半ば以降は共著として出版社から刊行された。若者のサブカルチャーに関する『儀礼による抵抗』(1976)，強盗をめぐるモラル・パニックと人種差別をニュース生産との関連で論じた『危機を取り締まる』(1978) 等である。

　1979年，ホールは，オープン・ユニヴァーシティに移籍する (1997年に退職)。一般の人々に語りかけたいと願っていた彼にとって，それは好機であった。70年代末から80年代にかけて，彼はサッチャリズムの分析と左翼の刷新を模索，『サッチャリズムの政治』(共編著，1983) や『刷新への困難な道のり』(1988) を刊行した。90年代以降，英語圏では，彼に関する論文集が複数刊行され，2003年から2004年にかけてホール論の刊行が相ついだ。2009年には『カルチュラル・スタディーズ』誌がホールと「人種」について特集を組んでいる。そして2014年2月10日にホールは死去した。

|III| エンコーディング／デコーディング・モデルが発表されたのは1970年代前半である。レスター大学マスコミ研究センターが組織したコロキウムで，このセンターと対立するモデルをホールは提示した。1980年には，論文集『文化，メディア，言語』に「エ

ンコーディング／デコーディング」が収録される（後者では，節合についての記述が加筆される等，異同が多々ある）。その後，さまざまな形で指摘された問題点にホール自身が返答し [Hall 1994]，なかでも節合理論の重要性が認識されることになる。以下では，ホールのモデルが受容される過程の一部を紹介する。

1970年代後半，D.モーレーは，BBCの番組「ネーションワイド」の映像を人々にみせ，意見を求めた。コメントを分類する際，用いられたのは支配的／折衝的／対抗的という類型である。1981年の論考でモーレーは，理論的背景であるホールのモデル（1973年のバージョン）と調査の記号学的問題を概ね次のようにまとめている。(1)分析の焦点が送り手や作者の意図の復元に逸脱しやすい。(2)メッセージや意味の運搬装置としてのテレビ概念が温存されている。(3)デコーディング概念は，テクスト読解の行為を示唆するが，そこには異なる過程として説明すべきもの（集中，関連性の認識，理解，解釈，反応等）が含まれている [Morley 1992: 120-1]。1983年にはホールのモデル [Hall 1980] を扱った J.ルイスの論考が発表された。そこでは，社会的・文化的・政治的世界における一般的な意味作用と特定の意味付与実践としてのエンコーディングが区別された [Lewis 1983: 180]。

では，こうした読解に，ホールはいかに返答したのか。1989年2月，彼は，マサチューセッツ大学でルイスを含むインタビュアーと議論した。第1に，モーレーの仕事は，必ずしもエンコーディング／デコーディング・モデルではないとホールは述べている [Hall 1994: 255]。デコーディングの位置は理念型であり，調査の対象となる集団とは必ずしも対応しない。特定の個人や集団が，あるときにはヘゲモニックなコードで解読し，別の瞬間に対抗的コードを用いることもありうる。第2は意図性の問題である。イデオロギー的再生産が無意識に生じる点はホールの論文でも指摘されていたが，インタビューでは，制度的制約があることから，優先的読解を制作者

の意図に還元したくないとホールは述べる。第3に,仮想敵は直線的な伝達モデル(意味の固定された一次元的メッセージを送り手が生み出し,受け手がそれを受信する)であったことが改めて強調される。第4に,ホールは,ルイスの区別を認めつつ,一般的イデオロギー／特定のイデオロギー的実践という区別を付け加えた。

　節合についても言及されたこのインタビューと同じ年の11月,フィラデルフィアで開催された国際会議でホールについて発表したのが,P. ピラーイーである。のちの論考で,彼女は節合理論を通じた解釈によってホールのモデルの限界が克服されることを示した(ある意味では,すべての読解が折衷的だという指摘も行っている)[Pillai 1992]。「節合」は,特定の条件下で成立し,積極的に維持されることを必要とする接続や連結のことである。ホールのモデルには,節合理論が部分的に含まれていた。「連結されてはいるが,別個の諸契機——生産,流通,分配／消費,再生産——の節合によって生み出され,維持される構造」[Hall 1980: 128]。諸契機は相対的に自律している。ある契機が他の契機に影響を与えるとしても,完全に決定できるわけではない。生産としてのエンコーディングと消費としてのデコーディングの関係も同様である。制作者が特定の読解を優先させるように試みることはできる。とはいえ,それによって視聴者の採用するコードが決定されるわけではない。ホールのモデルでは,エンコーディングされた意味とデコーディングされた意味が対応する「透明なコミュニケーション」という発想が温存されていた。これは,節合理論からすると,番組制作で参照されたコードと,視聴者の受容において利用されうるコードが節合された効果であると考えられる。エンコーディングとデコーディングの対応は,実践によって達成されるかもしれないが,必然的なものではない。

　日本では,佐藤毅が1970年代半ばにホールのモデルを紹介した(中井正一における「疎隔」を論じたのち,ホールにおける「誤解」の問題に言及している[佐藤 1976: 217])。80年代にはホールにおける「「イデオ

ロギー」の再発見」が注目された［岡田 1983, 藤田 1986］。藤田真文 [1986] は，メディア制度が国家から相対的に自律しつつ同意を形成しているとし，意味規定の権力を論じた。90年代には，批判的受容理論の文脈からホールのモデルが言及される［児島 1993］。また，阿部潔 [1996] は，テクスト解釈の多様性に注目する研究で権力の問題が分析の枠外に置かれる傾向を批判，日本の社会・文化状況に即して修正や留保を設ける必要性も指摘した。小笠原博毅 [1997] は，マスコミ研究やマルクス主義の枠組みからホールを捉えることに異を唱え，毛利嘉孝 [1998] は，『危機を取り締まる』におけるホールらの分析が情況への介入として意義をもった点を強調した。携帯電話や情報機器による番組視聴が日常化し，不況と格差と貧困への対応が焦眉の課題となった現代の日本において，ホールのモデルはいかに読まれるのだろうか。

Quotations

それゆえ，われわれは，そこにおいてエンコーディングとデコーディングが連結されうる，さまざまな節合について考えなければならない。これについて詳述するため，われわれは，いくつかの，ありうるデコーディングの位置についての仮説的分析を提案する。それは「必然的対応なし」という論点を強固なものにするためである。[Hall 1980: 136]

参考・関連文献

阿部 潔 1996「批判的「受け手研究」」田崎篤郎・児島和人編『マス・コミュニケーション効果研究の展開 新版』北樹出版。

Alizart, M., S. Hall, E. Macé, et E. Maigret 2007 *Stuart Hall*, Éditions Amsterdam.

Davis, H. 2004 *Understanding Stuart Hall*, Sage.

藤田真文 1986「カルチュラル・スタディ派におけるメディア論とネオ・マルクス主義的社会構成体論との関連性」『新聞学評論』35。

Hall, S. 1958 "A Sense of Classlessness," *Universities and Left Review*, 1(5).

─────── (1972) 1981 "The Determinations of News Photographs," S. Cohen and J. Young (eds.), *The Manufacture of News*, Constable.
─────── (1973) 2007 "Encoding and Decoding in the Television Discourse," A. Gray et al. (eds.), *CCCS Selected Working Papers*, Vol. 2, Routledge.
─────── 1985 "Signification, Representation, Ideology: Althusser and the Post-Structuralist Debates," *Critical Studies in Mass Communication*, 2(2).
─────── 1994 "Reflections upon the Encoding/Decoding Model: An Interview with Stuart Hall," J. Cruz and J. Lewis (eds.), *Viewing, Reading, Listening: Audiences and Cultural Reception*, Westview Press.
─────── 1996 "The Formation of a Diasporic Intellectual: An Interview with Stuart Hall by Kuan-Hsing Chen," D. Morley and K.-H. Chen (eds.), *Stuart Hall: Critical Dialogues in Cultural Studies*, Routledge. (ホール 1996 小笠原博毅訳「あるディアスポラ的知識人の形成」『思想』859)
Hall, S. and L. Back 2009 "At Home and Not at Home," in *Cultural Studies*, 23(4).
花田達朗・吉見俊哉他編 1999『カルチュラル・スタディーズとの対話』新曜社。
児島和人 1993『マス・コミュニケーション受容理論の展開』東京大学出版会。
Lewis, J. 1983 "The Encoding/Decoding Model: Criticisms and Redevelopments for Research on Decoding," *Media, Culture and Society*, 5(2).
Morley, D. 1992 *Television, Audiences & Cultural Studies*, Routledge.
Morley, D. and K.-H. Chen (eds.) 1996 *Stuart Hall: Critical Dialogues in Cultural Studies*, Routledge.
毛利嘉孝 1998「インディペンダント・インタヴェンシャン」『現代思想』26(4)。
小笠原博毅 1997「文化と文化を研究することの政治学」『思想』873。
岡田直之 1983「マス・コミュニケーション研究における 3 つの知的パラダイム」『コミュニケーション紀要』1。
Pillai, P. 1992 "Rereading Stuart Hall's Encoding/Decoding Model," *Communication Theory*, 2(3).
Procter, J. 2004 *Stuart Hall*, Routledge. (プロクター 2006 小笠原博毅訳『スチュアート・ホール』青土社)
佐藤 毅 1976『現代コミュニケーション論』青木書店。
椎名達人 2006「「エンコーディング/デコーディング」論の理論的背景及び批判的潜在力の所在」『マス・コミュニケーション研究』68。
吉見俊哉 2003『カルチュラル・ターン，文化の政治学へ』人文書院。

(門部昌志)

消費社会

16 誇示的消費
T. B. ヴェブレン『有閑階級の理論』

Thorstein Bunde Veblen, *The Theory of the Leisure Class: An Economic Study in the Evolution of Institutions*, Macmillan, 1899.(『有閑階級の理論』小原敬士訳, 岩波文庫, 1961；高哲男訳, 講談社学術文庫, 2015；村井章子訳, ちくま学芸文庫, 2016)

I 『有閑階級の理論』は, E. デュルケムや G. ジンメルと同世代のアメリカの経済学者ソースタイン・ヴェブレンの初めての著書である。発刊当初からさまざまな反響を呼び,「誇示的消費 (conspicuous consumption)」の概念とともに, ヴェブレンの名を一躍有名にしたといわれる。

　本書の主題である「有閑階級」とは, ヴェブレンによれば, ヨーロッパや日本の封建社会で高度に発達した制度であり, 主として貴族階級と聖職階級から構成される。彼らの仕事は, 統治 (政治), 戦闘, 宗教儀礼, スポーツなどであり, 生産的な仕事にはタッチしない。この生産労働の免除ということが彼らの特色であり, また「卓越した地位のしるし」でもある。

　もちろん, 有閑階級の形成は封建時代以前にさかのぼる。ヴェブレンは, 当時大きな影響力をもっていた社会進化論の観点に立ち, 人間社会が最も原始的な平和的段階から, 戦闘を中心とする「略奪的 (predatory)」な段階に移行するにつれて有閑階級が出現してくると考えた。この段階では, 武勇の証拠として略奪品 (女性を含む) を誇示することが広く行われ, 人々の間の競争心も強化される。そして, この競争心との関連で「私的所有権」も明確化してくる。また「略奪以外の手段で財を取得することは高い地位にある男にふさわしくない」という考え方が広まり, 略奪という「英雄的行為」との

対比において生産労働は「弱さや服従」のしるしと見なされるようになる。

　しかしその後，略奪的な活動よりも「産業的な活動」が優勢になるにつれて，「略奪的な武勇の記念物」に代わって富や財産が「優越と成功の慣例的な象徴」となってくる。富や財産は，なお戦利品としての性質を残してはいたが，それ以上にむしろ「財の所有者として共同社会内で他の人々よりも優越していることの証拠」(つまり「所有をめぐるゲームにおける成功のトロフィー」) として評価されるようになる。むろん英雄的行為が大衆の賞賛を博さなくなるわけではないが，その機会は減少し，富や財産が略奪的・英雄的偉業から独立して「尊敬すべき成功の程度を測る最もわかりやすい証拠」となり，ひいては「名声の根拠」ともなるのである。

　富や財産の所有を示す有力な証拠の1つが「時間を非生産的に消費」する「有閑生活」である。それは，生産労働などはするに値しない活動であることを示し，また生活のためにあくせく働く必要がないことを証明する。とはいえ，有閑階級の有閑生活の全体が絶えず人目にさらされているわけではない。では，「人目にふれることなく過ごされる閑暇」はどのようにして証明されるのか。その有力な手段となるのが，例えば学問的あるいは芸術的なたしなみ，直接的な効用を離れた趣味的知識，よきマナー(行儀作法や礼節)といったものである。これらは，十分な閑暇なくしては身につかない。いわば「過去の閑暇」の成果であり，またその証明なのである。

　ヴェブレンのいう「誇示的消費」(「顕示的消費」,「衒示的消費」,「見せびらかしの消費」とも訳される) は「誇示的閑暇」とセットになっている。両者に共通する要素は「浪費 (waste)」である。「財の浪費」と「時間と努力の浪費」, どちらも「富の所有を誇示する方法」であるが，名声の獲得にとってどちらの「誇示的浪費」がより効果的であるかは時代や社会によって異なる。一般的には，社会が拡大し，産業化と都市化が進み，「金銭的文化 (pecuniary culture)」が浸透すると，「誇示

的閑暇」よりも「誇示的消費」の効果が高まる。こちらの方が誰にでもわかりやすいからである。それはいわば,行きずりの群集が「走りながらでも読める文字」のようなものだ。

　財や閑暇の誇示的浪費は,しばしば有閑階級の従者や使用人たち,あるいは女性たち（妻や娘たち）によって「代行」される。こうして「代行的有閑階級」が派生するが,ときには妻の代行的浪費を支えるために有閑階級の夫が勤勉に働かざるをえないといった悲喜劇も生じる。しかしそれは必ずしも妻の怠惰や浪費癖によるのではない。代行的浪費も含めて,誇示的浪費の水準は社会的に慣例化し,守るべき基準として規範化する傾向がある。高価なカーペットやタペストリー,銀製の食器,給仕人のサービス,糊のきいたリンネル製品,多様な宝石や衣装などが「体面の標準」として不可欠なものとなる。それらはもはや贅沢な浪費というよりは「生活必需品」であり,主観的にもそのように意識される。こうした「地位の外観」は,社会の階層分化につれて細かく複雑に分岐し,人々はそのピラミッドの中で競いあう。

　誇示的浪費の慣例化・規範化は,経済生活にとどまらず,人々の考え方や価値観にもさまざまな間接的影響を及ぼす。例えば,「高いものは良品」とか「安かろう悪かろう」といった通念などもそうである。実際には,銀製の手作りスプーンが卑金属の大量生産品より使いやすい（有用性が高い）とは必ずしもいえない。有用性ではなく美的価値に差があるのだとしても,素人には見分けのつかない精巧な模造品であれば,それが安価な模造品と判明するまで私たちはやはり「美しい」と感じるのではないか。とすれば,美しいから高価なのではなく,実は高価だから美しいのであろう。逆に,安価なものは粗悪で,美しいはずもないということになる。また,使い勝手が悪いからこそ価値があるというロマン主義的な「不完全性礼賛」も生じてくるが,それはヴェブレンの観点からすると,ある種の「浪費（無駄）の証明」としての価値なのである。

金銭的価値と美的価値との融合や混同は，衣装においても明白である。ファッショナブルな衣装は高価でなければならず，また労働に適さないものであることが望ましい。有閑階級の女性にとってはとりわけそうであるが，そのことは彼女が「代行的誇示」に関わっており，彼女自身，夫や父親が支配する家庭の「主たる装飾品」にほかならないことを示しているのである。

　ヴェブレンの考えでは，人間の「生活の枠組み (scheme of life)」を構成しているのはさまざまな制度であり，制度の実質的な中核は「広く認められた思考習慣 (prevalent habits of thought)」である。諸制度は変化する環境からの刺激に応じて絶えず変容していくが，なかには有閑階級という制度のように変容の速度の遅いものもある。有閑階級は経済的に恵まれているため，「経済的圧力」に翻訳されて現れることの多い「環境からの刺激」に対する反応が鈍いのである。そのため，有閑階級は文化の発展において一般に保守的な機能を果たす。つまり革新を妨げ，古いもの，時代遅れのものを存続させるのである。

　本書の後半でヴェブレンは，現代の産業社会になお残存する（そしてときには「先祖返り」のような形で活性化する）有閑階級的な心性や思考習慣に関連づけながら，スポーツ，ギャンブル，宗教的儀式，慈善活動，高等教育などについて縦横に論じる。ヴェブレンによれば，近時盛んなスポーツも，もとはといえば「競争的な略奪的衝動」に基づく「英雄的行為」や「武勇」の名残であり，したがってその実質は「暴力と詐術 (force and fraud)」あるいは「凶暴さと悪賢さ (ferocity and cunning)」による勝利を賛美することである。ギャンブルもまた，アニミズム的な「幸運を信じる心」が「略奪的で競争的な刺激」のもとで「特殊な形式」をとったものであり，略奪文化の名残である。幸運への期待はスポーツ活動の中にも作用しており，ギャンブルとスポーツの愛好はともに「迷信的な慣行・信念」や「宗教的心酔」の態度に結びつきやすい。

さらにヴェブレンは，有閑階級文化の中に保存されてきた非略奪的要素として慈善活動を取り上げ，それが現代の産業社会で活発化しているのは，一方では競争的生活様式の深化に対する懐疑に基づくが，他方では慈善事業や社会改良事業が一種の誇示的浪費として声望の獲得競争における有効な手段となってきたからだという。そして最後に，ガウンの着用からラテン語の重視に至るまで，現代の高等教育の中にさまざまな形で残存している有閑階級的な浪費や儀礼主義が指摘されて本書は終わる。

　全体として必ずしも明快に書かれた本とはいえないが，具体的な事例が多く，また独特のひねりの利いた文体の力もあって，興味深く読むことができる。当時の有閑階級（上層中産階級）の人々の間で本書が圧倒的な人気を博し，パーティなどで「ヴェブレンふうに語る」ことが流行したといわれるのも不思議ではない。

II　ソースタイン・ブンデ・ヴェブレンは1857年7月30日，ウィスコンシン州の開拓農場でノルウェー移民の子として生まれた（全部で12人の子どもの6番目）。やがて1865年，一家はミネソタ州南部の村に移る。生活は貧しかったが，教育の重要性に気づいた長兄アンドリュー（のちに数学者となる）や父親の意向により，ヴェブレンはかつて長兄も通ったカールトン・カレッジに送られ，1880年に卒業する。ここで彼は，経済学者J.B.クラークの影響を受け，また学長の姪エレン・ロルフと知りあう（のちに結婚）。

　1881年，ヴェブレンは哲学を学ぶためにジョンズ・ホプキンズ大学大学院に入り，C.S.パースの講義を聴いたりするが，奨学金を得られないといった事情もあって，間もなくイェール大学に移った。ここでW.G.サムナーの影響を受け，スペンサー流の社会進化論に親しむ。1884年に哲学の博士号を取得したが，その無神論的思想傾向などのため大学への就職は難しく，結局，故郷の農場に帰らざるをえなかった。1888年にエレンと結婚，その後はエレンの父が所有

するアイオワ州の農場で暮らしたが，1891年，34歳にして再び大学に行くことを決意し，コーネル大学に入学登録，J. L. ラフリンに経済学を学ぶ。翌1892年，新設のシカゴ大学の経済学部長に就任したラフリンとともにシカゴ大に移り，薄給ながらティーチング・フェローの職を与えられ，ラフリンらが創刊した『政治経済学雑誌 (JPE)』の編集に携わることになる。

ヴェブレンはこの雑誌に論文や書評を次々と発表し，またアメリカ農業論，社会主義論などの講義も担当した。さらに，社会学部発行の『アメリカ社会学雑誌 (AJS)』にも「製作者本能と労働の厭わしさ」，「所有権の起源」，「野蛮時代における女性の地位」などの論文を書き，それらの内容も生かしながら『有閑階級の理論』をまとめた。出版当初，一般の人気とは対照的に学界（特に経済学界）での評判はよくなかったが，社会学の大家，L. F. ウォードは AJS に好意的な書評を寄せた。

シカゴ大学でのヴェブレンの昇進は遅く，『有閑階級の理論』出版後，1900年にようやく助教授になった。1904年には，「産業（インダストリー）」と「ビジネス」の矛盾・葛藤という独自の議論を展開した『営利企業の理論』を上梓するが，同年のヨーロッパ旅行に夫人ではなくファンの女性を同伴したことなどが問題になり，1906年にはシカゴ大学を辞職してスタンフォード大学に移った。しかし，ここも長続きせず，1909年にはまたもや女性問題で辞職に追い込まれる。その後ミズーリ大学に職を得て1918年まで在職するが，実質上1年契約の不安定な身分であった。1911年にはエレン夫人と離婚，14年にアン・ブラドレーと再婚する。このミズーリ時代にヴェブレンは，『製作者本能と産業技術の状態』(1914)，『帝政ドイツと産業革命』(1915) を出版している。

ヴェブレンが大学を次々と変わらざるをえなかったのは，女性問題はもちろんであるが，だらしない服装，社交ぎらい，聞き取りにくいモノローグ調の講義，試験をせずに一律にC評価をつけるなど，

大学の儀礼的秩序を無視した彼の態度にも原因があったといわれる。1918年にはワシントンの食料管理庁の特別調査員となったが，5ヵ月ほどで辞任した。同年，『アメリカにおける高等教育』を出版して論壇に大きな話題を提供し，ニューヨークに移って雑誌『ダイヤル』の論説委員となり(約1年間)，さらに1919年秋に設立されたニュー・スクール・フォー・ソーシャル・リサーチの教授を務めたのち隠退，1929年に死去した。アン夫人に先立たれ(1920年)，経済的にも恵まれず，孤独な晩年であったという。

III

ヴェブレンは，アメリカの資本主義が急速な発展を示した時期に，その経済体制の問題点と危うさを指摘し続けた。経済学者・経済思想家としてのヴェブレンの資本主義批判や，主流の新古典派経済学の考え方に異議を唱えて「制度派経済学」を開拓した功績などについては，高哲男［1991］，宇沢弘文［2000］，佐々野謙治［2003］らの著書に詳しい。今なお最良のヴェブレン伝といわれるJ.ドーフマンの伝記的研究［Dorfman 1934＝1985］も，経済学者としてのヴェブレンの活動と業績を中心に書かれている。

社会学の領域では，ヴェブレンは何よりもまず「消費社会論」の先駆者として評価されている。ヴェブレンの資本主義批判をJ.ボードリヤールらの「消費社会論」に受け渡す役割を果たしたのは，経済学者J.K.ガルブレイスである。彼は，『有閑階級の理論』などにおけるヴェブレンの分析は，当時のアメリカ社会を超えて現代の「豊かな社会」にいっそうよく当てはまると考えた［Galbraith 1973］。ボードリヤールの『消費社会の神話と構造』(1970，⇨本巻20章)の末尾に掲げられた25点ほどの参考文献には，K.マルクス，H.マルクーゼ，M.マクルーハンらの著作と並んで，ヴェブレン『有閑階級の理論』とガルブレイス『ゆたかな社会』(1958，⇨本巻17章)，『新しい産業国家』(1967)が含まれている。

ボードリヤールのリストに同じく名前が挙がっているD.リース

マン(『孤独な群集』, ⇨1巻3章)も, ヴェブレンを高く評価した社会学者の1人であり, 精神分析的考察を含むヴェブレン論[Riesman 1953]を書いている。もちろん『孤独な群集』の中でもヴェブレンに言及しているが, 他人指向型の社会では「誇示」よりもむしろ「不安」が人々を動かす主要な動機になるとし, ヴェブレンは基本的には内部指向型段階の思想家であると述べている。しかしともあれ, 消費財はしばしばその「有用性」(あるいは「生活の充足と快適化」という目的)を離れて, 財力や地位, 名声や体面の「誇示ないし維持」のために消費されるというヴェブレンの主張が, 今日の「記号消費」論の先駆けとなったことは確かである。また, P. ブルデューの「ディスタンクシオン」や「文化資本」などの概念にも, ヴェブレンの影響が認められる。

消費社会論というよりは文化論の文脈でヴェブレンを評価したのはT. W. アドルノであった。アドルノによると, ヴェブレンは「近代が文化の自負を最も高く掲げる」まさにその部分(つまり「赤裸々な功利性を排して人間にふさわしいもの」とされ, 「文化的」とされている活動)こそが略奪的な「野蛮文化(barbarian culture)」の名残であることを指摘し, いわば「文化にひそむ野蛮さ」を告発したのである。そのうえ, ヴェブレンによれば, 功利性に対する嫌悪を示すことには誇示的効果があり「間接的な功利性」がある。そのことは, 礼節やマナーだけでなく, 古い寺院やゴシック期の大聖堂, イタリア都市国家の王宮などの文化財にもはっきりと示されている。その意味で, 文化は広告である。われわれはよく「今日では文化が広告の性質を帯びてしまった」などと嘆くが, 「ヴェブレンにおいては, 文化はもともと広告以外の何物でもなかった」のである[Adorno 1941=1996]。

アドルノの同僚であったマルクーゼも, 技術や技術者をめぐる議論を中心にしてヴェブレンを取り上げている[Marcuse 1941]。日本の社会学者では仲村祥一[1958]が同じくヴェブレンの技術者論を検討している。なお, アドルノのいう「非功利性」の問題は, やや異

なる観点から小原一馬［2001］によって取り上げられている。

「反ロータリー・クラブ的洞察」の達人（P. L. バーガー）であったヴェブレンはまた，アメリカの批判社会学の先駆者ともみられている。この面での代表的な後継者はC. W. ミルズであろう。彼はヴェブレンを「アメリカが生んだ最良のアメリカ批判者」［Mills 1953］と呼んだ。その批判の根拠となったのは，競争的な方向に変異する以前の本来の「製作者本能（instinct of workmanship）」（無駄を嫌い「有用で効果的な仕事」を好む本来的な傾向）というヴェブレン独特の理念であるが，多くの論者がいうように，それは結局のところピューリタン的な勤労倫理の一種とみられる。社会学へのヴェブレンの貢献を（例えば潜在的機能の分析，文化遅滞説，近代化論，知識社会学など）多面的に論じたL. A. コーザーも［Coser 1971, 1978 = 1981］，ヴェブレンは「グレイト・ギャツビーの時代〔いわゆる「金ぴか時代」〕を生きたベンジャミン・フランクリン」であったと述べている。アドルノもまたこの点にふれ，ヴェブレンのそうした価値観が「浪費」を古い有閑階級文化の「痕跡」としかみない彼の視野の限界をもたらしたと指摘した。しかし，ヴェブレンの時代が高度消費社会への発展のほんの入り口の段階にすぎなかったことを考えれば，それは彼個人の限界というより，むしろ時代の限界であったともいえよう。

Quotations

礼節は有閑階級の生活の産物であるとともに象徴であり，身分体制のもとでのみ全面開花する。［ヴェブレン 1998: 59］

財の生産にたずさわる奴隷の保有と維持は，富と武勇を証拠だてるが，何も生産しない使用人の維持は，さらに高度な富と地位を証拠だてる。［同: 76］

われわれはしばしば，実質的には金銭的な違いでしかないものを，美的ないし知的な違いだと解釈する。[同: 113]

参考・関連文献

Adorno, T. W. 1941 "Veblen's Attack on Culture," *Studies in Philosophy and Social Science*, 9(3). (アドルノ 1996 渡辺祐邦・三原弟平訳「ヴェブレンの文化攻撃」(独語版＝1953 からの訳)『プリズメン』ちくま学芸文庫)

Coser, L. A. 1971 *Masters of Sociological Thought*, Harcourt Brace Jovanovich.

────── 1978 "American Trends," T. Bottomore and R. Nisbet (eds.), *A History of Sociological Analysis*, Basic Books. (コーザー 1981 磯部卓三訳『アメリカ社会学の形成』アカデミア出版会)

Dorfman, J. 1934 *Thorstein Veblen and His America*, Viking Press. (ドーフマン 1985 八木甫訳『ヴェブレン──その人と時代』CBS 出版)

Galbraith, J. K. 1973 "Introduction" to T. B. Veblen, *The Theory of the Leisure Class*, Houghton Mifflin.

Marcuse, H. 1941 "Some Social Implications of Modern Technology," *Studies in Philosophy and Social Science*, 9(3).

Mills, C. W. 1953 "Introduction" to T. B. Veblen, *The Theory of the Leisure Class*, Mentor edition, New American Library.

仲村祥一 1958「T. ヴェブレンの技術者論」『ソシオロジ』6(1)。

小原一馬 2001「気高さの社会学──シグナル理論から見たブルデューとヴェブレン」『社会学評論』52(2)。

Riesman, D. 1953 *Thorstein Veblen : A Critical Interpretation*, Charles Scribner's Sons.

佐々野謙治 2003『ヴェブレンと制度派経済学』ナカニシヤ出版。

Spindler, M. 2002 *Veblen and Modern America*, Pluto Press.

高 哲男 1991『ヴェブレン研究』ミネルヴァ書房。

宇沢弘文 2000『ヴェブレン』岩波書店。

(井上　俊)

17 ゆたかな社会
J. K. ガルブレイス『ゆたかな社会』

John Kenneth Galbraith, *The Affluent Society*, Houghton Mifflin, 1958; 2nd ed., 1969; 3rd ed., 1976; 4th ed., 1984; 40th anniversary ed., 1998.(『ゆたかな社会』鈴木哲太郎訳, 岩波書店, 1960; 第2版, 1970; 第3版, 1978; 第4版, 1985; 決定版, 岩波現代文庫, 2006)

I　ガルブレイスの『ゆたかな社会』は, 発売直後からベストセラーとなった。この本が, 議論を巻き起こし, 注目を浴びたのには3つの理由がある。1つは「ゆたかな社会」の到来を告げ, その現実を描き出したこと, 2つは新しい現象や概念に印象深い名前をつけたこと, 3つは経済学に厳しい批判を投げかけたことである。

1950年代後半のアメリカは, かつてない繁栄の中にあった。マッカーシズムの暗雲も遠のき, マクドナルドとプレスリーが人気を高めていく。スーパーマーケットにあふれる商品は, 自由と民主主義の理想を表現していた。人々は, 次々と登場する新車や家電製品, 暮らしを彩る商品を競って買い求めることで, アメリカの成功を実感していた。ガルブレイスは, こうしたアメリカの繁栄に「ゆたかな社会（affluent society）」と名づけたのである。

「ある家族が, しゃれた色の, 冷暖房装置つきの, パワーステアリング・パワーブレーキ式の自動車でピクニックに行くとしよう。かれらが通る都会は, 舗装がわるく, ごみくずや, 朽ちた建物や, 広告板や, とっくに地下に移されるべき筈の電信柱などで, 目もあてられぬ状態である。田舎へ出ると, 広告のために景色もみえない。かれらは, きたない小川のほとりで, きれいに包装された食事をポータブルの冷蔵庫からとり出す。夜は公園で泊ることにするが, そ

の公園たるや、公衆衛生と公衆道徳をおびやかすようなしろものである。くさった廃物の悪臭の中で、ナイロンのテントを張り、空気ぶとんを敷いてねようとするときに、かれらは、かれらに与えられているものが奇妙にもちぐはぐであることを漠然ながら考えるかもしれない。はたしてこれがアメリカの特質なのだろうか、と」［ガルブレイス 2006: 303-4］。

「ゆたかな社会」の特徴を印象的に表現しているがゆえに、最も多く引用されたのがこの箇所である。新たに登場した「ゆたかな社会」とは、ガルブレイスが描き出したように、個人の物質的ゆたかさに比べて公共サービスの劣悪さが際だつ、「社会的バランス」を失った社会であり、それは、個人の消費生活と公共サービスとの間で、適切な資源配分が行われていないことの帰結であった。

ではどうして「希少な資源の有効な配分を研究する学問」である経済学がこの問題を解決できないのだろう。ガルブレイスによれば、これは長年にわたって経済学を支配してきた「貧困」と「消費者主権」という「通念」が、適切な資源配分を妨げた結果である。

ガルブレイスの造語である「通念 (conventional wisdom)」とは、社会の大多数の人が真理だと受け入れ、その行動を支配されているわかりやすい説明、考え方のことである。経済や社会の複雑な動きを理解するには大変な努力が必要となる。ところが人は、複雑さを回避し、最もわかりやすい説明に飛びつく。「社会的観念が一般に受け入れられるか否かは親しみやすさにかかっている」のである。

経済学者を支配する「通念」は「貧困」である。経済学の創始者A. スミスやD. リカード、A. マーシャルが生きた時代は、貧困が支配する時代であった。T. R. マルサスやH. スペンサー、資本主義を否定したK. マルクスに至るまで、経済学者の大半は、過去、現在、そして未来までも、貧困が続くだろうという「絶望の伝統 (tradition of despair)」を受け継いできた。たとえ生産力が高まり、賃金が上昇したとしても、生活に必要な最低金額を満たす保証はない。富の大

半は金持ちが使うため，金持ちと貧乏人との間の不平等は，大きくなることはあっても，縮まることはない。度重なる不況は，失業や破産の不安を増大させる。貧困，経済的な不平等，不況とそれがもたらす不安は，解決できそうにない課題であった。経済学が「陰気な学問（dismal science）」と呼ばれるゆえんである。

　ところが，1930年代に登場したケインズ体系は，生産の増加が貧困を克服することを証明した。資源配分に果たす市場の力や均衡予算の維持といった，これまでの経済学での通念を否定したのである。赤字予算に基づく政府の財政政策が雇用を生み出し，総需要を増やす。総需要の増加にあわせて生産が増加する。ニューディールに代表されるケインズ政策は，富を生み出しただけではない。失業の恐怖，農家や小企業家の破綻への不安，投資のリスクや公共団体の財政困難等，あらゆる不安を解消した。社会問題の多くを，失業をなくすための生産増加によって解決したのである。

　「ゆたかな社会」の到来は，「貧困」を通念の地位から追い払った。新たに通念の地位を占めたのは「生産の優位」，「消費者主権」である。「国内総生産」がゆたかさの指標に用いられ，国力が生産量で示される。生産性の向上がすべてに優先する。生産増加によって貧困を克服したから，生産を重視する。わかりやすい理屈である。

　貧困が当たり前であった時代には，生産は，生きていく必要を満たすための活動であった。ところが貧困を克服したあとも，「生産の優位」は通念の地位にとどまったままである。生産重視の結果が生み出したのは，人々の必要や欲望の量をはるかに上まわる生産力であった。「ゆたかな社会」とは，人々の必要や欲望以上に，ものがあふれる世界だったのである。

　従来の経済学の通念では，まず人々の欲望が存在し，それを満たすためにモノが作り出される。ところが，「ゆたかな社会」では，人々の欲望をはるかに超える製品が生産される。そこでそれを売るために，人々に新たな欲望をもたせることが必要となった。「一家に1

台から1人1台へ」,「3年に1度のモデルチェンジ」,「新機種登場」,「新機能満載」等々, 売るための広告宣伝が, 人々の欲望を作り出す。人々がゆたかになるにつれて, 欲望を満足させるプロセスそのものが新たな欲望を作り出すようになってくる。欲望を満たすための生産ではなく, 生産されたものを消費するために欲望が生み出される。欲望が, 生産という本来欲望を満足させる過程に依存することになる。これを「依存効果 (dependence effect)」と, ガルブレイスは呼んだのである。

経済学によれば, 何をどれほど生産するかという企業の生産活動は消費者の好みや選択によって決定されることになる。これは, 消費者の欲望が消費者の内部から自立的に生まれることで保証される。ところが「ゆたかな社会」では, 生産の担い手である企業が, 宣伝活動や販売技術によって消費者の欲望を作り出す。生産が, 消費者がもともともっていた欲望を満たすのではなく, 生産によって作り出された欲望を満たすものであるならば, 生産量が, 人々の福祉の水準を意味することにはならない。依存効果は, 消費者主権という経済学の前提の存立基盤を揺るがしたのである。

また「ゆたかな社会」では, 民間部門の成長に比べて公共部門が遅れがちとなる。これもまた依存効果が作り出す社会的アンバランスである。消費者の欲望が自立的に決定されるのであれば, 公共サービスへの投資額は, 消費者 (有権者) の欲望を示すものと言えるだろう。しかし, 依存効果が存在し, 消費者の欲望が広告宣伝に影響されているならどうだろう。広告宣伝を繰り広げ, 欲望を作り出すことに巧みな民間部門が有利となり, そうしたことが不得手な公共サービスは遅れをとる。とりわけ後まわしになるのが, 公共投資に依存する教育 (人的資本) への投資である。

このようにアメリカの「ゆたかさ」の分析に力を注いだからといって, ガルブレイスが,「ゆたかな社会」に根強く残る貧困を無視していたわけではない。ゆたかさが多数派となるにつれて, 少数派と

なった貧しさへの関心は失われ，取り残された人々がよりいっそうの困難に陥ることの危険性にガルブレイスは注意を向けている。彼らを経済活動に参加させる手立てを考えること，とりわけ貧しい家庭の子どもたちに健康な生活，十分な食事，教育の機会を与えることが社会の急務であることを主張している。

ガルブレイスは，自分にとって「最も重要であり，かつ影響力が大きかった」この本に，初版から『40周年記念版』(1998) まで，4度の改訂を加えている。彼は「初版で書いたことの多くを今でも承認している」と言うが，彼の予想を裏切るような変化も少なくない。歓迎すべき変化は，インフレーションの終息である。一方，彼が憂慮する変化は，レーガン，ブッシュの共和党大統領時代の政策によって，すでに解消したはずの不平等がいっそう拡大していることである。人々の意識の変化も彼の予想を裏切るものであった。変化への怒りを『40周年記念版』への序文で次のように書いている。

「ゆたかさというものは個人の働きに対する当然の報酬であって，貧しい人でも，必要な努力をすると決めてかかりさえすれば，それにありつけるものだ……。こうした考え方からすれば，個人は自分の福祉については自分で面倒を見るべきであって，政府の助けは有害な干渉であり，個人のエネルギーと自発性の敵である，という結論になるわけだ。……このような社会的態度があるとすれば，ゆたかな社会で貧しくあるよりは，貧しい国で貧しくある方がましだ，といえるかもしれない」。

「富にも優れたところがないわけではない (Wealth is not without its advantages.)」で始まる『ゆたかな社会』は，「ゆたかな社会にも欠陥がないわけではない (The affluent society is not without flaws.)」と締めくくられる。人類史上初めて出現した「ゆたかな社会」の存在に着目し，そのありようを分析したガルブレイスが最後に選んだのは，「ゆたかな社会」の多層性を浮き彫りにする「二重否定」表現であった。

II

　ジョン・ケネス・ガルブレイスは，1908年，カナダ・オンタリオ州アイオナ・ステーションの裕福な農家に生まれた。2メートルを超す長身から「経済学の巨人」と呼ばれる彼は，スコットランド移民の父から身長とともにリベラル派の思想も受け継いでいた。2006年4月29日に亡くなるまでの97年間，実務家，ジャーナリスト，経済学者と，ガルブレイスの仕事は変化する。しかしその生涯を通じて変わらないのは，リベラル思想をもった1人のアメリカ市民としての生き方であった。

　経済学に関心をもつようになるのは，1926年オンタリオ農業大学に進学してからだが，本格的に経済学を学ぶのは，カリフォルニア大学バークレー校においてである。1934年，博士号を取得した彼は，ハーバード大学講師に採用される。当時のハーバード大学は，J.A.シュンペーター，W.レオンチェフ，P.A.サミュエルソン等，錚々たるメンバーを擁する「黄金時代」であった。この頃「ケインズ革命」の波がハーバード大学にも押し寄せる。「一般理論」に魅了された彼は，1937年イギリス・ケンブリッジ大学に留学する。病気療養中のJ.M.ケインズから直接学ぶことはできなかったが，R.F.カーン，P.スラッファ，M.カレツキ等，多くのケインジアンと交流することで，ケインズ経済学の核心を学ぶことができた。

　1941年，経済学者としての歩みに転機が訪れる。戦時体制下のアメリカで価格統制局の政策責任者として勤務することになったのである。「インフレを防ぐために必要なあらゆる合法的措置」をとることができる強大な権限が与えられたが，産業界から厳しい反発と非難を受ける仕事であった。1943年に辞任するまでの2年間にガルブレイスが得たものは大きい。価格統制の最高責任者として現実の経済活動を体験したのである。それは，「私が人生であげた最大の業績は何かと問われれば，インフレを起こさず戦時を乗り切ることに一行政官として貢献したことだ」という誇りと満足を得ることのできた経験であった。

価格統制局を退職したのち，雑誌『フォーチュン』の記者として5年間働く。大企業の姿を間近に見ることで，のちの産業・企業研究の基礎を築く一方，編集者H. ルースから文章術を学んだ。記者経験を通して「わかりやすい英語で説明できないことは何もない」との確信とともに，説得力に満ちた文体を身につけたのである。

　1948年，ハーバードに戻ったガルブレイスは，1975年に退職するまでの26年間，ハーバード大学経済学教授として50を超える著作と1000に及ぶ論文を発表した。それらは，主流派経済学の定説を批判するものであり，発表のたびに同調と批判の激しい議論を巻き起こしてきた。アメリカ経済学の異端派としてはめずらしいことだが，1972年，M. フリードマンら保守派経済学者の反対をはねのけて，アメリカ経済学会会長に就任している。

　ガルブレイスは，F. D. ルーズベルト，J. F. ケネディ，L. B. ジョンソン，W. J. クリントンの民主党歴代大統領の政策顧問を務めた。『ゆたかな社会』はケネディ，ジョンソン両政権による「貧困との戦い」（公共投資政策）に貢献したと考えられている。ケネディ政権では，インド大使として発展途上国の経済成長への支援や中印紛争の沈静化に注力した。1960年代には，ベトナム反戦運動にも積極的に参加している。自分の生きている時代や社会とのつながりをもつ活動は，経済学者の枠に収まらないリベラル派社会改革者としての信念に基づくものであった。1973年から3年間，BBCのテレビ番組『不確実性の時代』製作に協力，経済学の歴史を解説した。『ほとんどすべての人のための経済学入門』(1978)，『経済学の歴史』(1987)，『バブルの物語』(1990)等は，ガルブレイスの啓蒙思想家としての側面を示すものである。『ハーヴァード経済学教授』(1990)等，3冊の作品をもつ小説家，インド絵画の研究家，写真家でもあった。

III

　ガルブレイスが「異端の経済学者」と呼ばれる理由は3つある。1つは，主流派経済学の定説に異議を唱え続けたこと。

2つは，経済学の手法に従わなかったこと。つまり自分の考えを数学ではなく英語で表現し，経済分析と政治・社会分析を分けなかったのである。3つは，彼の本がベストセラーになったこと。『ゆたかな社会』(1958) は，発売数週間でベストセラーとなり，世界中で翻訳出版された。その後も『新しい産業国家』(1967),『不確実性の時代』(1977),『バブルの物語』(1990) とガルブレイスの著作は出版されるたびに世界中で議論を巻き起こしてきた。

ガルブレイスが定説として批判の俎上に載せるのは，価格による市場の調整機能，消費者主権，独占禁止政策といった主流派経済学理論の基本概念である。『アメリカの資本主義』(1952) では，イノベーションの担い手としての大企業の役割を主張する。『ゆたかな社会』では，消費者主権や市場による資源配分が社会的バランスの喪失を招いていると指摘した。『新しい産業国家』では，大企業が市場をコントロールする力をもった「計画化体制」のもとでの市場の機能が取り上げられる。

こうした定説への批判をガルブレイスは，高度な数学モデルを駆使する主流派経済学の手法ではなく，誰にも理解できる言葉を用いて展開していく。現実社会を透徹した洞察力で見据え，鋭い直感で問題をえぐり出す。加えて卓越した造語力で，中心となる事象や新しい概念に名前をつけていった。「拮抗力」(『アメリカの資本主義』)，「依存効果」(『ゆたかな社会』)，「テクノストラクチャー」(『新しい産業国家』)，「満足せる選挙多数派」(『満足の文化』)，「金融上の陶酔感」(『バブルの物語』) 等，「通念」が捉えられない新しい動きを，一度耳にすると忘れられない言葉で表現したのである。

しかしながら，こうした手法には，主流派経済学から批判が浴びせられる。「厳密さに欠けた議論」，「単なる思いつき」と。確かに，ガルブレイスの議論には，厳密さに欠けるところが少なくない。「拮抗力」，「依存効果」にどれほどの影響力があるのか。もし「テクノストラクチャー」が存在していたとしても，彼らにどれほどの力が

あるのか。一部分を強調し,誇張した表現によって自らの主張を際だたせる。彼が生み出した新しい言葉は,印象深いだけにジャーナリズムで取り上げられ,一人歩きを始めることもある。

　ガルブレイスの造語や表現手法を批判したからといって,彼が指摘した「ゆたかな社会」の抱える問題を,主流派経済学が解決できたわけではない。経済学の目的は,市場機能の限界や社会的バランスの喪失,貧困の拡大,所得格差の拡大といった問題の解決にある。ところが,市場の調整機能を重視するサプライサイド・エコノミクス,マネタリズム,合理的期待形成論等,レーガン,ブッシュの共和党政権を支えた経済理論は,貧困を放置し,格差の拡大に力を貸すこととなった。一見価値中立的に見える最先端の経済学だが,結果として現状を追認肯定するだけであった。

　1970年代以降,市場と企業との代替関係を論じたR.コースの考えを基に「比較制度分析」が登場してくる。コーポレートガバナンスをめぐる議論の中で,企業は誰のものか,誰が支配しているのか,が注目されるようになる。主流派からの批判にもかかわらず,ガルブレイスが提起した諸問題は,経済学の動きに確実に影響を及ぼしているのである。

　主流派経済学から見れば,ガルブレイスは経済学からの逸脱者である。しかし,ガルブレイスは,自分こそ「道徳感情論」から出発したアダム・スミス,政治経済学者であったケインズのように,経済学の正統を受け継ぐ者と考えていた。それゆえに,サミュエルソンは次のように評している。「私たちノーベル賞受賞者の大半が図書館のほこりをかぶった書棚の奥に葬り去られてしまう時代になっても,ガルブレイスは忘れられることなく読まれ続けるだろう」と。

Quotations

　経済学の欠陥は,最初に誤りがあったからではなく,陳腐な議論を改めないことにある。陳腐化の原因は,便利なものが神聖不可侵となったこと

にある。［ガルブレイス 2006: 17］

　アメリカにとって最も必要なものは，能力と知恵と教育のための資源である。物的投資の有効性よりむしろ人間に対する投資の有効性が問題なのである。［同: 414］

参考・関連文献

Galbraith, J. K. 1952 *American Capitalism*, Hamish Hamilton.（ガルブレイス 1955 藤瀬五郎訳『アメリカの資本主義』時事通信社；1980 新川健三郎訳『ガルブレイス著作集1　アメリカの資本主義』ティビーエス・ブリタニカ）
——— 1967 *The New Industrial State*, Hamish Hamilton.（ガルブレイス 1968 都留重人監訳『新しい産業国家』河出書房新社；1984 斎藤精一郎訳，上・下，講談社文庫）
——— 1973 *Economics and the Public Purpose*, Houghton Mifflin（ガルブレイス 1975 久我豊雄訳『経済学と公共目的』河出書房新社；1985, 上・下，講談社文庫）
——— 1977 *The Age of Uncertainty*, BBC.（ガルブレイス 1978 都留重人監訳『不確実性の時代』ティビーエス・ブリタニカ；1983 斎藤精一郎訳，上・下，講談社文庫；2009 斎藤精一郎訳，講談社学術文庫）
——— 1990 *A Short History of Financial Euphoria*, Viking Press.（ガルブレイス 1991 鈴木哲太郎訳『バブルの物語』ダイヤモンド社；新版 2008）
——— 1992 *The Culture of Contentment*, Houghton Mifflin.（ガルブレイス 1992 中村達也訳『満足の文化』新潮社；1998, 新潮文庫）
中村達也 1988『ガルブレイスを読む』岩波書店。
——— 2006「J. K. ガルブレイス――飽くなき通念への批判者」橋本努責任編集『20世紀の経済学の諸潮流』日本経済評論社。
根井雅弘 1995『ガルブレイス――制度的真実への挑戦』丸善ライブラリー。
Parker, R. 2005 *John Kenneth Galbraith: His Life, His Politics, His Economics*, Farrar Straus & Giroux.（パーカー 2005 井上廣美訳『ガルブレイス――闘う経済学者』上・中・下，日経BP社）

（常見耕平）

18 疑似イベント
D. J. ブーアスティン『幻影(イメジ)の時代』

Daniel Joseph Boorstin, *The Image: or, What Happened to the American Dream*, Atheneum, 1962.(『幻影(イメジ)の時代——マスコミが製造する事実』後藤和彦・星野郁美訳, 東京創元社, 1964)

I 『幻影の時代』は, 大衆消費社会の到来に伴う疑似環境の成立とリアリティの変容の問題を先駆的に提起したブーアスティンの初期の代表作である。

メディア社会の進展に伴い, 人々は今ある素朴な現実とその報道では満足しなくなり, よりドラマ的な出来事や報道を求めるようになる。そしてメディア社会の仕掛け人たちによって二次的に作られて提供される現実, つまり「疑似イベント」が人々を魅了するようになるというのがその基本論点である。

ブーアスティンの「疑似イベント」概念の輪郭は, 以下の3つの論点から描かれる。

(1)私たちが世界に求める「とほうもない期待」がある。つまり, さまざまなドラマ的な出来事を求める私たちの欲望, すなわち疑似イベントへの欲望がある。

(2)世界のリアリティは, イメージ的に形成される。そして私たちの欲望が, 二次的な現実, 作られた記号的世界を欲する。

(3)イメージの方が日常生活の生(なま)の出来事よりも魅力的である。つまり, リアリティの比重が反転するような倒立した事態が生じる。

「疑似イベント」は, こうしたイメージの方が優位になり, 生の事実を凌駕する逆転のメカニズムに対してブーアスティンが名づけた言葉である。

「とほうもない期待 (extravagant expectation)」と名づけられた序章は，短いが強いメッセージ性をもった記述に満ちている。現代社会では「出来事についての期待」がある。世界が，何気ない日常ではなく，ドラマチック，エキゾチックでニュースバリューのある出来事に満ちていることへの期待である。さらに現代人は，そうした出来事は，生の現実を超えて作り出されることができるとさえも思っている。それが「世界を変える能力についての期待」である。

　現代人にとって世界は，そうした期待＝欲望を満たすものとして製造され提供される。それは疑似的に製造されるがゆえに，「幻覚 (illusions)」であり，イメージの世界なのである。幻影の生産は，今日でいうところの広義のメディア産業が担っている。広告・PR・新聞・出版・芸能・旅行・外交に携わる者，そして流通業など多様な業種が含まれる。

　しかしブーアスティンは，決して産業・経済決定論者ではない。幻影を作り出し，受け入れているのは，われわれの生活態度や生活スタイル，美意識や価値観そのものである。つまり誰かが犯人なのではなく，その犯人を犯人たらしめているのは，われわれの欲望でもあるのだ。第1章「ニュースの取材からニュースの製造へ——疑似イベントの氾濫」では，幻影の生産・消費のあり方が，つまりマスコミ論でいうところのニュースの形成過程やPRの力が論じられる。ニュースが取材され，ニュースが製造され，そしてニュースが受け入れられ氾濫している状態が，「疑似イベント (pseude-eventis)」である。それは，われわれが経験している「合成的で新奇な出来事」でもある。

　「疑似イベント」が蔓延する社会の背景としてブーアスティンが指摘するのは，19世紀初頭から始まるグラフィック革命 (Graphic Revolution) である。電信による印刷速度の発達。写真からカラーテレビに至るイメージをそのまま再現する技術。そうした複製技術革命が，二番煎じの記事や発表記事で埋められていたにすぎない味気

ない新聞を,大衆の興味を引くニュースを満載した新聞に変えたのである。そしてテレビの誕生は,ニュース報道のイメージをよりいきいきしたものにした。

　新聞・テレビは,「インタビュー」の技法や有名人の出演するラジオ・テレビ番組,テレビ討論会,クイズ番組,長時間番組等,ニュース製造の新しい方法を生み出してきた。政治家もまたマスコミを上手に利用することで成功を収めるようになる。報道される政治家も報道する記者たちも,劇的な演技を重視することで国民に催眠術をかけていく。新聞やラジオ放送を巧みに利用したF.D.ルーズベルトや,定例記者会見をテレビ中継したJ.F.ケネディといった大統領がその好例である。

　さらに,ニュースの現場中継は,生の出来事を伝えるのではなく,より精巧に「疑似イベント」を作り出すことになった。撮影されている現場にいる実際の見物人よりも,テレビ視聴者の方がより期待通りの満足を得ることになる。

　さらにやっかいな点は,マスコミが演技的な世界を製造するということだけではなく,視聴者もまたテレビニュースに自分が映ることを喜ぶようになり,誰もがメディアを媒介した演技的な世界を欲し,役者的な性格をもつようになってきたことである。「疑似イベント」の増大は,役者と観客の役割を流動化させる。つまり,現代人は,自ら役者となることができるようなより劇的な出来事,つまり「疑似イベント」を求めている。そこではマスコミとそれを受け入れる人々は共犯的な関係にある。それは,「疑似イベント」の魅力のゆえに,われわれが自分で自分を欺くような関係でもある。マスコミに報道されることで,それが事実として流布し定着していくというこのリアリティ生成の回路は,まさしく社会学でいう「予言の自己成就」(マートン)である。

　第2章「英雄から有名人へ——人間的疑似イベントの氾濫」では,この疑似イベント製造の回路が,現代の有名人製造の回路としても

使われていることが指摘される。

　グラフィック革命やPRといった仕組みが，1人の人間を「有名」にしてしまう。かつて英雄の名声は神が与えたものだったのが，今では人工的な仕組みによって生産されてしまう。有名人は，現代的「英雄」の大量生産の帰結であり，有名人は単に全国的に広告された商標のようなものであり，内容的には空虚であっても構わない。有名人とは，「有名なゆえに人によく知られた人」なのである。

　例えば，最初に大西洋の無着陸単独飛行に成功したリンドバーグ青年の行為は確かに英雄的な行為だった。だがその普通の飛行機好きの青年の行為が，新聞・教会・ラジオ・テレビで賞賛され報道されることによって，彼は有名人に変えられてしまった。

　第3章「旅行者から観光客へ——失われた旅行術」では，全世界が観光という「疑似イベント」の舞台となってしまったことが指摘される。そもそも旅は，骨折り・労働・苦痛等を伴うやっかいな仕事であり，能動的な営みであり，その過程で冒険と経験を積むことで人間的な成長を促すものであった。それが，19世紀の半ばに観光客（tourist）という言葉が誕生したように，旅は見るスポーツへと変わり，旅行者は楽しみを求める人に変わった。人々は「見物（sightseeing）」に出かけるのであり，「ガイドつき旅行」や「観光アトラクション」つきの「疑似イベント」という商品を享受する。われわれは，新聞・映画・テレビや観光ガイドブックに出てくるイメージを，旅行によって確かめる。ここでは，イメージが現実によって確かめられるという逆転が起こる。

　第4章「形から影へ——形式の分解」では，オリジナルなものや芸術的な表現形式が消失し，複製文化やダイジェスト文化に取って代わられることが指摘される。古典的な舞台演劇に対する，映画，ラジオ，テレビドラマの台頭，文学や雑誌に対するダイジェスト本の台頭は，本来的な形式の分解であり，その消費はさまざまな鑑賞経験を希薄化する「疑似イベント」の製造でもある。映画は，劇形

式を単純化したし,映画スターというシステムは,舞台俳優の形式を分解してしまう。

さらに,グラフィック革命の成果でもある写真やハイファイオーディオ類が,オリジナルなものと再現されたイメージとの境界を流動化していく。再現・複製表現形式の台頭が,まさに「オリジナル」な表現形式やそれと接する経験を分解していく。

第5章「理想からイメジへ——自己実現の予言を求めて」では,広告・PRも「疑似イベント」であり,その発達が今日のイメージ優位の社会を作ってきたことが強調される。われわれは欲望があって広告を見るのではなく,広告を見ることで説得され消費の欲望を発見・拡大していく。最後の第6章「アメリカの夢からアメリカの幻影へ——威信のもつ自己欺瞞的魔術」では,アメリカ社会が,理想の時代から,疑似理想としてのイメージの時代に転換したことが強調される。

このように,『幻影の時代』では,きわめて広範囲にわたって「疑似イベント」論が展開されている。グラフィック革命によって,オリジナルなものが消失し,あらゆるものが二次的,人工的なイメージ的存在になった。その後の社会科学の用語を使えば,「疑似イベント」とは,記号化のメカニズムと言い換えることもできよう。英雄も,旅行も,芸術形式も,内容ではなく,表層の表現＝記号的な存在となり,その記号が受け入れられることが重要となったところにマスメディア社会の特徴がある。しかも,それはメディアという仕掛け人だけの問題ではなく,現代人の欲望がそれを進んで受け入れている。そうした社会の登場が「幻影の時代」である。

II　ダニエル・ジョセフ・ブーアスティン (1914-2004) は,1914年に,アメリカ合衆国のジョージア州アトランタで弁護士の子として生まれた。15歳で高校卒業後,ハーバード大学に入学し,イギリス史イギリス文学を学んだのち,イギリスのオックスフォード

大学で法学を学んだ。その後イェール大学に移り，1937年に法制史研究で博士号を取得している。

その後アメリカのいくつかの大学を経て，1944年からシカゴ大学で25年間歴史学の教授を務めた。また1969年以降は，首都ワシントンにあるスミソニアン博物館の中の国立歴史・技術博物館のディレクターを務め，さらに，1975年から1987年までの12年間は，アメリカ連邦議会図書館長の要職を務めている。

彼は生涯で20冊以上の本を書いているが，代表作は，本書『イメージ』(邦訳『幻影の時代』)の他に『アメリカ人』三部作である。1958年の『アメリカ人——植民地の経験』，1965年の『アメリカ人——国家形成の経験』，1973年の『アメリカ人——民主主義の経験』である。1973年の作品はピューリッツァー賞を受賞している。1983年には，『大発見——未知に挑んだ人間の歴史』を著すなど，晩年まで旺盛な研究心をもって独創的な歴史観を展開した。彼の著作は，日本にも早くから紹介され，本書以外にも『アメリカ人』(1973＝1976)，『過剰化社会』(1971＝1981)等の著作が翻訳出版されている。

ブーアスティンの歴史観は，一般には保守主義史学派と呼ばれ，マイノリティや格差・貧困の問題が抜け落ちているという批判を浴びてきた。しかし彼の歴史観は，テクノロジーのインパクトに注目し，日常生活の様式や文化，国民性，社会心理等が形成される様を明らかにしようとしているのであり，現代の消費社会に対するシニカルな記述をみても単なる保守主義者ではない。むしろ，アメリカ人の生活様式の変容に着目し，ファッション，流通，広告，コマーシャリズム等消費社会の多様なシーンを切り取り，「アメリカ化」，「画一化」，「同質化」，「均質化」等大衆消費社会の深化に伴う諸特質を，技術の進歩とその生活への浸透に伴ってどこの社会(everywhere)でも起こる事態として捉え，社会に警鐘を鳴らし続けてきた一級の文明批評家といえる。

『幻影の時代』でグラフィック革命のインパクトを強調している

こともそうだが，その技術史観は，一見すると技術決定論と捉えられるかもしれない。ただ，彼がその歴史観を世に問うていくことになる1960年代から70年代は，一方でイデオロギー的歴史観が横行していた。その中で，技術と欲望と生活様式を前面に据えた文明史的歴史観に徹した分析的な記述によって一貫して警鐘を鳴らし続けたことが，今日も色あせないゆえんであろう。グラフィック革命のようなメディア技術に注目していることからも，今日，彼の文明史観は，消費社会論や欲望論であると同時に，先駆的なメディア論として読み解くことができる。

ブーアスティンは1978年に国際会議で来日した際にメディア研究者の後藤和彦と対談し（『過剰化社会』［1971 = 1980: 193］），欲望と技術について持論を展開している。彼は，日本の電卓（というテクノロジー）を取り上げて，「ニーズ」が電卓を生んだのではなく，「人は電卓を買ってから，自分のニーズを探し求めるのです」と語る。

また，ブーアスティンが文化論的アプローチをしていることは，テクノロジーの発展を単純に経済的な動機に起因すると考えるのではなく，文化的な要素の介在にも注目していることからもわかる。同じ後藤との対談の中で，テクノロジーの発展が遊び的な要素や人間の気ままさ等の要素によっても決定されることを指摘している。こうした点からも，ブーアスティンが展開したのは社会文化的視点をもったテクノロジー・メディア史観といえよう。

III

ブーアスティンの「疑似イベント」論は，アメリカ合衆国における，テレビ社会の台頭と消費社会の深化，つまり大衆消費社会の成熟を反映している。背景には，テレビ・広告をはじめとして人々にイメージを与え「疑似イベント」を提供する産業の台頭がある。彼のグラフィック革命論は，1960年代半ばのF.マッハルプらの知識社会論や，1970年代のD.ベルの脱工業化社会論（⇨2巻17章）や，その後のアメリカの産業社会の大転換をめぐる論議の先

駆けといえる。

　彼の「疑似イベント」論が提起した，情報環境の成立とリアリティの反転というアメリカ社会への説明フレームは，今日も有効な枠組みであるが，そこには3つの異なる位相をもつ議論が幅広くちりばめられている。われわれは，以下の3つの流れのどの方向からも，彼を最も初期の先駆的な研究者として位置づけ援用することができる。

　(1)マスコミ論者としてのブーアスティン——彼のマスメディアの圧倒的な影響力についての議論は，マスコミ論の初期に台頭した皮下注射モデル，強化説の系譜に位置づけることもできる。ブーアスティン自身はマスメディア研究者ではないが，新聞・広告・テレビ等のマスメディア技術と産業の力こそが，アメリカ社会の変容の震源にあると見なしている点では，『幻影の時代』はマスコミ論として読み解くことができる。同時に，メディアが現実を製造するという議論は，メディア・リテラシー論の系譜の始点に位置づけることもできよう。

　(2)消費文化論者としてのブーアスティン——ブーアスティンの言説は，情報消費社会論や記号消費論，あるいはシミュラークル論（模造の現実論）といった消費社会論の先駆けともいえる。「疑似イベント」論から6年後の1968年，J.ボードリヤールはようやく『物の体系』によって記号消費やイメージ消費の問題を提起することになる。日本での情報環境論の展開はもっと遅く，平野秀秋・中野収らの先駆的な問題提起である『コピー体験の文化』でさえも，ようやく1975年の刊行である。中野[1984]や藤竹暁[1985]らが情報環境論や本格的な大衆文化論を展開するのは，1980年代に入ってからである。

　ただW.ベンヤミンは1936年に「アウラの消失（凋落）」という語彙を使いながら，芸術形式の消失，複製技術と大衆社会批判という同型の文明批判の言説を展開している。両者はともに複製メディア

が作り出す大衆文化消費社会と格闘していたといえる。

「疑似イベント」論の先見性は,その後,有名性や情報消費としての観光といった議論が20世紀の末になってようやく登場し,ブーアスティンとの対話を余儀なくされたことからも明らかである。確かに彼の議論は,アメリカ中産階級に焦点を据えた古典的大衆社会論であるが,メディアと私たちの欲望との相互規定的で重層的な回路を周到に描くことで,今日に通じる情報消費社会解説の書であり続けている。

(3)メディア論者としてのブーアスティン——ブーアスティンが文明批評を展開する1960年代は,M.マクルーハンが一連のメディア論を展開した時期とまったく重なっている。グラフィック革命論は,いわば1つのメディア論である。マクルーハンは,『メディア論』(1962)で,日常生活におけるメディア経験のインパクトを,「感覚比率」の変容等の表現を使いながら説明した。ブーアスティンもまたグラフィック革命がもたらした日常の経験や生活様式の変化に注目した。文学と歴史学という知的背景に関しても両者は似ている。両者ともに,テレビという新しい衝撃的なメディアの台頭に文明史家として対峙したといえよう。

Quotations

われわれは,幻影にあまりに慣れきってしまったので,それを現実と思い込んでいる。われわれは幻影を要求する。もっとたくさんの,もっと大きな,もっとすぐれた,もっといきいきした幻影がつねに存在していることを要求する。幻影はわれわれが作り出した世界であり,イメジの世界である。[ブーアスティン 1964: 13-4]

アメリカ人が現在住んでいる世界では,空想のほうが現実そのものよりも現実的であり,イメジのほうがその原物よりも大きな権威を持っている。[同: 45]

テレビの中で起こっている出来事のほうが,テレビの外で起こっている出来事を圧倒してしまう。[同: 58]

参考・関連文献

Baudrillard, J. 1968 *Le système des objets*, Gallimard.（ボードリヤール 1980 宇波彰訳『物の体系』法政大学出版局）
─── 1970 *La société de consommation*, Gallimard.（ボードリヤール 1979 今村仁司・塚原史訳『消費社会の神話と構造』紀伊國屋書店; 1995, 普及版）
Boorstin, D. J. 1973 *The Americans: The Democratic Experience*, Random House.（ブアスティン 1976 新川健三郎・木原武一訳『アメリカ人──大量消費社会の生活と文化』上・下, 河出書房新社）
Ewen, S. 1988 *All Consuming Images*, Basic Books.（ユーウェン 1990 平野秀秋・中江桂子訳『浪費の政治学』晶文社）
─── 1996 *PR!: A Social History of Spin*, Basic Books.（ユーウェン 2003 平野秀秋・左古輝人・挾本佳代訳『PR!──世論操作の社会史』法政大学出版局）
Ewen, S. and E. Ewen 1982 *Channels of Desire*, McGraw-Hill.（イーウェン／イーウェン 1988 小沢瑞穂訳『欲望と消費』晶文社）
星野克美・岡本慶一・稲増龍夫・紺野登・青木貞茂 1985『記号化社会の消費』ホルト・サウンダース・ジャパン。
藤竹 暁 1985『テレビメディアの社会力』有斐閣。
平野秀秋・中野収 1975『コピー体験の文化』時事通信社。
石田佐恵子 1998『有名性という文化装置』勁草書房。
北村日出夫 1985『テレビ・メディアの記号学』有信堂高文社。
Marshall, P. D. 1977 *Celebrity and Power*, University of Minnesota Press.（マーシャル 2002 石田佐恵子訳『有名人と権力』勁草書房）
見田宗介 1995『現代日本の感覚と思想』講談社学術文庫。
中野 収 1984『コミュニケーションの記号論』有斐閣。
佐藤 毅 1995『日本のメディアと社会心理』新曜社。

（加藤晴明）

19 スペクタクルの支配
G.ドゥボール『スペクタクルの社会』

Guy Debord, *La société du spectacle*, Buchet-Chastel, 1967 ; Champ Libre, 1971 ; Gallimard, 1992 ; Gallimard, coll. Folio, 1996.（『スペクタクルの社会』木下誠訳, 平凡社, 1993；ちくま学芸文庫, 2003）

<u>I</u> 高度資本主義社会に関するさまざまな理論の中でも, ドゥボールの『スペクタクルの社会』ほど特異な位置を占める理論書はない。それは一方で原理的な思考を展開したものでありながら, 他方では, 初版出版当時, フランス5月革命前後の学生叛乱という時代状況が強く刻印されている。

本書はその構成や記述の仕方においても特異である。全体は「Ⅰ 完成した分離」に始まり,「Ⅱ スペクタクルとしての商品」以下,「Ⅸ 物質化されたイデオロギー」まで, 9つのパートから構成されている。9つのパートに分けられた目次構成を見ると, 体系的理論を志向しているように思えるが, しかし, 全体は221の断章から構成されていて, 安易なスペクタクル的マニュアル化を徹底して拒絶している。にもかかわらず, 各断章は現実から遊離するのではなく, さまざまなコンテクストに引用＝転用されてきた。

本書のキー概念である「スペクタクル」は, 単に権力やマスメディアが大衆を操作するために用いる「見世物」という意味に限定されるものではない。スペクタクルとは, 表象に支配された近代社会の基本的な構成原理である。近代社会においては, 人間の生の全体がスペクタクル化されてしまう。

ドゥボールは, K.マルクスの『資本論』の冒頭を転用して, スペクタクル社会を次のように定式化する。「近代的生産条件が支配的

な社会では，生の全体がスペクタクルの膨大な蓄積として現れる。かつて直接に生きられたものはすべて，表象のうちに遠ざかってしまった」［ドゥボール 1967＝2003：14］。

このように，スペクタクルとは，近代社会を根底的なところから特徴づける構成原理である。しかし，スペクタクルの社会がその具体的相貌を見せてくるのは，マスメディアが急速に発達し，消費と余暇が主役の座を占めるようになった大量消費社会の到来以降である。では，欧米でスペクタクルの社会が誕生したのはいつ頃だろうか。ドゥボールによると，本書が出版された1967年の40年前，すなわち1920年代末頃にはスペクタクルの社会に入っていたと見られる［ドゥボール 2000：12］。

スペクタクルの社会では，モノとしての商品よりもむしろ情報やサービスのような形のない商品が主力となる。モノとしての商品から切り離されたイメージが人々の生を支配し決定していくことになるのである。スペクタクルは，「世界の領土を正確に覆う地図である」(断章31)。われわれから逃げ去ったものが，その威力を伴って，われわれの前に示され見せられるのである。

スペクタクルは，生を断片化するとともに「一般的な統一性」という擬似的な救済を提示する。それは人々に徹底した受動性と孤立を強いることと引き換えに，幻想的な統合を与えるのである。しかし，だからといってスペクタクルと現実が単純に対立するというわけではない。

この点，スペクタクルという概念は，誤解されやすいものであった。スペクタクルが「外観」や「表象」のみを意味するのだとすれば，本来の「実体」や「現前」の堕落形態としてスペクタクルが想定されることになる。そうだとすると，本来の生とその疎外といった伝統的な西洋形而上学の図式の枠内でスペクタクルを考えることになる。しかし，ドゥボールは本来的なものの堕落形態としてスペクタクルを考えていたわけではない。スペクタクルは表象であると

同時に現実でもあって,いわば二重化されているのである。「現実はスペクタクルの中に生起し,スペクタクルは現実である」(断章8)。

こうしてスペクタクルの支配は社会の細部に至るまで貫徹するが,それは社会体制の違いによらない。ただ,支配の形態に関しては,「集中したスペクタクル」と「拡散したスペクタクル」という2つのタイプがある。ソ連や中国あるいはナチス・ドイツのような中央集権的官僚主義国家は,集中したスペクタクルという形態をとり,大衆には選択の余地が残されていない。これに対してアメリカ合衆国や西欧諸国のような先進資本主義国家では,拡散したスペクタクルとなる。そこでは互いに矛盾した主張がスペクタクルの舞台の上でひしめいている。

本書刊行の約20年後,ドゥボールは『スペクタクルの社会についての注解』を出版する。そこではスペクタクルの基本的な理論図式には修正を加えず,20年間のスペクタクル現象の変容をふまえて,1点だけ追加する。すなわち,集中したスペクタクルと拡散したスペクタクルは「統合されたスペクタクル」という単一のスペクタクルに収斂したという点である。その結果,スペクタクルの支配が完全に社会を覆い尽くし,メディアの過剰を通して,すべての歴史認識を消去する。そして何よりも,スペクタクルの支配の完成がつい最近のことであるにもかかわらず,そのことを忘却させるのである。

では,このようなスペクタクルの支配から,どのようにすれば脱出できるのか。本書では必ずしも明確に書かれていないし,のちに出版された『スペクタクルの社会についての注解』ではいっそうペシミスティックな色彩が強くなっている。スペクタクルに対する批判がスペクタクル的になってはならないという配慮もあるのだろう。

本書を出版するまでにドゥボールらのシチュアシオニストが鍛え上げてきた実践戦略によるならば,スペクタクルを解体することが可能なのは,「転用」や「漂流」といった実践活動によって切り開かれる「状況の構築」によってである。転用や漂流は,理論的権威と

は正反対のものであって，従来のコンテクストから切り離された断片であり，反-イデオロギーの流動的言語である．本書およびその後のドゥボールの理論展開の大きな特徴は，最後までこの実践の契機を手放さなかった点にある．

II ギー・ドゥボールは1931年12月28日，パリで生まれた．父マルシアル・ドゥボールはパリの薬局店の息子で，薬剤師を目指し大学で学んでいるときにポートレット・ロッシと出会って結婚し，2人の間にドゥボールが誕生．父はドゥボールの誕生後すぐに結核に罹り，ドゥボールが4歳のときに死去する．

その後，南仏のポー，カンヌで高校時代までを過ごす．1951年，19歳のときにカンヌ映画祭で上映されたI. イズーのレトリスト映画『涎と永遠のための概論』を観て衝撃を受ける．ドゥボールはバカロレア取得後，パリに出てパリ大学法学部に登録するが，大学には行かず，イズーらのレトリスム運動に参加する．レトリスムとは，「芸術作品」の徹底的な破壊を推し進め，言語を文字と叫びにまで，映像をフィルムの上の傷と模様にまで解体する前衛芸術運動である．

1952年には，レトリスムの手法を採り入れた映像のない映画『サドのための絶叫』を製作・上映する．同時に，この年，ドゥボールは，イズーの神秘主義化に反対して，レトリスム左派を糾合し，レトリスト・インターナショナルを結成する．ドゥボールは，機関誌『アンテルナシオナル・レトリスト』や『ポトラッチ』誌上で，芸術・映画・政治に関する批判的文章を多数執筆する一方，パリの町を「漂流」しつつ都市の隠れたネットワークを探索する．

1957年には，ドゥボールらのレトリスト・インターナショナルは，イタリアで日常生活批判としての前衛芸術運動を展開していた〈イマジニスト・バウハウスのための国際運動〉のA. ヨルンらのグループやイギリスの〈ロンドン心理地理学委員会〉のメンバーらとともに，〈シチュアシオニスト・インターナショナル (SI)〉を結成する．

その後,運動体としてのSIがドゥボールの活動拠点となる。

このSI結成大会でドゥボールは基調報告「状況の構築とシチュアシオニスト・インターナショナル潮流の組織・行動条件に関する報告」を行う。この報告の中には,「状況の構築」(スペクタクルの支配を批判する異化的時空間を社会の中に積極的に構築すること),「統一的都市計画」(日常生活の舞台装置を具体的に変革し,人々の情動や行動様式と相互に影響しあう総合芸術としての都市計画),「心理地理学」(地理的諸環境が諸個人の情動的な行動様式に対して直接働きかけてくる,その正確な法則と厳密な効果の研究),「転用」(状況の構築や統一的都市計画のための実践的方法論),労働の拒否と「遊び」の称揚,専門的芸術家の廃棄,スペクタクル原理の批判としての「非-介入」等,その後のSIの中心的理念がすでに語られていた。翌1958年にはSIの機関誌『アンテルナシオナル・シチュアシオニスト』第1号が発刊される(同誌は1969年の第12号まで続く)。

1960年代前半,SIは除名等により「芸術至上主義」派を一掃するとともに,C.カストリアディスらの新左翼運動〈社会主義か野蛮か〉等の革命潮流との連携を強め,オランダでの核シェルター暴露運動やスペインの反フランコ闘争等にも積極的に関わっていく。また,1965年,アルジェリアでのブーメディエンのクーデター,ロサンゼルスのワッツ暴動,67年,中国文化大革命等に際して,次々と政治的パンフレットを発行する。SIの主張は,既存の社会主義運動を乗り越え,「労働者評議会」の直接民主主義に依拠する徹底した評議会社会主義であった。

1966年,ストラスブール大学でシチュアシオニストの影響を受けた学生らがフランス全学連(UNEF)に叛乱を起こす。SIのM.ハヤティはパンフレット『学生生活の貧困』を執筆し,先進資本主義社会での学生層の疎外についての批判と叛乱の必然性を訴える。このパンフレットはフランスの多くの学生に読まれるとともに,さまざまな言語にも翻訳され,68年5月革命を理論的に準備するものとな

った。

　このようなシチュアシオニストの理論と運動をふまえつつドゥボールの思考を集約した『スペクタクルの社会』が1967年に出版される。

　1968年1月，SIの強い影響を受けたR. リーゼルらがパリ大学ナンテール校で〈怒れる者たち〉を結成，構内私服警官追放，授業介入，大学本部棟占拠等の行動を起こす。5月，フランス5月革命。ドゥボールらはさまざまなバリケード闘争に参加，〈怒れる者たち〉とSIは共同の委員会を結成し，ソルボンヌ占拠において中心的役割を担う。

　5月革命の終結とともに，ドゥボールらSIの主要メンバーはベルギーのブリュッセルに亡命するが，シチュアシオニストの闘争スタイルは，欧米の反体制派の中で注目されるようになり，多くの自称シチュアシオニストを生むことになった。しかし，このようなSIの大衆化は，観客的な周辺メンバーや実践活動を行わずに抽象的議論にのみ終始するメンバーの増大を招き，SIの活動は停滞を余儀なくされる。結局，ドゥボールはSIのスペクタクル化を批判し，1972年には自らSIを解体するに至る。

　1972年以降のドゥボールは，長編映画『スペクタクルの社会』の製作に没頭する。この作品は，既存のさまざまな映画の映像の転用とドゥボールによる本書からのコメントで構成されているが，1974年に公開されるや，映画界やマスコミで激しい議論を巻き起こした。これに対して，ドゥボールは短編映画『映画『スペクタクルの社会』に関してこれまでになされた毀誉褒貶相半ばする全評価に対する反駁』を製作し，映画は1975年10月に完成，上映される。

　その後，ドゥボールは，自身の名があまりにも有名になりスペクタクル的に注目されることに対して，自らを強く防衛するようになる。

　1988年，ドゥボールは『スペクタクルの社会に関する注解』を出

版した。この著で,ドゥボールは1980年代の資本主義の「統合されたスペクタクル」を批判するが,これは翌年のソ連の崩壊を予告するものでもあった。

　ドゥボールは,「アルコール性神経炎」のため身体の自由が利かなくなるが,1994年11月30日,自己の意思に反して病院でさまざまな治療を施されることを拒否して,自らに向けて拳銃を発射し,命を絶った。

III

ドゥボール著『スペクタクルの社会』の日本語訳が最初に出版されたのは1993年である。原著が出版された1967年から実に26年経過している。都市空間への注目という点でドゥボールと共通しているH. ルフェーヴルの諸著作は1960年代から日本語に翻訳されていた。ドゥボールは一時ルフェーヴルのセミナーで活動するが,のちに激しく対立するようになる。また,「消費」の批判という点で共通し,シチュアシオニストからの影響を公言さえしているボードリヤールの消費社会論は1970年代以降,盛んに紹介され翻訳された。しかし,ルフェーヴルやボードリヤールに実践を通して影響を与えたドゥボールの翻訳がこれほど遅れたことには,奇異な感を受ける。

　確かに,ドゥボールは,『スペクタクルの社会』の引用＝転用からうかがい知ることができるように,マルクスやG.ルカーチの影響を受けている。しかし,この本の意義は,むしろ従来のマルクス主義では扱われてこなかった消費社会としての資本主義批判を展開したところにある。ドゥボールは講壇マルクス主義者ではなかったし,大学アカデミズムに軸足を置いてはいなかった。その活動の中心は,映画を中心としたアヴァンギャルド芸術運動にあった。シチュアシオニストやドゥボールの名前はしばしば聞かれたにもかかわらず,日本での本格的紹介や翻訳がこれほど遅れたのは,ドゥボールが従来の労働運動やオーソドックスなアカデミズムの流れからは外れた

位置にいたことが大きいだろう。しかしだからこそ先駆的な問題提起ができたのだとも言える。

　ドゥボールの著作は時代を先取りするような形で登場している。『スペクタクルの社会』が出版された 1967 年の翌年にはフランス 5 月革命が起きた。5 月革命では政治権力の奪取やブルジョア的支配体制の転覆には至らなかったが，従来の労働運動に見られた物質的要求ではなく，資本と労働の管理体制それ自体に異議申し立てをした点が新しかった。そのとき，学生たちが好んで読んでいたのがシチュアシオニストのパンフレットであり，この『スペクタクルの社会』であった。実際，ナンテールやソルボンヌ，あるいはパリの街頭の壁には，「スペクタクル的商品社会を打倒せよ！」，「決して労働するな」，「君たちの欲望を現実と見なせ」，「通りの舗石をはぐことは都市計画破壊の手始めである」といった『スペクタクルの社会』やシチュアシオニストから転用された言葉が書かれていた。また，ソルボンヌ占拠においても SI の強い影響を受けた学生たちが〈怒れる者たち〉というグループを結成し，占拠の中心メンバーとして活動した。そこで彼らが主張したことは，闘争における指導-被指導の関係を生み出す代理制を拒否し，直接民主主義を徹底して貫徹することであった。

　また，1988 年には『スペクタクルの社会についての注解』を出版するが，この本は新たな予言をもたらした。すなわち，翌年からのソ連と東欧社会主義諸国の崩壊である。『注解』によるならば，これは西側資本主義国の勝利を意味するというよりも，「統合されたスペクタクル」への収斂によるものであって，スペクタクルの支配の完成を意味している。

　ドゥボールの主要な著作が翻訳され，日本においても「スペクタクルの支配」を検討する条件が整った現在，社会学において問題にすべき課題は何か。日本でも新たな視角からドゥボールを取り上げた著作が登場している［例えば，小倉 1992, 酒井 2001 等］が，その課題

の1つは，スペクタクルとM.フーコーの権力概念との照合であろう。

ドゥボールとフーコーの両者は，生前は不幸なすれ違いに終わったようだ。フーコーは『監獄の誕生』(⇨9巻11章)の中で「われわれの社会はスペクタクルの社会ではなく，監視の社会である」と述べて，現代社会の分析用具としてのスペクタクル概念を否定した。確かに，スペクタクルという語を皮相的に用いることは危うい。しかし，J.クレーリー[Crary 1992]が指摘しているように，監視とスペクタクルを二項対立のもとで捉えることは，2つの権力形式の効果が一致しうることを見逃すことになる。

とりわけ「統合されたスペクタクル」においては新たな監視の問題が浮上する。ある意味で監視があまりに過剰になってしまうために，一元的操作という目標達成がかえって困難になってしまうのだ。ドゥボール[2000]はこれを「管理支配の収益率」が低下したと分析している。「統合されたスペクタクル」が支配する社会は，スペクタクルの支配の完成ではあるが，それゆえにこそ脆弱な社会とも言えるのである。

この点は，フーコーの「生-政治」を批判的に継承しつつ「例外状態」としての強制収容所を思考したG.アガンベン[2000]とも響きあうのであって，スペクタクル概念は新たな読解に向けて開かれているのである。

Quotations

スペクタクルと実際の社会的活動とを抽象的に対立させることはできない。この二極化はそれ自体，二重化されている。現実を転倒するスペクタクルは現実に生産されている。同時に，生きた現実のなかにもスペクタクルの凝視が物質的に浸透し，現実は，スペクタクル的な秩序に積極的な支持を与えることによって，己れの裡にその秩序を再び取り込むのである。
[ドゥボール 2003: 17]

文化批判は，矛盾の言語のなかで統一的なものとして現れる。つまり，それは，文化全体を――その知識をもその詩をも――支配するものとして，また社会全体に対する批判ともはや分離できないものとして現れるのである。この統一的な理論的批判だけが，統一的な社会的実践を迎え入れることができる。[同: 187]

参考・関連文献

Agamben, G. 1996 *Mezzi senza fine*, Bollati Boringhieri.（アガンベン 2000 高桑和巳訳『人権の彼方に』以文社）

Crary, J. 1992 *Techniques of the Observer: On Vision and Modernity in the Nineteenth Century*, MIT Press.（クレーリー 1997 遠藤知巳訳『観察者の系譜――視覚空間の変容とモダニティ』十月社）

Debord, G. (ed.) 1971 *Internationale Situationniste 1958-1969*, Van Gennep；1975 Champ Libre；1997 édition augmentée, Librairie Arthème Fayard.（ドゥボール 1994-2000 木下誠監訳『アンテルナシオナル・シチュアシオニスト』全6巻，インパクト出版会）

―――― 1978 *Œuvres cinématographiques complètes 1952-1978*, Champ Libre；1994 Gallimard.（ドゥボール 1999 木下誠訳『映画に反対して――ドゥボール映画作品全集』上・下，現代思潮社）

―――― 1988 *Commentaires sur la société du spectacle*, Gallimard.（ドゥボール 2000 木下誠訳『スペクタクルの社会についての注解』現代思潮新社）

木下　誠 1993「訳者解題 付「シチュアシオニスト・インタナショナル」の歴史」ドゥボール『スペクタクルの社会』平凡社；2003 ちくま学芸文庫。

―――― 1994「「転用」としての闘争――シチュアシオニストと六八年」『アンテルナシオナル・シチュアシオニスト1　状況の構築へ』インパクト出版会。

―――― 1995「「思考の映画」から「状況の映画」へ――J. L. ゴダールと G. E. ドゥボール」『現代思想　総特集：ゴダールの神話』23(11)。

―――― 2000「秘密言語の共同体」『現代思想　特集：スペクタクル社会』28(6)。

小倉利丸 1992『アシッド・キャピタリズム』青弓社。

酒井隆史 2001『自由論』青土社。

（亘　明志）

20 記号の消費
J. ボードリヤール『消費社会の神話と構造』

Jean Baudrillard, *La société de consommation: ses mythes, ses structures*, Denoël, 1970; éd. folio/essais, Gallimard, 1986.（『消費社会の神話と構造』今村仁司・塚原史訳, 紀伊國屋書店, 1979; 普及版, 1995）

I 「記号の消費」と呼ばれるボードリヤールの課題を一言でいうなら,「ゆたかな社会」以降の資本主義と民主主義の変容の諸相を「消費」というモーメントから描き出すことだといえるだろう。消費に焦点を置くことが資本主義を説明するというのは, 1960年代のポスト工業化が, 富の源泉を財の生産から情報（差異）の生産へと, そして生産から消費へと移動させたからである。また, 民主主義を説明するというのは, 両大戦間期に胚胎し1950年代アメリカに開花した大衆社会状況と大衆的消費をする中間層により, 近代的階級構造の象徴秩序が掘り崩され, 人間の集団的・個人的生活が深く変容したからである。

「消費」とは何か。一見, 人間活動の超歴史的な不変項に見えるこの概念は, 特別な意味内容を与えられる。本書に先立つ『物の体系』(1968) によれば, 現代社会が消費社会と呼ばれるのは「私たちがよりよいものをより多く食べるからとか, より多くのイメージやメッセージを吸収するからとか, より多く機械やガジェットを使うからではない。財の多さや欲求の充足は……消費の定義の前提条件にすぎない」[Baudrillard 1968＝1980: 246]。かつてあらゆるモノは「人間的な営み（集団的ないし個人的）へと内在的に結びつく関係性」（有用性, 地位表示性）に組み込まれており, その関係や状況（身分, 職業, 家族関係, ハレとケ……）を象徴する役割を果たしていた。だが象徴秩序の

構成要素としてのモノは消費されえない。「消費の対象になるためにはモノは記号にならなくてはならない」のである。

モノが記号になるとは，生活世界の象徴秩序から切り離されることである。つまり，モノがその使用価値において捉えられないこと（交換関係の内部においてのみ捉えられること），身分的・階級的秩序と結びついた社会化ないし儀礼の要素として捉えられないこと（文脈に依存しない価値として捉えられること）。それは，動物を食品にするには殺すだけでは不十分で，加工して自然の秩序から切り離さなくてはならないのと少し似ている。『消費社会』（邦訳『消費社会の神話と構造』）は，消費を3点に要約する。(1)消費はもはやモノの機能的な使用や所有ではない。(2)消費はもはや個人や集団の単なる権威づけの機能ではない。(3)消費はコミュニケーションと交換のシステムとして，絶えず発せられ受け取られ再生される記号のコードとして，つまり言語活動として定義される。

したがって消費には限界がない。なぜなら，象徴秩序の内部には必ずある「充足」（欲求の満足，社会的地位とのふさわしさ）が，それを測る準拠枠の喪失のゆえに不可能だからである。消費において消費されるのは，モノの物質性（内容）ではなく，記号としてのモノが他のモノ＝記号との間に生じさせる「関係」であり「差異」なのだ。他とは違うモノの魅力の源泉である「違い」を裏づける実体は希薄である。消費は「記号の体系的な操作活動」であるがゆえにとどまるところを知らない。欲望は個人から発するのではなく記号のシステムの側からくる。だが，この消費が「誇示的消費」（⇨本巻16章）とも「ディスタンクシオン」（P. ブルデュー，⇨3巻25章）とも異なることには注意が必要だ。

消費されるモノの特徴は，それがキッチュなガジェットだという点にある。キッチュとは，例えば民芸調の置物や安っぽい色づかいの毛沢東の肖像のような，まがいものの悪趣味のことだが，そうであるがゆえに「地位移動の可能な流動的社会」の「社会学的現実」

を表現する。流動的な消費社会においては，身分的・階級的な安定性の象徴である「本物」を求める欲望が，地位移動の頻度に応じて高まるけれども，それは手に入った瞬間にまがいものに変容する。というよりも，まがいものとしてしか「本物」は現れない。有用性を超える消費は差異を表示（誇示）しようという差異化の欲望に駆られてのことだが，いくら消費を重ねても差異は手に入らない——本物の，という意味では。キッチュは，階級上昇の願望が決して叶えられないという予感と，上層階級文化への同化という幻想を表現する。こうしてキッチュは「文化受容の美学」なのである。

　社会的にキッチュであるしかないモノ（商品）は，その物的本性においてはガジェットにほかならない。モノの本来的用途から見てほとんど無用な「遊び」の機能や装飾。それが勝っているモノのことをガジェットと呼ぶ。工業社会は有用性そのものである機械によって象徴されるのに対し，ポスト工業化社会を象徴するのはガジェットの「遊び性」である。ガジェット化したモノは使用価値や本来的機能による規定から遊離し，付加価値すなわち遊び性によって規定される。モノはその遊び性の幅において差異化のポテンシャルを獲得する。消費社会の欲望が向かうのはそのような他のモノとの差異であった。「ディス・イヤーズ・モデル」という商慣習は，モノの機能に何の変更ももたらさないとしても本質的な意味を帯びている。家電や携帯電話がむやみに多機能化するのも同じだ。

　いかに高級で上質なモノであっても消費されるのなら，またその消費がどれだけ大量であるとしても，いやむしろ大量ならなおさら，それはキッチュなガジェットだ。シャネルやメルセデスでさえ。この事態に耐えがたさを感じないとしたらどうかしている。だが，豊かな消費社会の耐えがたさは，それが大量生産の規格品の山だからではない。まして分をわきまえない貧乏人の蛮行だからではない。それは「モノの使用価値と象徴的機能の全面的消滅がひき起こす苦悩」に曝されるからなのである。この耐えがたさに有用性や本来性

の「遠近法」に立脚した道徳的批判を差し向けても無益なのは，そのせいである。

この苦悩は，別言すれば高度資本主義下の民主主義に発する苦悩である。情報化されたポスト工業化資本主義においては，富の源泉は，有用性に基づく生産から遊び性の源泉である消費へと移動し，労働もテイラー主義的な作業から情報と記号を操作する「クリエイティヴ」な活動へと重点が移ってゆく。消費社会とはそうした資本主義の大きな変化の主要な相である。「現在行われている体系的で組織された消費に対する訓練は，19世紀を通じて行われた農村人口の産業労働にむけての大がかりな訓練の20世紀における等価物であり延長に他ならない……。生産のセクターで19世紀におこった生産力の合理化の過程が20世紀に入って消費のセクターで到達点に達するのである。労働力として大衆を社会化した産業システムはさらに前進することで，自らを完成して彼らを消費力として社会化（つまりコントロール）しなければならなかった。消費するしないは自由であった戦前の少額貯蓄者や無統制な消費者は，このシステム内では用済みなのである」[Baudrillard 1970＝1995: 102]。

「新しい生産力の出現と高度の生産性をもつ経済的システムの独占的再編成に見合った社会化の新しい特殊な様式」である消費社会は，まさしく人間の営み全体を変えてしまう。そこでは生産と消費が生態学的循環をなすというのとは別の意味で，労働（生産）と消費（生活，遊び）の規範的区分が曖昧になる。消費は1つの社会的労働である。消費社会における消費は，したがって通俗的な理解では密接に結びつくはずの「享受（享楽）」と無縁であり，むしろそれを排除するといわなくてはならない。享受は今日では権利や楽しみではなく，「市民の義務」として強制され制度化されている。豊かさや幸福や享楽は，強制的な適応過程として，まさしく「耐え忍ばれる」ものになる。

大衆的消費により確かに生活水準が上昇した。他方で共同体（地

理的,階層的,職業的)からの離脱が全面化し,分厚い中間層(ホワイトカラー)が生まれた。社会的移動が常態化して平準化した社会,すなわち大衆的な民主主義社会が出現した。共同性や階層秩序等の準拠枠の消失した抽象空間としての消費社会を別の側面から見れば,そういえる。絶えざる差異化と表裏一体をなす平準化された移動可能性。それが上述の苦悩を耐え忍ぶ代償であるだろう。だが平準化は平等化ではない。ボードリヤールはJ.K.ガルブレイスらリベラル派の経済成長神話の陥穽を指摘する。「経済成長は民主主義ではない。豊かさは差別の関数なのであり,豊かさが差別をなくすことなどできるはずがない」。流動的であるがゆえに平準化した社会における個人の幸福ないし享楽。一見,多様化した価値観のそれぞれの充足というリベラルな平等が存在する。しかしそうした豊かさは「より苛酷でより狡猾な文化的隔離の場」ではないのか。階級社会の消滅のあとに,もっと残酷な事態が待ちかまえている。

消費社会の耐えがたさは敵意の内攻として表れるだろう。消費する人間たちはリベラルな社会的連帯(福祉国家)への呼びかけを欺瞞的なものと見なして拒絶する。それは平等の見せかけのもと強いられる隔離への直感的な「政治的自衛反応」なのだ。消費社会の生む敵意と憎悪は転移して「猛烈なエゴイズム」の形をとって新保守主義にエネルギーを備給し,また別の局面では「理由なき暴力」や「疲労(ないし鬱)の蔓延」として表れる。制御不能で不可解な暴力は豊かな先進社会の「風土病」であるかのようだ。暴力に魅了された無関心——J.G.バラードの「病理社会の心理学」三部作に描かれるような。記号を消費し始めた社会では個人と集団の関係づけのありようが根本的な変容を被るのだ,という洞察を看取しなくてはならないだろう。

こうして,リベラルな民主主義と一対をなす豊かな消費社会についてのボードリヤールの見通しが,A.トクヴィルが民主主義的個人について始めた考察の,アメリカ大衆社会論を批判的に摂取した現

代的展開であることを私たちは理解するのである。

II ジャン・ボードリヤールは1929年7月,フランス東部の古都ランスに生まれた。裕福とはいえない家庭に育った社会学者は,第二次大戦中ドイツ占領下,地元大学で高等教育を修めた。ドイツ語の高等教育教授資格（アグレガシオン）を取得し,1956年から10年間地元のリセでドイツ語を教えた。その間マルクス＝エンゲルス全集翻訳に参加するなど,ゲルマニストとしてキャリアを始める。他の翻訳にB.ブレヒトや『マラー／サド』（P.ヴァイス）がある。

フランスの著名な知識人でエリート養成校エコール・ノルマル・シュペリウール出身でないのは,少数派に属するといわなくてはならない。ボードリヤールの場合,この少数派の出自は,傑出した業績と名声にもかかわらずアカデミズムにおいて終生一匹狼であった,その原点をなすだろう。その理論的立場を含め,ボードリヤールの位置づけは,いろいろな意味で対照的なブルデューと比較するとよく理解できるように思える。

1966年にH.ルフェーヴルの慫慂により新設のパリ大学ナンテール校の社会学教員になる。1968年5月革命の震源地ナンテール校においてボードリヤールは,E.モランやJ.-F.リオタールらとともに新左翼学生に連帯する教員であった。博士論文を元にした最初の著作『物の体系』(1968),『消費社会』(1970,本章で解説),『記号の経済学批判』(1972)は,R.バルトの記号論を導入することで社会分析の視点を主体ではなく客体（モノ）の側に転換した画期的な試みであると同時に,階級的再生産とその批判という社会学的図式に対する根本的な問題提起であった。

マルクス主義と訣別したあと,しかし一貫した問題関心のもと,生産＝消費の体制から現実の記号化の体制へと考察の焦点を移す。その成果のシミュレーション論を展開したのが『象徴交換と死』(1976)と『シミュラークルとシミュレーション』(1981)である。例え

ば遺伝子工学の作り出す新しい存在は，いかなる意味でも現実の模倣ではない（DNA の操作は字義通り記号の操作だ）。現実と非現実の区分の消滅。それが「ハイパーリアリティ」だ。シミュレーション論の影響は多方面に及ぶ。C. シャーマンらのシミュレーショニズムへの影響は明瞭だし，『マトリックス』の監督ウォシャウスキー兄弟がボードリヤールに協力を求めて断られたこともよく知られている。

　1980 年代のポストモダン・ブームの中心には，リオタールらと並んで「ポストモダンの高僧」ボードリヤールがいた。国際的名声は絶頂といってよい。ただし，消費社会論を受容した日本とシミュレーション論を受容したアメリカの違いは無視できない。『消費社会』が英語に全訳されたのは 1998 年にすぎない。

　1987 年には定年を待たずにパリ第 10 大学（改組後のナンテール校）を退いた。『透きとおった悪』（1990）や『不可能な交換』（1999）等，エッセイ・スタイルで精力的に書く。湾岸危機に際して「湾岸戦争は起こらないだろう」を発表。結果的に予想が外れたことで「戦争の最初の犠牲者」と揶揄されたが，戦争と同時進行で書き継ぎ，「シミュレーション戦争」という以後の戦争の本質を突く『湾岸戦争は起こらなかった』（1991）に結実させた。1995 年には吉本隆明と対論するために来日し，阪神‐淡路大震災の惨禍を目撃（『世紀末を語る』（1995））。2001 年の 9.11 直後，賛否が渦巻いた論文「テロリズムの精神」で「第四次世界大戦」の時代に突入したのだと述べ，グローバリゼーションの暴力，テロとメディアの共犯性を指摘した（邦訳は『パワー・インフェルノ』（2003）に収録）。

　記号の社会学者，消費の哲学者にしてメディアの論争家であるこの人物が，同時に写真家として，砂漠化した都市風景――完成されたユートピア，未来の未開社会であるアメリカのイメージを追求したことは記憶されてよい。著作に『アメリカ』（1986），写真集に『幻想は現実と対立しないのだから』（1998，邦訳『消滅の技法』）がある。ボードリヤールは 2007 年 3 月 6 日パリで死去した。

III

ボードリヤールの記号論的消費論の特色は、精神分析と文化人類学の論理を援用して、モノの意味を重層的に捉えようとした点にあった。またルフェーヴルの日常性批判 (⇨別巻10章) やG. ドゥボールのスペクタクル批判 (⇨本巻19章) からは、本物が偽物として現れる疎外状況というアイディアを得ただろう。モノの秩序に表出される人間の存在様式を捉えたのだ。

複雑な議論を展開する『消費社会』は「擬似リアリティ」という言葉でハイパーリアリティとしての商品 (広告) を論じており、Iで示したのとは別の、シミュレーション論につながる筋も描ける。郊外型巨大ショッピングセンター (ハイパーマーケット) は両方にまたがる対象である。だが1970年刊行の本書が1960年代の状況に基づくことには注意が必要だ。特に議論の背景をなすポスト工業化は1970年代にさらに深く変容を被り、1990年代に至るとポストフォーディズム概念で考えるのが一般的になるが、2つはぴったりとは重ならない。社会のシミュラークルだとボードリヤールが看破する「社会的なもの」(福祉国家) をめぐる状況も一変した。日本の状況はさらにずれており、ボードリヤールの議論が消費を煽るマーケティングに利用された面がある。文脈と対象が錯綜し齟齬するゆえに、以後の消費社会論との比較対照は、それ自体が複雑な検討を要する課題となる。

ボードリヤール以降の流れとしては、ナルシシズムと保守回帰が同時進行する1970年代以降の個人主義について抑制の利いた考察を行うG. リポヴェツキー [Lipovetsky 1983, 2006] が、現状肯定的との批判もあるが重要である。彼の近作『逆説的な幸福』(2006) は1980年代以降の「ハイパー消費社会」状況の個人性と集団性の諸相を、それ以前との対照において詳論する。ポストフォーディズム下の消費を考察するZ. バウマン [Bauman 1998, 2007] は、異なるリアリティに光を当てる。消費と貧困の関係についての怜悧な分析は、「消費の美学」が恐怖による支配 (テロリズム) であることを示し、個人化

された悲惨を明るみに出す。ボードリヤール以降の消費社会論はリポヴェツキーとバウマンを両極とする帯域で模索されるだろう。また，反抗や逸脱が消費に取り込まれるメカニズムからクールの美学の制覇を論じる J. ヒースと A. ポッター [Heath & Potter 2004] のシニシズムは，ボードリヤールの一面を引き継いでいる。

　日本における消費社会論は本書の翻訳 (1979) を皮切りとするボードリヤールの翻訳紹介を受けて始まり，1980年代後半にはブームの様相を呈した。この時期を代表する山崎正和 [1987, ⇨ 10 巻 19 章] と上野千鶴子 [1992] は，消費が開いた「移動可能性」を前時代からの解放と受け取る高揚感において興味深い時代証言となっている。むろんそれ以上に，「取り換え可能なアイデンティティ」の惹起する諸問題（上野）や，記号の消費を補完すべき「顔の見える大衆社会」すなわちヒューマンサイズの自生的社交（公共圏）の問題（山崎）は，すぐれて現代的な問題であり続けている。大塚英志 [2001] は「物語消費」という独自の視点から共同体への欲望を論じる。椹木野衣 [2001] は複製と消費が芸術表現になるモーメントを考察する。ブーム終息時点での学会的水準は井上俊他 [1996] によく示されている。モノの論理から家庭生活の変容を展望する柏木博 [1995] は独創的な成果である。

　ボードリヤールが亡くなった今，業績全体の再評価が進むだろう。その手がかりとして周到なモノグラフィが日本語で読める [塚原 2005]。またボードリヤール研究の国際雑誌がオンラインで刊行されている。

Quotations

　もし人びとが文字通り消費する（買い尽くし，食い尽くし，消化する）だけだとしたら，消費は神話になりはしないだろう。ここで神話というのは社会が自分についてもっている自己予言的言説，社会全体の状況を解釈するシステム，社会が自分の姿だけを映して楽しむ鏡，社会の未来を先取り的

に反映したユートピアなどを指すが，この意味で豊かさと消費（もちろん物質的財，生産物，サーヴィスの消費ではなく，消費のイメージの消費）は，われわれの新しい部族的神話，現代社会のモラルとなっていることは確かだ。
［ボードリヤール 1995: 306］

参考・関連文献

Baudrillard, J. 1968 *Le système des objets*, Gallimard.（ボードリヤール 1980 宇波彰訳『物の体系』法政大学出版局）

Bauman, Z. 1998 *Work, Consumerism and the New Poor*, Open University Press.（バウマン 2008 伊藤茂訳『新しい貧困』青土社）

――― 2007 *Consuming Life*, Polity.

Heath, J. and A. Potter 2004 *Nation of Rebels: Why Counterculture Became Consumer Culture*, HarperBusiness.

井上俊・上野千鶴子・大澤真幸・見田宗介・吉見俊哉編 1996『岩波講座現代社会学 21 デザイン・モード・ファッション』岩波書店。

柏木　博 1995『家事の政治学』青土社。

Lipovetsky, G. 1983 *L'ère du vide*, Gallimard.（リポヴェツキー 2003 大谷尚文・佐藤竜二訳『空虚の時代』法政大学出版局）

――― 2006 *Le bonheur paradoxal: essai sur la société d'hyperconsommation*, Gallimard.

大塚英志 2001『定本　物語消費論』角川文庫。（初版 1989『物語消費論』新曜社）

椹木野衣 2001『シミュレーショニズム　増補版』ちくま学芸文庫。（初版 1991, 洋泉社）

塚原　史 2005『ボードリヤールという生きかた』NTT 出版。

上野千鶴子 1992『〈私〉探しゲーム　増補版』ちくま学芸文庫。（初版 1987, 筑摩書房）

山崎正和 1987『柔らかい個人主義の誕生』中公文庫。（初版 1984, 中央公論社）

"International Journal of Baudrillard Studies 2004-" http://www.ubishops.ca/baudrillardstudies/index.html, 2009 年 8 月 25 日

（宇城輝人）

21 現代の社会変容
内田隆三『消費社会と権力』

内田隆三『消費社会と権力』岩波書店, 1987。

I 　変化とは単純だが, 考えてみると難しい概念である。ある事象がAからBへと変わる。その変化が内部にとどまるものであれば問題はない。それがいくら大きなものであれ, 変化を計測し, 観察すればよいのである。しかし問題は変化が記述者の同一性にまで影響を及ぼす場合である。記述の根拠となる足場や記述の論理構造さえ揺るがすという意味で, そのとき変化は測定しがたい, 不確かなものとなるためである。

　しかし社会にまつわる変化は, 多かれ少なかれ, こうした不確定性を帯びざるをえない。社会がその記述者が住まう場である以上, 変化は記述する言葉やその言葉の根拠にさえ否応なく影響を及ぼすためである。だがこれまで社会学は, こうした問題を重く扱ってこなかった。議論の背後に,「共同体」や「人間の本質」, あるいは「抽象的なシステム」など安定した同一性——たとえ失われたものとしてであれ——が前提されることで, 変化はあくまで限定的なものとして想定されてきた。

　本書『消費社会と権力』の著者, 内田隆三は, しかし現代社会には, そのようにして対処することの難しい根本的な変化が生じているという。現代社会にはその「消費社会」化と相関し, 構造や規範, あるいはそこに住まう主体の同一性を揺るがす全域的な変化が生じているというのである。本書は, 現代に生起するこの変化を「消費

社会変容」と呼び,自らの同一性さえ変えていくこの「変容」のあり方を測量し記述するという大きな社会学的な冒険に乗り出すのである。

　この冒険の過程で,社会学に対していくつかの知的貢献が行われる。本書の第1の貢献は,「消費社会」についての理論を精緻化し,それを動かすシステムの形式を明らかにしたことである。これまでさまざまな研究が,近代の「産業社会」を超える新たな段階としての「消費社会」について分析してきた。例えばW.W.ロストウ [Rostow 1960＝1961] は,先進資本主義諸国では近代化が「成熟」したその先で,それまでとは異なる経済的段階への移行が始まっていると主張する。現代社会には経済的成長が第1の目標とされない――耐久消費財の限界効用が逓減する――「高度大衆消費時代」が実現されているというのである。

　他方,J.ボードリヤール [Baudrillard 1970＝1979: 102, ⇨本巻20章] は,19世紀には産業労働に向かう訓練に力が入れられたのに対し,20世紀には消費の訓練化が進んだと分析する。消費は生産に従属する自然過程として放置されるのではなく,人々に積極的に促され,要請される重要な社会的実践になったというのである。

　「消費社会」を「産業社会」を超えた新たな段階とするこうした議論を前提として,本書は「消費社会」の形成について,より厳密な理論的仮説を提示する。著者はまず,D.リースマン [Riesman 1964＝1968] の議論をふまえ,1908年に開始されたT型フォードの生産に注目する。フォードは徹底した機械化・合理化に基づき,「単一車種」の「大量生産」を進めることで自動車業界の覇権を握った。しかしこの成功が直接,「消費社会」の到来をもたらしたわけではない。T型フォードの成功は,それ以上の消費を必要としない欲望の飽和を導くことで,むしろ「産業社会」の限界を明らかにした。他方,「消費社会」化を促した直接の契機としては,その後の1920年代後半にGMによって採用された新たな販売戦略が注目される。GMはモデ

ルチェンジやフルライン・ポリシーの採用，またデザインの違いを重視することで，自動車をその機能に還元されないモード的商品として販売した。そうすることでGMは，他の商品との差異それ自体を価値として消費することを人々に促す「消費社会」の論理的モデルを示したのである。

抽象化すれば，GMはフォードとは異なり，生産のみならず，消費をシステムに従属する相関項とするモデルを提示することで，産業システムを高度化し，自己準拠化することに成功したといえよう。今では産業システムは，その外部に前提とされる有用物への需要といった目的に仕えるのではない。消費はシステムに従属する操作可能な要素として捕捉され，その結果，システムは外部から一定の距離をとる自己準拠的システムとして構成される。

重要なことは，本書がこうして産業システムの高度化を明らかにすることで，先の段階論的な限界を越える，新たな議論の地平をひらいていることである。段階的議論は，あくまで「産業社会」と比較・対照することが可能な同一性を「消費社会」に想定する。他方，本書は産業システムの自己準拠化が，「産業社会」が依存していた「現実」と呼ばれる安定した外部さえ掘り崩すことを明らかにした。そうして現代社会には「産業社会」の論理によっては説明しがたい全域的「変容」が生じているとするのである。

本書の社会学に対する第2の貢献は，この「消費社会変容」の中に成立する新たな社会のあり方を，モノ・記号・身体の変貌に焦点を絞ることで，具体的に示したことである。本書は例えば，「消費社会変容」の中で，モノにはそれまでとは異なる独特の意味＝感覚（sens）が与えられると指摘する。外面や微細な仕様の差異を強調するデザイン化やモード化の戦略によって，モノは「客観的な機能」や「主観的な意味」（＝非機能）に従属しない，「超機能」的なモノへと変貌する。このモノの変貌は，同時に人々の暮らす社会性の基本的な成立平面，すなわち「環境世界」に根本的な構造転換をせまる

ことになる。消費社会のシステムはモノを不断に消費することを人々に促すことによってあくまで稼働する。その結果,実現される「超機能」的なモノの大量のフローを重要な参照体系として,社会的「現実」も新たに更新される。

同様の変貌は,記号の領域においても観察される。例えばマネーは,これまで少なくとも理想的には実体経済に準拠した,透明な代理記号として想定されてきた。だが現代社会にはそうした想定を不可能とする,マネーそのものを対象とした固有のゲームの膨張が観察される。このゲームの加速度的な拡張や戯れに相関して,マネーはそれ自体,固有の価値を生み出す独自の欲望の対象を構成する。その結果,価値の源泉となる労働の固有性やまた実体経済の特権的意味を相対化する記号的なマネーの厚みが「環境世界」に差し挟まれるのである。

最後に「消費社会変容」において重要となるのが,「身体」の意味＝感覚の変形である。身体とは,私たちが社会にふれる根本的な形式であると同時に,それを通じて権力が稼動する社会的な賭金を意味している。「消費社会変容」の中で,この「身体」のあり方（＝フォーマット）そのものが大きく変わる。例えば「身体」の重要な意味＝感覚としてある〈性〉からは,主体の成立を支える想像的機能が奪われる。〈性〉は以前,人間の内面の奥深くに位置する私秘性として,主体の可能性やその限界を定める条件をつくっていた。しかしコマーシャリズムやモード化の積み重なりの中で〈性〉は,秘密をもたない凡庸な事実として,主体の内面や倫理に関与する想像的厚みを失うのである。

同時に,死の意味＝感覚も変化する。近代性の時代,〈性〉と同じように,死は「個人」の限界と可能性を担保する逆説的な根拠として機能した。だが現代において死は,生と区別することの難しい,すなわち特別の舞台を欠いた（＝off scene),「猥雑（obscene)」として展開される。実際,医療技術の高度化の中で,死と生の間に無数の

段階,あるいは「遊び」の領域が膨らんでいる。そうしてその多様な系列の中にもはや生きている(=「生者」)とも,死んでいる(=「屍体」)とも分類しがたい,ガジェットのような身体が分泌されているのである。

　本書が第3に重要になるのは,こうしたモノや記号や身体の変容のありようを,あくまで「実定性 (positivity, positivité)」の水準から記述していることである。社会の変化はこれまで主体や構造といった同一性を前提とした,ネガティヴな逸脱として記述されることが多かった。しかし本書はそれを「一定の社会領域において,ある出来事(の系列)が反復され,繰り返し観察される」[内田 1987: vii]ことに関連するという,集団的な実定性の水準から描き出す。言い換えるならば変化は,構造や主体の同一性といった超越的根拠を前提しない,いわば繰り返されるという事実性そのもののうちで捉えられる。そうすることで本書は「消費社会変容」がもたらす社会の根本的な変化を,集団に関わるより積極的な位相で捉えることを可能としている。

　その結果として重要となるのは,本書が,個々のモノや記号や身体を貫き,その存在の根拠を揺さぶる,未知の力としての権力の出現を明らかにしていることである。本書によれば現代社会には,個人の身体や内面性を照準して動く――M.フーコーがパノプティコンの装置において示していたように――わけではない,新たな権力の稼働が観察される。その権力は,すなわち主体/客体,また生/死といった二項的差異をすり抜け,中立的で,非人称的な水準で現代社会に稼動している。それゆえこの権力を分析するためには,人称的主体や構造の同一性を根拠としない,社会の実定的な営みの位相に準拠した記述の方法が必要となる。そうした記述を実現することで本書『消費社会と権力』は,これまで十分には明らかにされてはこなかった,権力の特異な位相を可視化すると同時に社会学が探究していくべき広大な研究領域をひらいているのである。

II

　著者，内田隆三は1949年大阪生まれ。1980年，東京大学大学院社会学研究科博士課程単位取得後，現在，東京大学総合文化研究科教授。社会理論や現代社会論に関する多くの研究を行うとともに，日本やアメリカ，ヨーロッパ社会の歴史や習俗的現象に関わる多数の社会学的分析を発表している。

　こうして現在も精力的に仕事を進めている著者に対し，安易にその道のりや意図を解説することは，慎むべきことといえよう。まずは著者が語るその言葉に，真摯に向きあうべきだからである。しかし著者の仕事を時代の社会学との関わりの中で捉えておくことは，これからの社会学を考えていくうえで重要な意義をもつ。そのための格好の補助線もある。著者は『社会学を学ぶ』(2005)の中で自身が生きた時代とそこで交差した社会学の系譜について，一連の分析を実行している。ここではそれを前提として，特に『消費社会と権力』を読み進むうえで参考となると思われる2，3の点についてふれておく。

　1つに興味深いのは，著者が社会学的歩みの始まりにおいて，T. パーソンズのシステム論を通過していることである。著者がその社会学に引かれたのは，そこに人間学的主体を相対化するまなざし——パーソンズがH. スペンサーを批判する際に露わとなるような——が内蔵されていたためという。著者はそこに社会について考えるうえでの重要な示唆を見出した。しかしそのパーソンズのシステム論に著者は満足したわけではない。そのシステム論的議論にも人間学的主体の同一性が一種の仮説として担保されていると考えられたためである。それゆえ著者は，より徹底的に人間学的思考のあり方を相対化する構造主義やフーコーやW. ベンヤミンの知の系譜と積極的に交差していく。こうした著者の道のりの一端はすでにその初期の論文，「〈構造主義〉以後の社会学的課題」(1980)に明らかにされているが，本書『消費社会と権力』も基本的にはこの主体や構造の同一性を疑う20世紀的知の大きな展開の中に宿るといえよう。

だが一般的な知の課題のみならず，著者があくまで社会学の伝統を前提として，その課題を積極的に引き受けていることも重要となる。この意味で『消費社会と権力』を書く際に「重要な試練」[内田1987: 329]となった本として，著者が見田宗介（真木悠介）の『価値意識の理論』(1966)と『現代社会の存立構造』(1977)を挙げていることは興味深い。それらの研究をふまえながらも，そこで分析された「価値意識」や人間の協働的な「存立構造」からも一定の距離を置き，本書『消費社会と権力』はあくまで主体の意識にも，かといって主体の意識を疎外するシステムにも非関与な実定性の位相から社会を捉えることを試みる。そうすることで本書は，「社会の秩序はいかにして可能か」と問う，社会学の固有の課題としての「秩序問題」に新たな仕方で応答しているのである。

　こうして，(1) 20世紀的な知に与えられた一般的な課題と，(2)社会学の知的伝統の交差する場所で，著者の社会についての分析は続けられているといえよう。

III

　本書は，主体や構造の同一性を相対化する，全域的な「変容」としての「消費社会変容」について分析する。しかしそこで明らかにされた課題が，その後の社会学，あるいはより広く社会についての知において，どれほど真摯に受け止められたかは心もとない。

　一方で「変容」は，社会の「不在」として実体化される。社会の「不在」を疑いにくい事実として論理化したボードリヤールの社会学をモデルとして，社会はすでに蒸発したという教説がペシミスティックに繰り返される。しかしこの場合，「変容」が実現するモノや記号や身体の具体的な変貌は十分に明らかにされることがない。

　他方で社会の「変容」の意味をメタ的に問う試みもあった。その最大の流行現象を形成したのが，現在に一定の社会システムの反復を弁証する，いわゆる「システム論」的試みである。しかしそうし

た試みは，20世紀社会に経験された「消費社会変容」という未知の可能性，あるいはカタストロフィをシステム的同一性へと縮減し，それに不当な全体性を付与している危険性をもつ。実際，「消費社会論」の名のもとに，多くの文化解読が行われてきた。だがそうした試みは，消費社会の生み出す「商品」の単なる解釈学に陥ることで，消費社会の安定に寄与する，共犯的な機能に回収されている可能性が強いのである。

だとすれば「変容」を社会の「不在」として実体化するのではなく，またそれを安易にシステム的な同一性のうちに還元するのでもなく，あくまで消費社会が内包する多様な力や可能性について，慎重に考えてみる必要がある。そのためには，(1)「消費社会変容」を実現するより広い歴史的・空間的な奥行きを捉えると同時に，また(2)その「変容」を具体化する人々の営みの構造について理論的に再考していくことが重要になる。前者の試みとしては，例えば多木浩二による『写真の誘惑』(1990)，『都市の政治学』(1994)，後者の試みとして見田宗介による『現代社会の理論』(1996，⇨本巻23章)等が参考になる。

しかしそうした分析課題を意識的に深めた研究として，まずは著者自身の著作が参照されるべきである。著者は，例えば，『さまざまな貧と富』(1996)や『テレビCMを読み解く』(1997)等において，「消費社会変容」を実現する現代社会のシステムについての考察を深めると同時に，『社会記　序』(1989)や『柳田国男と事件の記録』(1995)，『国土論』(2002)，『ベースボールの夢』(2007)等では，現代の「消費社会変容」の背景となる社会のより大きな歴史的・習俗的奥行きについて分析している。

だがそれで問題が閉じられたわけではない。個々の実感や道徳的批判，あるいは権力的な図式に安易に頼るのではなく，20世紀以来，社会にとって最大の問題となった「消費社会変容」の可能性と限界のあり方について，できるだけ具体的に確かめてみる必要がある。

消費社会は1つの歴史や1つのシステムに還元されない。消費社会は複数の歴史やシステムにひらかれており，そうした社会の複雑な配置や形状を具体的に明らかにしなければならない。そうすることがこの『消費社会と権力』という言説に応答し，また現代社会に閉域を設定しているシステム的思考を相対化する，最も真摯な試みとなるはずなのである。

Quotations

　だが，自己準拠の戦略により，産業化が次なる局面に入ると，果たして効用をもつのかどうか，あるいは効用がそのモノの本質的な要素なのかどうか決定不能なモノ——ガジェットやキッチュなどのまがいモノ，超機能的なモノ——が生産されるようになる。産業システムが自己準拠の構造をビルト・インしたことによって生じる，この逸脱的な揺らぎを〈消費社会変容〉と呼ぶことにする。[内田 1987: 3-4]

　コマーシャリズムが生みだしているのは，決して不必要な消費ではなく，必要か不必要か誰にもわからないような消費の領域である。それゆえ，ポルノ・コマーシャリズムの支配において，〈性〉は不必要な過剰として氾濫しているのではない。……それはむしろ商業主義批判の言説を繁茂させることによって，より良い〈性〉，本物の〈性〉など存在しないというあっけない事実を隠しているというべきであろう。[同: 126-7]

参考・関連文献

Baudrillard, J. 1970 *La société de consommation: ses mythes, ses structures*, Gallimard.（ボードリヤール 1979 今村仁司・塚原史訳『消費社会の神話と構造』紀伊國屋書店）
真木悠介 1977『現代社会の存立構造』筑摩書房。
見田宗介 1966『価値意識の理論——欲望と道徳の社会学』弘文堂。

―――― 1996『現代社会の理論――情報化・消費化社会の現実と未来』岩波新書。

Riesman, D. 1964 *Abundance for What?, and other essays*, Doubleday.（リースマン 1968 加藤秀俊訳『何のための豊かさ』みすず書房）

Rostow, W. W. 1960 *The Stages of Economic Growth: A Non-Communist Manifesto*, Cambridge University Press.（ロストウ 1961 木村健康・久保まち子・村上泰亮訳『経済成長の諸段階――一つの非共産主義宣言』ダイヤモンド社）

多木浩二 1990『写真の誘惑』岩波書店。（改題 2004『死の鏡――一枚の写真から考えたこと』青土社）

―――― 1994『都市の政治学』岩波新書。

内田隆三 1980「〈構造主義〉以後の社会学的課題」『思想』676。

―――― 1989『社会記　序』弘文堂。

―――― 1995『柳田国男と事件の記録』講談社選書メチエ。

―――― 1996『さまざまな貧と富』岩波書店。

―――― 1997『テレビ CM を読み解く』講談社現代新書。

―――― 2002『国土論』筑摩書房。

―――― 2005『社会学を学ぶ』ちくま新書。

―――― 2007『ベースボールの夢――アメリカ人は何をはじめたのか』岩波新書。

（貞包英之）

22 ライフスタイルの変容
M. フェザーストン『消費文化とポストモダニズム』

Mike Featherstone, *Consumer Culture and Postmodernism*, Sage, 1991.（『消費文化とポストモダニズム』川崎賢一・小川葉子監訳（抄訳），恒星社厚生閣，1999；上・下（完訳），2003）

<u>I</u> 1991年に初版が刊行され，「ポストモダニズム」をタイトルの一部とする本書については，もしかしたら時代の最先端を診断，予言する「ニューアカ（デミズム）ブーム」のようなものを連想する人がいるかもしれない。しかし実際に中身を読んでみると，現代的な文化の動向や同時代的な課題をテーマとするとはいえ，本書には時代の波に便乗しようとする気配はいささかも見出せない。むしろフェザーストンは，安易に新時代の到来を語ろうとするアカデミックな予言者たちに抗して，「新奇な」とされる現象について過去の類例を指摘し，単線的で進化論的な時代認識に対して警鐘を鳴らしている。

彼が「ポストモダニズム」を語るのは，近代の終焉を声高に叫んで危機感を煽ったり，あるいはそれを福音として人々を動員するためではない。いわゆる「ポストモダニスト」の中には，現代を過去からまったく隔絶した特異な時代として語り，自分だけがそれに対処するノウハウを知っているかのように振る舞う者もいるが，本書のねらいの1つは，実はそうした知識人の動機と利害に関する分析と批判にある。

フェザーストンは，Z. バウマンにならって，「ポストモダン社会学」と「ポストモダニズムの社会学」を峻別する。「ポストモダン社会学」とは，アカデミズムにおける旧来の権威から覇権を奪取する

ために衒学的な新語や造語で社会現象を語るようなものであり，つまりは流行現象を分析するのではなく自分自身が流行現象になろうとする社会学を指す。そうした学問は，実際には何も生み出さないものであろう。一方，「ポストモダニズムの社会学」は，旧来の西洋中心主義的なパースペクティブを反省し，歴史を理想化された唯一の「近代」に向かう線形的な発展として語る姿勢を拒否するものであり，本書の基本姿勢はこちらにある。

　フェザーストンは，1980年代からポストモダニズム研究と並行してグローバリゼーション研究を行っているが，彼自身の歴史理解にはその両方が影響している。悪口として言われる「ポストモダニスト」とは違って，彼は人類がともに共有すべき課題が存在することを否定しないだろう。しかし一般に近代化と呼ばれる，そうした課題の達成には複数のルート開拓が可能だし（ここで「ベルリンの壁」崩壊以降，忘れられがちな社会主義という壮大な「社会実験」を想起すべきだろう），西洋においてさえ行きつ戻りつ，あちらこちらで試行錯誤が繰り返されてきたのであって，そこには常に断絶や地域的な偏差が存在する。ポストモダニズムの流行によって，近代化にさまざまなヴァリエーションが認められたことは，社会学のみならず，政治学や経済学においてさえ文化という偏差への注目を高める結果（カルチュラル・ターン）に結びついた。つまり，モダニティがヘーゲル的な大文字の歴史概念としてではなく，地域によって姿を変える社会現象として把握できるようになったことが，フェザーストンがポストモダニズムとして言及するものの要点である。

　本書でいうポストモダニズムとは，(1)思想の基礎づけの喪失，(2)ローカルなものの復権，あるいは特権化，(3)言説（ディスコース）的なものから図像的（フィギュラル）なものへの論理様式の転換，(4)文化の表層化，あるいはスペクタクル化，等を指すが，こうした現象の背後には経済先進諸国における消費文化の浸透と拡大がある。J.ボードリヤールのように，そうした現象があたかも世界全体を覆い尽

くしたかのように語る立場は批判するものの,消費資本主義がポストモダニズムの隆盛と根本的な結びつきをもつことはフェザーストンも認めている。ただし,ポストモダニズムによる近代的な価値の転倒を(たとえヴァーチャルな次元においてでも)「リアル」なものと断言するボードリヤールに対して,フェザーストンは,事実の真偽を語る前に,そうした主張を行う者の利害関心に注目する。つまり,消費資本主義の隆盛は,ポストモダンと呼ばれる歴史変革を引き起こしたというより,ポストモダンを声高に叫び,それが「リアル」であると主張することに利益を見出す社会集団を生み出したと彼は見ている。

この特異な社会集団を,本書ではP.ブルデューの言葉を借りて「新文化媒介者(the new cultural intermediaries)」と呼んでいる。ここで「新」と強調されているのは,彼らが取引する象徴財は,(M.サーリンズやM.ダグラスの研究が示唆するように)近代社会に限定されたものではないからだ。そもそも商品というものは,いかなる場合でも使用価値以外に交換価値を伴うものであって,商品を交換するための市(fair)が開かれるところには,どこであれポストモダン的な表層性や,モノの氾濫が生み出すスペクタクルが存在している。しかしそうはいっても,彼らのような存在が社会の中核を担うようになったのは消費資本主義の隆盛する現代においてであって,そのことがポストモダニズムの一般化を引き起こしたことは押さえておかなければならないだろう。

消費資本主義の普及から,以前であれば「象牙の塔」や僧院に閉じこもっていたはずの象徴生産の専門家と,産業界で「職人(アルチザン)」として活躍していたはずの専門家の間に交流が行われ,新しい市場が生まれた。文化産業の成立により,これまで同業の専門家同士で交換されてきた秘教的な知識は,容易に商品に転換されるようになり,同僚による相互評価ではなく,商品として世間一般で「売れた」ことが象徴財の価値を高めるようになった。

こうした変化は，もちろん資本主義というものが生まれた頃から萌芽的には始まっていた。しかし消費資本主義の進展により，文化は贅沢な暮らしを演出する装飾として使用されるだけでなく，商品としての交換価値を強調されるようになっていった。自らが豊かな教養を備え，文化の消費者であると同時に生産者でもあったかつての中産階級と比べ，プチブルジョアの多くは，もっぱら文化の消費者であって，それを購入することでしか楽しむすべを知らないように見える。しかし，そもそも高級文化を享受しようとしなかった労働者階級と比べると，それでもプチブルは文化資本を豊富に蓄えている。生活のすべてを文化的に演出できないとしても，彼らはある領域では文化の専門家であって，潜在的にはその文化資本を元手に商取引を行い，生計を立てられる存在である。

　こうした「新文化媒介者」が社会のヘゲモニーを握っていった過程を，フェザーストンは「日常生活の審美化（aestheticization of everyday life）」という言葉で要約した。その言葉には，元来3つの意味がある。第1に，20世紀初頭のダダ，アヴァンギャルドやシュルレアリスム等の運動を生み出した芸術的なサブカルチャーが挙げられる。第2に，それは生活を芸術作品へと変容させるプロジェクトを指すが，生きることがすなわち芸術作品であるとする同様の倫理は，19世紀後半の唯美主義者W. ペイターやO. ワイルドにも見られる。第3に，それは現代社会における日常生活の隅々にまで満ちあふれる記号やイメージのフローを指している。

　ここでようやく本章のキーワードであるライフスタイルを語る準備が整ったわけだが，文化市場を背景とした「新文化媒介者」の活躍は，アイデンティティや容姿，それにライフスタイルにこだわるパーソナリティを生み出した。フェザーストンは道徳書の分析によって，人目にはつかない美徳（高潔，勇敢さ，義務，勤労，節約）をもった内面的な「キャラクター」の賞賛から，人を魅了し，好まれる雰囲気をもった外面的な「パーソナリティ」志向への転換が20世紀初

頭に生じたことを指摘している。これにより，かつては一部の芸術家や唯美主義者だけが目指していた思想と外面の一致を，多くの人が目指すようになり，あるいは少なくとも目指すように説得されるようになった。要するにライフスタイルとは，日常生活に対する美的な（すなわち表層的な）統制基準の内面化であって，現代における「ライフスタイルの変容」とは，とりもなおさず「ライフスタイルの受容」にほかならない。

とはいえ，ライフスタイルを自己と他者を分ける差異化や卓越化の手段として強調したブルデューとは違って，フェザーストンはむしろその脱分化 (de-differentiation) の力に注目した。近代が生んだ消費のための都市空間は，かつてならカーニバルやフェアでしか見られなかった「脱コントロールをコントロールする能力」が居住資格となっている。現代人は，毎日が祝祭日となった日常生活において，欲望と結びついたグロテスクな身体をむき出しにしながら，それでもなおそこに美的な外面を保たなければならない。こうした矛盾を可能にするのが，F. ジェイムソン［Jameson 1998］が強調した断片化された時間意識であって，それによって人々は人格の時間的な首尾一貫性を放棄し，場面場面で違ったパーソナリティを演じることで生活から快楽を引き出すことができる。したがって，現代を象徴するライフスタイルとは，自分の出自や属性に拘泥することなく，その場その場の空間 (space) に適応できる統合失調症的な生き方であると，（そう記述する学者の利害関心をもリフレクシヴに視野に入れたうえで）とりあえずここでは結論づけられるだろう。

II

マイク・フェザーストンは 1946 年にイングランド北東部のヨークシャーで生まれた。父親の仕事の関係で，イギリス国内はもとより，中東を含む世界各地を移動しながらその幼少期を過ごした。大学は出生地近くの伝統校ダーラム大学に進学し，エスニシティ研究等で知られる J. レックスから社会学の手ほどきを受け

た。修士課程修了までそこに在籍したが,博士課程はオランダのユトレヒト大学に進み,そこで博士号を取得している。ドーバー海峡を股にかけた修業時代に,N. エリアスと知りあうが,彼とはその晩年に至るまで敬意のこもった交際を続けることになった。

　フェザーストンの主著には今回取り上げた『消費文化とポストモダニズム』が挙げられるが,2007年にはその原著の改訂版が出版されている。その他,単著としては文化生産の場のさらなる変容とグローバル化を取り上げた『ほつれゆく文化』(1995)が興味深いが,S. ホールと同様,フェザーストンは,単著の著者としてより研究ワークショップの主催者としての活動に力を注いできた。その核となる学術機関「理論・文化・社会センター (Theory, Culture & Society Centre: TCS)」で企画したシンポジウムや,そこを舞台とする知的交流から,彼は数多くの良書を生み出してきた。

　TCS の活動の中心をなす学術誌『理論・文化・社会 (*Theory, Culture & Society*)』は,1982年にフェザーストンが35歳の若さで立ち上げたものである。以降,TCS は自説の揺籃としてフェザーストンの研究活動実践の主戦場となっている。A. ギデンズ以降のイギリス社会学を代表する R. ロバートソンや B. S. ターナー(は創成期から),そして(少し遅れて)S. ラッシュは,そこにエディター兼寄稿者として参加してきた。『理論・文化・社会』では TCS の活動をまとめた特集号がしばしば刊行されるが,なかでも「ポストモダニズム」(vol. 5, no. 2-3),「グローバル文化」(vol. 7, no. 2-3),「モダニティの宿命」(vol. 2, no. 3)は,現在でも頻繁に引用されている。昨今では,イギリスはもちろん,日本の大学でも機関誌をレフェリーつき投稿誌として公開する例が増えてきたが,この雑誌はその手法の模範となってきた。また,1995年からはターナーらとともに姉妹誌『身体と社会 (*Body & Society*)』の刊行も始めたが,それは現代の日常生活を理解するうえで鍵となる身体現象を社会学的な視点で語れる唯一の学術誌として異彩を放っている。

現在，TCS はノッティンガム・トレント大学に拠点を置くが，同僚には文化帝国主義研究で有名な J. トムリンソン，レジャー研究の革新者である C. ロジェ（現在はブルネイ大学），ホールのあとにバーミンガム大学の現代文化研究センター（CCCS）でセンター長を務めた R. ジョンソン等が在籍し，日常のワークショップで高度な議論が展開されてきた。セイジ出版から TCS の名を冠して発行される叢書では大陸の優れた研究が数多く英訳されてきたが，なかでもブルデューの著作紹介には力を入れ，英語圏の社会学やカルチュラル・スタディーズに強い影響を与えている。

　TCS に世界各国から大学院生を迎えるフェザーストンは，自身もヨーロッパや南米，それに東アジアにおいて長期滞在した経歴をもつ。2007 年に彼は再び日本に滞在したが，それは吉見俊哉らと協力して，「新世紀の百科全書計画」の拠点を立ち上げるためであった。この計画は，知の生産における西洋の特権性を批判し，旧来の百科事典にアンチテーゼを突きつけるものである。その目的は，権威主体としてのアーカイヴを構築することではなく，複数の異質な知の拠点をインターネットでリンクさせることで，多声的な知のネットワークを刺激し続けることにある。

III　レジャー研究者の A. J. ヴィールによると，ライフスタイルという言葉が現在と似たような意味で最初に使われたのは，G. ジンメルが 1900 年に出版した『貨幣の哲学』（⇨ 2 巻 4 章）においてであった [Veal 1993]。ただし，これは 1960 年代まで英語に翻訳されなかった。1970 年代に入ると，T. ボットモアと D. フリスビーが英語圏でジンメルの著作を精力的に紹介するようになる。1980 年代には，ジンメル理論をベースに消費文化を分析する研究が英語圏で目立つようになるが，フェザーストンも TCS で特集を組み，フリスビーとの共編でアンソロジーを出して，そうした研究を後押ししてきた。

とはいえ、英語としての lifestyle は、社会学よりむしろ他の学問分野に起源があることは強調されるべきだろう。実際、英語での最初の使用例は、心理学者 A. アドラーの 1929 年の翻訳書に見られ、そこでは「幼少期に、その反応や振る舞いを支配するものとして確立された基本的な性格」を指すものとして使われている。その後、ライフスタイルの概念はアメリカで発展し、特に 1950 年代、60 年代のアーバニゼーションに関する研究では広範に使用された。一方、用語法の違いはあるにせよ、居住地域と住人の行動類型を結びつけて考えるアイディアは初期のコミュニティ研究でも使用されていた。

1970 年代から 80 年代に入ると、消費社会の発展とともに、ライフスタイルという言葉はマーケットリサーチからレジャー研究にわたる数多くの領域で主要なテーマとして浮かび上がっていった。と同時に、フェザーストンのいう「ポストモダニズム」の進展により、それは「象牙の塔」の枠を超え、日常世界でも多用されるようになった。この時代に経済先進諸国で普及した卓越化の戦略としてのライフスタイル研究は、今ではブルデューと結びつけて語られることが普通だが、その社会学上の起源は M. ヴェーバーに求めるべきだろう。『経済と社会』でヴェーバーは、社会分化は経済的差異からのみ生じるのではなく、名誉に基づくステイタスからも生じることを強調した。そしてその名誉は、ステイタスをもつ集団がライフスタイルを維持することによって保証されると主張している。

またヴェーバーは、近代における芸術が、日常生活に対する合理主義の抑圧から人々を救済する機能をもつようになり、それによって宗教と競合関係に立つことを『宗教社会学論集』の「中間考察」で指摘したが、これはフェザーストンが「日常生活の審美化」と呼んだ現象と重なるものである。このテーマについてはラッシュもフェザーストンと意見交換しながら考察を深めているが、そうした英語圏の研究とは別に、ドイツ圏でもジンメル、G. ルカーチ、W. ベンヤミンらの研究を引き継ぐ形で議論が続けられている。特に、W.

ヴェルシュ，G. シュルツェ，R. ブフナーらは，望ましいライフスタイルの確立を人間形成の現代的な課題ととらえ批判的検討を行った。さらに，こうしたドイツ圏の哲学的探求に呼応するような形で，1970年代から冷戦終了までの期間には，東欧圏で「社会主義的に正しい豊かさをもったライフスタイルを構想する」研究があったことを忘れてはならないだろう。

なお，「ライフスタイルの変容」を考えるうえで消費社会や情報化社会との関連は当然重要であるが，それについてはすでにⅡ節でボードリヤールやジェイムソンと絡めて指摘した。そこで問題になった「脱コントロールのコントロール」というテーマは，ジンメルの発見といっていいだろう。これをフェザーストンの議論を受けて展開したものは英語圏では容易に見出しうるが，あいにく日本語ではあまり多くは見られない［玉利 1999, 2000, 多田 2000］。『消費文化とポストモダニズム』が示唆するものの日本での受容と発展は，今後に期待したい。

Quotations

その境界消滅によって芸術（高級文化）から，実質的におおよそいかなる対象も文化的に関心を引くものとみなされる広範なスペクトラムのポピュラー文化，日常生活の文化まで，文化として割り振られる現象の幅が広げられてきた。これには，集団を互いに境界づける相対的に固定された性向，文化的嗜好，余暇の実践の体系であるライフスタイルという考えから，ライフスタイルはより積極的に形成されるものだという想定へと強調点のシフトが伴ってきた。つまり，階級ないし近隣地区に基盤をおいたライフスタイルから，生活の活動的なスタイル化としてのライフスタイルへと焦点が移動するのであるが，後者においては一貫性や統一性といったものが一時的な経験や表層の美的効果の遊びに満ちた探求に取って代わられるのである。［フェザーストン 2003 下：39-40］

参考・関連文献

Featherstone, M. 1995 *Undoing Culture: Globalization, Postmodernism and Identity*, Sage.（フェザーストン 2009 西山哲郎・時安邦治訳『ほつれゆく文化』法政大学出版局）

フェザーストン, M. 2000 野口良二訳「ポストモダンのグローバル化——消費者文化とポストモダニズムについての考察」『国際文化会館会報』11(2)。（日本での講演を翻訳）

Jameson, F. 1998 *The Cultural Turn: Selected Writings on the Postmodern 1983-1998*, Verso.（ジェイムスン 2006 合庭惇・河野真太郎・秦邦生訳『カルチュラル・ターン』作品社）

Lash, S. 1990 *Sociology of Postmodernism*, Routledge.（ラッシュ 1997 田中義久監訳『ポスト・モダニティの社会学』法政大学出版局）

Lyon, D. 1994 *Postmodernity*, Open University Press.（ライアン 1996 合庭惇訳『ポストモダニティ』せりか書房）

野平慎二 2000「日常生活の美学化——現代における人間形成の条件変化についての考察」『琉球大学教育学部紀要』56。

Simmel, G. 1900 *Philosophie des Geldes*, Duncker & Humblot.（ジンメル 1978 元浜清海・居安正・向井守訳『貨幣の哲学』白水社；新訳版 1999, 居安正訳, 白水社）

多田 治 2000「日常生活の美学化と美的再帰性——情報消費社会と自己の文化社会学のために」『社会学年誌』41。

玉利智子 1999「日本における百貨店の社会的機能に関する一考察——消費社会にみる「視線」と「現代消費者形成」の社会史」『文化経済学』1(4)。

——— 2000「日本における百貨店の社会文化的機能とジェンダー・アイデンティティの形成——百貨店女性店員にみる近代都市文化と百貨店の社会史」『文化経済学』2(2)。

Veal, A. J. 1993 "The Concept of Lifestyle: A Review," *Leisure Studies*, 12.

Weber, M. 1920 "Zwischenbetrachtung: Theorie der Stufen und Richtungen religiöser Weltablehnung," *Gesammelte Aufsätze zur Religionssoziologie*, Bd. 1, J. C. B. Mohr.（ヴェーバー 1972 大塚久雄・生松敬三訳「中間考察」『宗教社会学論選』みすず書房）

（西山哲郎）

23 消費社会を超えて
見田宗介『現代社会の理論』

見田宗介『現代社会の理論——情報化・消費化社会の現在と未来』岩波新書，1996。

I 『現代社会の理論』は地球規模に広がる資本制システムの光と影を，情報化／消費化社会という一貫した枠組みでとらえた現代社会論である。しかし本書は，消費と情報をラディカルにとらえ直すことによって未来の見通しを開こうとする点で，通常の消費／情報社会論を超える射程をもつ。この射程の広さは，著者が見田宗介名義で続けてきた同時代の理論的分析と，主に真木悠介名義の比較社会学で純化してきた生の実質についての認識が，「現代社会の理論」という1点で交錯していることによる。

現代社会には，近代社会に還元できない「新しい」ものがある。見田はこの新しい社会の成立を，1950年代のアメリカ合衆国に見る。その決定的な条件は経済恐慌と戦争なしに資本の成長に必要な需要を作り出すシステムの発明であり，商品デザインと広告を重視する戦略の採用である。なぜならデザインと広告は，情報の操作によって購買のリズムを消耗のリズムより速め，システムが必要とするだけの需要を作り出すことを可能にするからである。見田は，消費社会を，こうした「モード」が可能にする自由で空虚な「欲望のデカルト空間」に立脚して，資本主義の古典的な矛盾を乗り越える新しい社会ととらえる。

続いて見田はこうした消費社会の成立の意味を資本主義の観点から吟味する。消費社会は資本制システムとして見ると，マルクスが

労働の領域に見出した二重の「自由」が,消費の領域へ貫徹したものととらえることができる。それは資本制システムが,自然の必要からも,共同体の文化からも離陸し,商品によって充足される無限の欲望に準拠して成長する自己準拠的なシステムになったことだといってよい。見田は情報化／消費化社会を,純粋な資本主義が初めて成立した段階と位置づける。

見田はこの位置づけをもとに消費社会の評価を行う。確かに情報化／消費化社会は,欲望を資本の増殖過程の一環に組み込むものだが,そうだからといって批判されるべきものではない。そこには商品に誘惑されるという固有の魅力があり,歓びがある以上,肯定されるべきものがある。さらに欲望の資本制システムへの組み込みは〈幸福の環としてのシステム〉の成立として反転してとらえることさえできる。したがって,情報化／消費化社会の問題はこうしたシステムの仕組みよりはむしろ,それが自然や外部社会との臨界面に,環境・エネルギー問題,貧困・飢餓等「外部問題」を引き起こすことである。見田はこのような現状の評価のもと「外部問題」の核心の洗い出しにかかる。

環境問題の古典として知られるR. カーソンの『沈黙の春』は農薬の使用によって農業における自然との共存が崩れたことを指摘したが,それは最初の消費社会が成立した1950年代のアメリカのことである。また水俣湾で原因が特定されながらも9年間にもわたって放置された有機水銀公害が起こったのは,日本が「所得倍増」をスローガンに国を挙げて高度経済成長政策を行っていた1960年代のことである。見田はこうした同時性から,環境・公害問題が,伝統的・代替可能な方法を離れた〈消費のための消費〉と,システムが現実の人間と自然への寄与ではなく,自分で定義した数値目標を進化の尺度にする〈構造のテレオノミー的な転倒〉を基盤としていることを見出す。さらに,この2つの転倒が,自然資源やエネルギー利用の限界を目に見える将来にまで近づけていることを指摘する。

見田は，現在の資本制システムの自己目的化した，抽象的なあり方こそ，環境と資源の限界を招き寄せるものとする。

しかもこの限界は，いわゆる南の世界，情報化／消費化社会の外部社会へと遠隔化され，不可視化されている。そして南の世界は，こうした北の矛盾を転嫁されるだけでなく，その無限の欲望を支えるために恒常的な食糧の不足に悩み，不安定な生存基盤から生じる人口増加によって貧困に苦しんでいる。現在のシステムは不可視化のプロセスを経た他者の収奪を通して，自然の収奪についての解決を先送りにするのだ。

見田は，こうした現在のシステムのあり方が端的に表れているものとして，貧困のコンセプトに注目する。一般に貧困を測る尺度は1日あたりの生活費だが，本当の貧困は金銭をもたないことではなく，金銭を必要とする生活形式の中に投げ込まれながら，それをもたないことである。南の貧困はこの二重の疎外によるものであり，そしてその構造は北の世界の貧困にも当てはまる。なぜなら北の世界では，システムは人々を相応の金銭なしには普通に生きられない生活に投げ込んでおきながら，必ずしも十分な金銭を与えないからである。すなわち南と北の貧困は，形こそ著しく異なるが，原的な解体と剝奪によって充足が貨幣へと絶対的に従属させられ，しかも充足の水準がシステムの都合で決められるという共通の論理で貫かれている。見田は，現在の私たちが貨幣の尺度でしか豊かさを測れなくなっている不幸を示唆するのである。

情報化／消費化社会のこうしたあり方では，自然と他者を収奪するほかない。しかし情報化／消費化社会は，少なくとも理念としては人間の自由を肯定し，現状では最も魅力的なシステムである以上，手放すべきではない。見田はこの二律背反を，情報と消費についての原的な考察を通して解消しようとする。

生産に対する消費の優越を主張する消費社会論を始めた J. ボードリヤールは，G. バタイユの消費概念をふまえている。しかし，バ

タイユは消費を有用性の彼方にあるもの,つまり〈充溢し燃焼しきる消尽〉の含意があるconsumationととらえているのに対し,ボードリヤールは〈商品の購買による消費〉を意味するconsommationを用いることで,消費の概念を通俗化している。見田は,二律背反の解消,情報化／消費化社会の転回のためには,バタイユの見出した消尽という水準から現在の消費をとらえ返すことが必要だと考える。

　バタイユのいう消費概念からすれば,問題となるのは,聖なるもの,エロティシズム,芸術等,「至高なもの」であり,それは本質的には自然や他者の収奪とは関わりのない,また有用性にも拘束されないものである。こうした消費は,現在の消費社会でも論理的には可能である。具体的には第1に現在の資本制システムが持続するために要する需要の無限空間を,必要から離陸した「欲望のデカルト空間」の代わりに,生の歓びに結びついた幸福の無限空間に着地させること。第2に現在のシステムが定義上必要とする商品の大量消費を,自然と他社会の収奪を帰結する資源凝縮的な方向から,収奪を伴わないような情報凝縮的な方向へ転回すること。見田は歓びの無限性,情報の非物質性にシステムの転回の可能性を見出す。

　こうした消費社会の転回を確かなものにするためには,消費の概念のみならず,情報についてもとらえ直すことが必要だろう。情報は広義にはマテリー／イデーにおけるイデーととらえることができるが,そこには二つの位相がある。ひとつは地球規模の環境,資源,貧困の問題の解決に使われるべき「認知としての情報」と,全地球的な水準での外部非収奪的なシステム・プログラミングに関わるべき「デザインとしての情報」とが属する位相,つまり手段と効用の位相である。もうひとつは測定し交換し換算しえない〈かけがえのないもの〉への視界をひらく「美としての情報」が属する,情報というコンセプト自体を超え出る位相である。この後者の位相は,知と感受性,魂の深さに通じるもので,いまだにマテリアルなもの

と結びついている消費社会の成長のイメージを解き放つものとなるだろう。こうした「美としての情報」は，直接に充溢であり歓びであるような消費という概念と照応し，現在の情報概念の効用的，手段主義的なイメージを払拭するだろう。

　以上のように見田は今日の情報化／消費化社会の限界を，生産の自己目的化とマテリアルなものに結びついた自然と他者の収奪に見出し，それを乗り越える方向を効用主義と物質主義から，コンサマトリーな充足に結びついた消費と情報の活用への転回として打ち出す。

　『現代社会の理論』は，私たちを論理の翼にのせて，現在の自己準拠的システムの可能性とその盲点を見せたあと，あまり見慣れない情報化／消費化の明るい横顔を垣間見せる。その意味で本書は，見田が『気流の鳴る音』で見出したような生についての明晰さを，現代社会を対象に示そうとした，理論の書であるといえよう。

II　見田宗介は，1937年，東京に生まれた。見田は自らの原風景として大空襲のあとの焼け野原を挙げ，それまで互いを隔てていた塀が崩れ，何か自由を感じたと述べている。また見田はヘーゲル研究を専門とする父をもったこともあり，早くから思想書に親しみ，特にマルクスには深い実践的な関心をもっていたという。この幼年期に形成された，垣根が取り払われた自由の感覚と，資本主義の変革への根本的な関心は，見田の社会学を貫くものであるといえよう。

　見田は1960年に東京大学文学部社会学科を卒業後，同大学院に進学，のちに『価値意識の理論』として出版される修士論文を62年に執筆する。また，博士課程在籍中の65年に最初の単行本『現代日本の精神構造』を公刊する。その後は東京大学教養学部に籍を置き，74年から1年間，メキシコ大学院大学で客員教授を務めた。98年に東京大学を退官してからは，共立女子大学で教鞭をとり，2008年

に教職を退いた。

　見田の研究は大別して4つの時期に分けることができる。第一期は1960年代後半から70年代に行った同時代の大衆の心理や論理を質的/量的なデータと鋭利な直感でとらえた社会分析である。しかし『現代日本の精神構造』(1965),『現代日本の心情と論理』(1971)等に見られる分析には,単なる分析理性にとどまらない,マルクスに根ざした弁証法的思考が働いていることを見逃すべきではないだろう。

　第二期はこうした社会分析を通して把握されたさまざまな現象を体系的にとらえようとする社会理論研究である。『人間解放の理論のために』(1971)では初期マルクスをベースに疎外化的相克性から弁証法的相乗性への転化という解放の方向性が示され,『現代社会の存立構造』(1977)では後期マルクスをベースに現代社会の存立構造が,集列的な個人の相克性に端を発し,しだいに高次化し累乗化する物象化のプロセスとして提示された。こうした社会理論研究によって,近代市民社会の相克性にとどまる限り人間の解放は不可能であることが理論化され,相乗性に基づく社会構想への方向性が定まる。

　第三期が,こうした問題意識のもと,メキシコ滞在を機に書かれた『気流の鳴る音』(1977)に始まる比較社会論である。そこではマルクスの問題構成から離れ,ニヒリズムとエゴイズムの克服を課題に,他者や自然と感応しあう身体性をもつ近代社会の外部の把握が試みられる。ただしそうした比較社会学を通して行われるのは,外部社会の理想化ではなく,近代社会の相対化であり,その深部に潜勢する転回の契機の探究である。

　そして現在も続く第四期が,本書『現代社会の理論』に始まる,社会分析/社会理論と比較社会論を総合する理論的実践である。そこでは,一連の比較社会学の試みから見出された視点で現代社会を眺め,現代社会を近代とは異なる時代の始まりとして位置づけるこ

とが試みられている。長い研究を経た現在，見田が行っているのは，近代社会に代わる自由で幸福な社会の見通しを提示する現代社会論の創出だといえよう。

このように，広い意味での近代社会の変革を研究課題としてきた見田の姿勢は，著作の外でも一貫している。大学では学部や大学院の通常のゼミに加え，自主ゼミを開催し，合宿を通じて，同時代の若者と交歓する空間を積極的に作ってきた。そこからは内田隆三，佐藤健二，大澤真幸，吉見俊哉，若林幹夫等の社会学者が出ている。また見田は70年代のコミューンの実践，メキシコ滞在，水俣への関わり，インド・ブラジル・ペルーへの旅等，未知のものに身を置く活動を続けてきた。こうした活動は，比較社会論を中心とする諸著作を通して，日本の社会学の領域をひろげていった。

40年以上にわたる見田の社会学の理論・実践は，社会学が多様化し分散化する中で，著作と活動に通底する問題意識の一貫性と，さまざまな困難な対象を分析する際の明るさにおいて異彩を放っている。

III

『現代社会の理論』は消費社会論にとどまらない射程を有しているため，いくつかの文脈から位置づけることが必要だろう。

第1に消費社会論が対象とする範囲についてである。消費社会論は，ボードリヤール［1970，⇨本巻20章］に端的に見られるように現代社会における消費の特異な意味を分析するもの，内田［1987，⇨本巻21章］にみられるように消費とともにもたらされた社会の変容に注目するものが多い。そのため消費を享楽する社会内部の分析にとどまりがちである。しかし本書は消費社会の内部のみならず，外部の社会を同時に対象とする。またその際，両者を単純に対立させることなく，環境・資源の視点から連関を示し，マルクス主義的な視点から共通の平面を明確にする。こうした消費社会のトータルな把握

は，新しさの仮象をまとう商品を対象としたり，外部社会の悲惨な環境・資源問題を扱うときに陥りがちな視野狭窄から，私たちを解き放つものだといえよう。

第2に，消費社会論とマルクス主義の関わりである。消費社会論は，ボードリヤール［1968］以降，マルクスが示した商品の二重性，あるいは使用価値と交換価値の恣意性を発想の源泉の1つとしてきた。本書も消費を必要からの離陸としてとらえるとき，その発想を共有しているが，本書がユニークなのはむしろ『資本論』の本源的蓄積を消費の場面に見ている点である。それは，本書が，消費の欲望の意味よりも，その可能性の条件に注目することからくるものである。このユニークな視点は，消費社会を資本主義の存立という枠で見直す必要性を提起している。

第3に，消費社会と人間解放というテーマとの関係である。一般に消費社会論は生産や効用を旨とする産業社会からの変容に注目するため，解放というテーマとの親和性は低い。しかし本書は，著者に一貫する関心によって消費社会の核心に人間解放の可能性を見ようとする。周知のようにマルクス主義は，人間の解放は資本主義の廃棄なしには不可能であることを基本的なテーゼとしてきたが，本書はまさにその人間解放の視点から資本主義を肯定する。それはさしあたり資本主義が自由を理念としてもち，歓びをもたらす魅力を備えたシステムであるという部分的な肯定である。しかし著者が，欲望の本源性と情報の革新性を消費社会の転回の積極的な契機に見出していることを考慮すれば，肯定は本質的なものである。本書は資本主義の現在を見据えてもなお，人間解放の可能性を思考することを強く誘いかける変革の書でもある。

最後に現代社会論としての意義である。現代社会論は一般に同時代の現象から社会をとらえる学であるが，本書は情報化／消費化という現在の出来事を対象としながら，遠い未来を見据える射程をもっている。これは本文中ではバタイユ［Bataille 1949］の「普遍経済

学」と吉田民人 [1990] の情報概念を媒介に説明されているが，その実質はこれまで著者によって生きられ，研究されてきた異なるものに対する想像力に支えられている。『現代社会の理論』は，現代社会論を，生きられた経験を手がかりに，同時代の中にはらまれているかもしれない未来を開封する学へと転回すべきことを示唆しているのではなかろうか。

　以上のように，消費社会論，現代社会論の研究史上，画期的な意味をもつ本書であるが，その評価や影響については今後を待たなければならない。ただし，本書の核心に関わる今後の課題を1つ挙げれば，本書では除外された「リアリティとアイデンティティの問題系」，私たちが現在経験しているような情報化／消費化の歴史的意味を認識することであろう。それは，W.ベンヤミンが『パサージュ論』(1982, ⇨ 4巻12章) で見出した，私たちの時代の神話的側面である。具体的には現在見られるような商品生産社会の内実，資本蓄積と進歩概念の関係，商品と群衆の都市の眩惑的な魅力を見極めることであり，テクノロジーの進展とともに経験・記憶の領域に浸透する情報化の意味を明確にすることである。それは本書の問題に即していえば，現在の情報化／消費化と，コンサマトリーな充足を伴う〈情報化／消費化〉との関係の認識であり，その認識に立った両者の架橋の試みである。

　マルクスは，シェイクスピアを引用しながら，資本主義を神話と共通する，運命の領域において記述した。今後，私たちが現代社会論を志す場合，本書が提示するような広い視野と明るい見通しをもって，歴史の暗がりに分け入ることが必要だろう。

Quotations

　現代の社会の理論は，この現代の情報化／消費化社会の，光の巨大と闇の巨大を，ともに見はるかすものでなければならない。[見田 1996: ⅱ]

われわれの情報と消費の社会は、ほんとうに生産の彼方にあるもの、マテリアルな消費に依存する幸福の彼方にあるものを、不羈の仕方で追求するなら、それはこれほどに多くの外部を（自然と他者とを）、収奪し解体することを必要としてはいないのだということを見出すはずである。ほんとうはこのような自然と他者との、存在だけを不可欠のものとして必要としていることを、他者が他者であり、自然が自然であるという仕方で存在することだけを必要としているのだということを、見出すはずである。［同：168-9］

参考・関連文献

Bataille, G. 1949 *La part maudite*, Minuit.（バタイユ 1973 生田耕作訳『ジョルジュ・バタイユ著作集6　呪われた部分』二見書房）

Baudrillard, J. 1968 *Le système des objets*, Gallimard.（ボードリヤール 1980 宇波彰訳『物の体系』法政大学出版局）

——— 1970 *La société de consommation: ses mythes, ses structures*, Gallimard.（ボードリヤール 1979 今村仁司・塚原史訳『消費社会の神話と構造』紀伊國屋書店）

Benjamin, W. 1982 *Das Passagen-Werk*, Suhrkamp.（ベンヤミン 1993-95 今村仁司・三島憲一訳『パサージュ論』Ⅰ-Ⅴ，岩波書店）

真木悠介 1971『人間解放の理論のために』筑摩書房。

——— 1977『現代社会の存立構造』筑摩書房。

——— 1977『気流の鳴る音』筑摩書房；2003，ちくま学芸文庫。

Marx, K. (1867-97) 1962-64 *Karl Marx, Friedrich Engels Gesamtausgabe*, Band 23-25, Dietz Verlag.（マルクス 1969-70 向坂逸郎訳『資本論』1-9，岩波文庫）

見田宗介 2006『社会学入門——人間と社会の未来』岩波新書。

内田隆三 1987『消費社会と権力』岩波書店。

吉田民人 1990『自己組織性の情報科学』新曜社。

（秋元健太郎）

人名索引

[あ行]

アイゼンステイン Elizabeth L. Eisenstein 11
赤坂静也 63
アガンベン Giorgio Agamben 197
東 浩紀 31
アドラー Alfred Adler 226
アドルノ Theodor W. Adorno 104, 166-7
安倍北夫 104
阿部 潔 155
有山輝雄 40
アルチュセール Louis Althusser 143
アンダーソン Benedict Anderson 11
池田光穂 143
イズー Isidore Isou 192
イットリ Birgitte Yttri 45
伊藤 守 134
伊藤瑞子 50
伊藤陽一 83
稲葉三千男 63
イニス Harold A. Innis 7-8, 14
井上 俊 207
猪瀬直樹 41
今井芳昭 115
ヴァイス Peter Weiss 204
ヴァルバノフ Valentin Varbanov 46
ヴィノック Michel Winock 123
ウィーバー David H. Weaver 9章
ウィリアムズ Raymond Williams 150-1
ウィリアムズ Rosalind H. Williams 63
ウィリアムスン Judith Williamson 14章
ヴィール Anthony J. Veal 225
ウィルソン T. Woodrow Wilson 70
上野千鶴子 207
ヴェーバー Max Weber 35, 226
ヴェブレン Thorstein B. Veblen 16章
ヴェルシュ Wolfgang Welsch 226
ウェルズ Herbert G. Wells 61, 69, 97-100, 102
ウェルズ Orson Welles 97-100, 102
ウォード Lester F. Ward 164
ウォーラス Graham Wallas 69, 71
烏賀陽弘道 85
浮田和民 72
宇沢弘文 165
内田隆三 21章, 235
ウルタン Jean-Philippe Heurtin 45
エイデリシュ Didier Heiderich 125
江刺正吾 40
エーヤル Chaim H. Eyal 9章
エリアス Norbert Elias 224
エリオット Thomas S. Eliot 69
大澤真幸 30, 235
大塚英志 207
小笠原博毅 155
岡田朋之 50
岡田直之 155
岡村正史 40
オークス Mark A. Aakhus 5章
小倉利丸 196
小田 亮 144
オリコウスキー Wanda J. Orlikowski 49
オールポート Gordon W. Allport 104, 123
オング Walter J. Ong 2章, 10

239

[か行]

ガーゲン　Kenneth J. Gergen　45
柏木　博　207
カステル　Manuel Castells　50
カストリアディス　Cornelius Castoriadis　29, 122-3, 193
カセスニエミ　Eija-Liisa Kasesniemi　46
カーソン　Rachel Carson　230
カーター　Erica Carter　142
カーター　James E. Carter　89
カッツ　Elihu Katz　4章, 11章
カッツ　James E. Katz　5章
加藤秀俊　20, 114
蒲島郁夫　93
ガーフィンケル　Harold Garfinkel　131
カプフェレ　Jean-Noël Kapferer　124
ガルブレイス　John K. Galbraith　17章, 165, 203
カレツキ　Michał Kalecki　174
川浦康至　50
カーン　Richard F. Kahn　174
カンガスルオマ　Matti Kangasluoma　48
カンピオン=ヴァンサン　Véronique Campion-Vincent　124
喜多壮一郎　72
北田暁大　145
ギデンズ　Anthony Giddens　45, 49, 224
キム　Shin Dong Kim　43
キャントリル　Hadley Cantril　10章
キャンベル　Scott W. Campbell　50
金田一京助　15
クアランテリ　Enrico L. Quarantelli　104
グーテンベルク　Johannes Gutenberg　4, 16, 20-1
クラウス　Ellis S. Krauss　134
クラーク　John B. Clark　163
クラッパー　Joseph T. Klapper　91, 113
グリーン　Michael Green　152
クリントン　William J. Clinton　175
グルネー　Chantal de Gournay　48
グレーバー　Doris A. Graber　9章
クレーリー　Jonathan Crary　197
黒崎政男　31
クロジエ　Michel Crozier　122
ケインズ　John M. Keynes　174, 177
ゲッベルス　P. Joseph Goebbels　81
ケナン　George F. Kennan　71
ケネディ　John F. Kennedy　113, 175, 181
コーエン　Akiba Cohen　44
コーエン　Bernard C. Cohen　86, 91
ゴギン　Gerard Goggin　50
コーザー　Lewis A. Coser　167
児島和人　114, 155
小城英子　115
コース　Ronald H. Coase　177
小玉美意子　134
兒玉幹夫　63
ゴッフマン　Erving Goffman　11, 131
後藤和彦　185
小原一馬　167
コブリー　Paul Cobley　142
コポマー　Timo Kopomaa　48
小椋　博　40
コール　Helmut Kohl　81
ゴルツ　André Gorz　29

[さ行]

サイード　Edward W. Said　134
酒井隆史　196
佐々木喜善　15
佐々野謙治　165
サーダート　Muhammad Anwar Al-Sadat　37-8
佐藤健二　235
佐藤卓己　41, 73, 83
佐藤　毅　154

佐藤俊樹　11
佐野山寛太　142
サミュエル　Raphael Samuel　150
サミュエルソン　Paul A. Samuelson　174, 177
サムナー　William G. Sumner　163
サーリンズ　Marshall Sahlins　221
椹木野衣　207
シェイクスピア　William Shakespeare　76, 237
ジェイムソン　Fredric Jameson　223, 227
シェッター　Amit Schejter　44
ジェームズ　William James　69
清水幾太郎　63
シャーマン　Cindy Sherman　205
シャンパーニュ　Patrick Champagne　62
シュッツ　Alfred Schütz　131
シュルツェ　Gerhard Schulze　227
シュンペーター　Joseph A. Schumpeter　174
ショー　Donald L. Shaw　78, 86, 90
ジョンソン　Lyndon B. Johnson　175
ジョンソン　Richard Johnson　225
シルバーストーン　Roger Silverstone　44, 49
新明正道　63
ジンメル　Georg Simmel　133, 159, 225-7
スーカップ　Paul A. Soukup　18
スターリン　Iosif Stalin　122, 150
スタントン　Frank Stanton　112
ステッツェル　Jean Stoetzel　62
ストロム　Georg Strøm　46
スペンサー　Herbert Spencer　163, 170, 214
スミス　Adam Smith　170, 177
スラッファ　Piero Sraffa　174
芹川洋一　93

ソシュール　Ferdinand de Saussure　143

[た行]

高　哲男　165
ダグラス　Mary Douglas　221
竹内郁郎　38, 114
竹下俊郎　114
竹村健一　10
多田　治　227
タックマン　Gaye Tuchman　13章
ターナー　Bryan S. Turner　224
ターナー　Martha A. Turner　46
田中優子　21
玉利智子　227
ダヤーン　Daniel Dayan　4章
タルド　Gabriel Tarde　6章
チェスタトン　Gibert K. Chesterton　8
チョムスキー　A. Noam Chomsky　72
津金澤聰廣　40
塚原　史　207
鶴木　眞　80
テイラー　Charles Taylor　151
デーヴィス　Dineh M. Davis　48
デーヴィス　Helen Davis　152
デカルト　René Descartes　17
デサンクティス　Gerardine DeSanctis　49
デューイ　John Dewey　68-9
デュビニョー　Jean Duvignaud　123
デュルケム　Émile Durkheim　36, 55, 60, 159
デリダ　Jacques Derrida　23, 25, 27, 29, 31
ドヴィファト　Emil Dovifat　80
ドゥボール　Guy Debord　19章, 206
トゥホルスキー　Kurt Tucholsky　79
ドゥルーズ　Gilles Deleuze　27, 31
トゥレーヌ　Alain Touraine　122
トクヴィル　Alexis de Tocqueville　71,

76, 203
ド・ゴール　Charles de Gaulle　117
ドーフマン　Joseph Dorfman　165
富田英典　49
トムスン　Edward P. Thompson　151
トムリンソン　John Tomlinson　225
トレーシー　Karina Tracey　44

[な行]

中井正一　154
中野　収　186
中野好之　73
仲村祥一　166
ナバロ　Vija Navarro　48
ナフス　Dawn Nafus　44
難波功士　145
ヌルメラ　Juha Nurmela　48
ノイマン　Erich P. Neumann　81
ノエル=ノイマン　Elisabeth Noelle-Neumann　8章
野田浩資　133

[は行]

ハイデガー　Martin Heidegger　50
バウマン　Zygmunt Bauman　206-7, 219
ハヴロック　Eric A. Havelock　7-8
バーガー　Peter L. Berger　131, 167
萩原　滋　134
バーク　Edmund Burke　73
パーク　Robert E. Park　63, 132
バージェス　Ernest W. Burgess　132
パース　Charles S. Peirce　163
パーソンズ　Talcott Parsons　214
バタイユ　Georges Bataille　231-2, 236
ハドン　Leslie Haddon　49
バーネイズ　Edward L. Bernays　72
ハーバーマス　Jürgen Habermas　11, 50, 83
ハーマン　Edward S. Herman　72
ハヤティ　Mustapha Khayati　193

バラード　James G. Ballard　203
バルト　Roland Barthes　122, 143-4, 148, 204
ハルバースタム　David Halberstam　85-6
ヒース　Edward R.G. Heath　149
ヒース　Joseph Heath　207
ヒトラー　Adolf Hitler　68
ヒューズ　Everett C. Hughes　132-3
ヒューム　David Hume　76
ピューリッツァー　Ralph Pulitzer　70, 184
ピラーイー　Poonam Pillai　154
平野秀秋　186
ブーアスティン　Daniel J. Boorstin　18章, 72
ファレル　Thomas J. Farrell　18
フェザーストン　Mike Featherstone　22章
フォーチュナティ　Leopoldina Fortunati　43
フォード　Gerald R. Ford　89
フーコー　Michel Foucault　23, 25, 28-9, 31, 197, 213-4
藤田真文　155
藤竹　暁　186
フィッシュホフ　Baruch Fischhoff　105
ブッシュ　George H.W. Bush　173, 177
船津　衛　115
ブフナー　Rüdiger Bubner　227
ブーメディエン　Houari Boumedienne　193
フランクリン　Benjamin Franklin　167
フーリエ　Charles Fourier　29
フリスビー　David Frisby　225
フリードマン　Milton Friedman　175
フリードマン　Georges P. Friedmann　122
プール　Marshall S. Poole　49
ブルデュー　Pierre Bourdieu　166, 200,

204, 221, 223, 225-6
ブルーマー　Herbert G. Blumer　62, 132
ブルンヴァン　Jan H. Brunvand　124
ブレヒト　Bertolt Brecht　204
フレム　Lydia Flem　124
プロ　Jukka-Pekka Puro　44
フロイト　Sigmund Freud　69
プロクター　James Procter　151
フロワサール　Pascal Froissart　125
ペイター　Walter Pater　222
ベイトソン　Gregory Bateson　19
ヘーゲル　Georg W. F. Hegel　49, 220, 233
ベーコン　Francis Bacon　17
ペットカー　Horst Pöttker　80
ベル　Daniel Bell　185
ベルクソン　Henri Bergson　60-1
ベレルソン　Bernard R. Berelson　108
ベンサム　Jeremy Bentham　28
ベンヤミン　Walter Benjamin　186, 214, 226, 237
ポエル　Alain Poher　117
ホガート　Richard Hoggart　151-2
星野克美　144
ポスター　Mark Poster　3 章
ポストマン　Leo J. Postman　123
ポッター　Andrew Potter　207
ボットモア　Thomas B. Bottomore　225
ボードリヤール　Jean Baudrillard　20 章, 23, 25-6, 29, 165, 186, 195, 210, 215, 220-1, 227, 231-2, 235-6
ホプキンズ　Gerard M. Hopkins　17
ホール　Stuart Hall　15 章, 224-5
ボルター　J. David Bolter　31
ポンピドゥー　Georges Pompidou　117

[ま行]

マイアソン　George Myerson　50
マイヤー＝ライプニッツ　Heinz Maier-Leibnitz　81

マエンバー　Pasi Mäenpää　48
マキャヴェリ　Niccolò Machiavelli　76
マクウェール　Denis McQuail　113
マクゴフ　Maurice Q. McGough　48
マクルーハン　H. Marshall McLuhan　1 章, 14, 17-8, 24, 30, 165, 187
マコームズ　Maxwell E. McCombs　9 章, 78
マーシャル　Alfred Marshall　170
松田美佐　50
マッハルプ　Fritz Machlup　185
マディソン　James Madison　76, 80
マートン　Robert K. Merton　79, 112, 181
真鍋一史　142
マルクス　Karl Marx　24, 29, 112, 123, 144, 151, 155, 165, 170, 189, 195, 204, 229, 233-7
マルクーゼ　Herbert Marcuse　165-6
マルサス　Thomas R. Malthus　170
マンテ　Enid Mante　47
三上俊治　104
水越　伸　11, 30
見田宗介（真木悠介）　23 章, 215-6
南　博　104
宮武実知子　73, 83
ミルズ　C. Wright Mills　62, 112, 167
メイロウィッツ　Joshua Meyrowitz　11, 24
メッツ　Christian Metz　140
毛利嘉孝　155
モスコヴィッシ　Serge Moscovisi　62
モノー　Jacques-Lucien Monod　123
モラン　Edgar Morin　12 章, 29, 204
モーレー　David Morley　153
モンテーニュ　Michel de Montaigne　76

[や行]

ヤコブソン　Roman Jakobson　144, 147
安野智子　82

柳田国男　15
山崎カヲル　142
山崎正和　207
横山　滋　63
吉井博明　50
吉田民人　237
吉見俊哉　11, 30, 39-40, 225, 235
吉本隆明　205
ヨルン　Asger Jorn　192

[ら行]

ラインゴールド　Howard Rheingold　50
ラインハルツ　Shulamit Reinharz　133
ラウティアイネン　Pirjo Rautiainen　46
ラコウ　Lana F. Rakow　48
ラザースフェルド　Paul F. Lazarsfeld　11章, 37, 104
ラスウェル　Harold D. Lasswell　72
ラッシュ　Scott Lash　224, 226
ラフリン　J. Laurence Laughlin　164
ラムス　Petrus Ramus　17
ランゲ　Klaus Lange　48
ランドン　Alfred M. Landon　70
リオタール　Jean-François Lyotard　25, 28-9, 31, 204-5
リカード　David Ricardo　170
リコップ　Christian Licoppe　45
リースマン　David Riesman　165-6, 210
リーゼル　René Riesel　194
リーチ　Edmund Leach　145
リチャーズ　Ivor A. Richards　7-8
リップマン　Walter Lippmann　7章, 78, 87
リード　John Reed　69
リポヴェツキー　Gilles Lipovetsky　206-7
リン　Richard Ling　45, 48, 50
リンドバーグ　Charles A. Lindbergh　182

ルイス　Justin Lewis　153-4
ルカーチ　György Lukács　195, 226
ルケート　Michel-Louis Rouquette　124
ルース　Henry Luce　175
ルース　Jeja-Pekka Roos　48
ルーズベルト　Franklin D. Roosevelt　70, 175, 181
ルソー　Jean-Jacques Rousseau　76
ルックマン　Thomas Luckmann　131
ルナール　Jean-Bruno Renard　124
ルフェーヴル　Henri Lefebvre　195, 204, 206
ルフォール　Claude Lefort　122-3
ル・ボン　Gustave Le Bon　55, 61-2
ルーマン　Niklas Luhmann　78
レイツ　Jeffrey G. Reitz　111
レヴィ＝ストロース　Claude Lévi-Strauss　13, 140, 143-4
レオンチェフ　Wassily Leontief　174
レーガン　Ronald W. Reagan　173, 177
レチフ・ド・ラ・ブルトンヌ　Restif de la Bretonne　29
レックス　John Rex　223
ロジェ　Chris Rojek　225
ロジャーズ　Everett M. Rogers　114
ロストウ　Walt W. Rostow　210
ロック　John Locke　76, 80
ロバートソン　Roland Robertson　224
ロビンス　Kathleen A. Robbins　46
ローレンツ　Konrad Z. Lorenz　18
ロンブローゾ　Cesare Lombroso　60

[わ行]

ワイルド　Oscar Wilde　222
若林幹夫　11, 30, 235
ワース　Louis Wirth　132
和田伸一郎　31
ワトニー　Simon Watney　142
ワネル　Paddy Whannel　151

事項索引

[あ行]

アイデンティティ　27, 32, 38, 45, 121, 140, 207, 222, 237　→同一性
アヴァンギャルド　195, 222　→芸術
アウラ　186
アジェンダセッティング　9章　→議題設定
『アメリカ社会学雑誌(*AJS*)』　164
意見　58-9, 62-3, 71, 75-6, 78-9, 82-3, 107
　——風土　75-6, 78, 83
　二重の——風土　78
依存効果　172, 176
イデオロギー　123, 131, 137, 141-3, 153-4, 185, 192
　——装置　36
　——批判　141-3
　——論　143
意味　4, 13, 16, 26, 87, 101, 123, 131, 134, 137-40, 144-5, 147-9, 153-5, 199, 206, 211-2, 235
　暗示的——　148-50
　明示的——　148, 150
印刷(術)　4-6, 11, 14, 16, 56, 61, 63
　——文化　→文化
　——メディア　→メディア
　活版——　4, 20-1
インターネット　19, 49-50, 92, 125, 225
ウォーターゲート事件　91
うわさ　12章
エスノグラフィ　132-3　→民族誌
エリート　58, 61, 68, 92-3
　——主義　61, 69, 71
エンコーディング　15章　→デコーディング
エンコーディング／デコーディング・モデル　147-9, 152-5
オーディエンス論　113
オピニオン・リーダー　107, 109-11, 113-5　→意見, コミュニケーションの2段の流れ
オラリティ　14　→声の文化
オリエンテーション欲求　88
オリンピック　20, 33-4, 37, 39-40

[か行]

会話　16, 25-7, 44, 47, 57-9, 62, 76, 115, 117, 124
　交換的——　58
　闘争的——　58
カリスマ　35　→支配の3類型
カルチュラル・スタディーズ　50, 113, 144, 225
管理社会　27, 30
記号　24-6, 138-9, 144, 148-9, 179, 183, 200, 202-5, 207, 211-3, 215, 222
　——学　153
　——(の)消費　20章, 25, 166, 186
　——論　137, 143-5, 204, 206
疑似イベント　18章, 72
擬似環境　66-8, 72-3, 78
記者　56-7, 127, 129-30, 181　→新聞記者
技術決定論　11, 47, 49, 51, 185
議題設定　9章　→アジェンダセッティング
　——機能　66, 78, 86, 92
　——効果　86-9
　イメージ型——　89, 92
　争点型——　89
　属性型——　92

245

拮抗力　176
機能　25, 36, 38, 45-6, 77, 79, 137, 139, 141, 145, 176-7, 200-1, 211-2, 216-7, 226
　　顕在(的)――　79
　　潜在(的)――　79, 167
ギャンブル　162
9.11同時多発テロ　101, 105, 134, 205
共同体　5, 7, 16, 24, 66, 202, 207, 209, 230
強力効果論　114　→限定効果論
　　新しい――　83
儀礼　33, 35-6, 39-40, 159, 163, 200
　　――理論　36, 39-40
　　祝祭――　36
近代　5, 14, 16-7, 20, 25, 27-8, 44, 77, 106, 210, 212, 219-21, 223, 226, 234　→モダニティ
　　――化　6, 16, 20, 122, 167, 210, 220
　　――社会　6, 10, 24, 28, 189-90, 221, 229, 234-5
　　――主義　15
グラフィック革命　72, 180, 182-5, 187
グローバリゼーション　66, 205, 220, 224
グローバル・ヴィレッジ　7, 9
群集(群衆)　55-8, 61-3, 77, 104, 161, 166, 237　→公衆
経済学　28, 61, 164-5, 169-72, 174-5, 220
　　アメリカ――　175
　　ケインズ――　174
　　制度派――　165
　　普遍――　236
経済成長　122, 175, 203, 210, 230
芸術　40, 137, 145, 160, 182-3, 186, 192-3, 195, 207, 222, 226-7, 232
　　――至上主義　193
　　前衛――　192, 195　→アヴァンギャルド
携帯電話(ケータイ)　5章, 19, 201
顕在集団　119　→潜在集団
現代社会　27, 78, 91, 110, 127-8, 180, 197, 199, 208-10, 211-4, 216-7, 222, 229, 233-5
限定効果論　83, 91, 113-4　→強力効果論
権力　8, 28-30, 39, 66-7, 131, 133, 135, 155, 189, 196-7, 212-3, 216
　　環境管理型――　31
　　規律訓練型――　28, 30
公共圏　11, 207　→パブリック
公共サービス　27, 170, 172
広告　14章, 151, 166, 169, 172, 180, 182-6, 206, 229　→PR
　　テレビ――　→テレビCM
公衆　6章, 67-8, 72, 93　→群集
構造　24, 34, 49, 93, 98, 137, 145, 148, 154, 199, 209, 211, 213-7, 231
　　――化　3, 49, 148
　　――のテレオノミー的な転倒　230
　　――の二重性　49
　　――分析　137, 145
構造主義　15, 143-4, 214
　　――人類学　144
　　ポスト――　15, 23, 25
皇太子成婚パレード　33
光背効果　101
5月革命　29, 117, 122, 189, 193-4, 196, 204
国内総生産　171
国民　5, 11, 33, 36, 181　→ネーション
誇示的閑暇　160
誇示的消費　→消費
個人主義　5, 206
コーディネーション
　　ハイパー・――　46
　　ミクロ・――　45
コード　130, 147-9, 153-4, 200
コミュニケーション　18-9, 24-7, 30, 43, 45, 47-8, 50, 86, 108, 111, 113-5, 147, 200
　　――の2段の流れ　11章
　　対人――　108, 113-4

透明な―― 149, 154
トロント・――学派 8
コンピュータ 23, 26-8, 31-2
　――科学 25, 28
　ウェラブル・―― 50

[さ行]

雑誌 10, 66, 110, 115, 182
サブカルチャー 152, 222
産業社会 162-3, 185, 210-1, 236
参与観察 128
死 212-3 →主体の死
シカゴ学派 132-3
資源配分 170-1, 176
慈善 162-3
シチュアシオニスト 191, 193-6
　――・インターナショナル 192
視聴者 6, 25-6, 33-6, 39, 41, 113, 127, 147, 149-50, 154, 181
実定性 213, 215
支配的 - ヘゲモニー的位置（支配的読解） 149-50, 153 →折衝的位置, 対抗的位置
支配の3類型 35
資本主義 112, 131, 165, 170, 191, 193, 195-6, 199, 202, 210, 222, 229-30, 233, 236-7
　――批判 165, 195
　高度―― 189, 202
　消費―― 221-2
シミュラークル 24, 186, 206
シミュレーション
　――戦争 205
　――論 204-6
シミュレーショニズム 205
社会学 17, 55, 60, 69, 104, 108, 111, 117, 131, 144-5, 165, 167, 196, 209-11, 213-5, 225
　解釈―― 131
　知識――(論) 167, 185

批判―― 167
比較―― 229, 234
メディア―― 37
社会進化論 159, 163
社会的連帯 36, 203
ジャーナリズム 91, 93, 133-4, 177
　映像―― 134
宗教 8, 138, 146, 159, 162, 226
集合行動論 63, 97, 104
充足 113, 166, 199-200, 203, 230-1
　コンサマトリーな―― 233, 237
主体 24-8, 31, 204, 209, 212-5
　――の死 28
準拠集団 82
状況の構築 191, 193
小集団研究 107-8
象徴 160, 167, 199, 210
　――財 221
　――人類学 →人類学
　――秩序 199-200
消費
　――者 28, 109, 141, 151, 172, 202, 222
　――者主権 170-2, 176
　――生活 170
　――のための消費 230
　――文化 186, 220, 225
　誇示的―― 16章, 200
　大衆的―― 199, 202
　大量―― 232
消費社会 26, 63, 151, 184-5, 195, 199, 201-3, 209, 210-2, 216-7, 226-7, 229-30, 232-3, 235-6
　――変容 209, 211-3, 215-7
　高度―― 167, 210
　情報―― 186-7
　大衆―― 179, 184-5
　大量―― 190
　ハイパー―― 206
情報 6, 16, 19, 21, 24-5, 27-8, 33, 56, 65-8, 78, 83, 102-3, 110, 114, 124-5,

事項索引 ―― 247

129-30, 190, 199, 202, 229, 231-3,
　　236-8
　　——化社会　66, 227
　　——化／消費化社会　229-33, 237
　　——環境　83, 186
　　——社会　19, 21, 23
　　——消費社会　→消費社会
　　——様式　3章
　　美としての——　232-3
　　モバイル——社会　44-5
女性解放運動　130, 132
身体　11, 24, 77, 211-3, 215, 223-4, 234
新聞　8, 10, 56-9, 61-3, 65-8, 70-2, 77, 81,
　　86, 88-9, 92, 101, 115, 118, 125-6,
　　180-2, 186
　　——記者　56-7, 63　→記者
　　大衆——　61-2
新文化媒介者　221-2
心理学
　　社会——　55, 60, 65, 97, 104, 111, 115,
　　125
　　心間——（精神間心理学）　55, 61
人類学
　　構造主義——　→構造主義
　　象徴——　36, 39
　　文化——　13, 77, 206
神話　119, 123-5, 127, 135, 207-8, 237
　　対抗——　121
ステレオタイプ　7章, 78, 129
スペクタクル　19章, 221
　　——化　220
　　——批判　206
　　集中した——　191
　　拡散した——　191
　　統合された——　191, 195-7
スポーツ　39-40, 129, 159, 162, 182
〈性〉　212, 217
製作者本能　167
生産
　　——性　171, 202

　　——の優位　171
　　——様式　24
　　——力　170-1, 202
　　——労働　159-60
　　再——　131, 134, 147, 153-4, 204
　　大量——　5, 161, 182, 201, 210
『政治経済学雑誌（JPE）』　164
聖書　14, 16, 21, 56
正常化バイアス　97
精神分析　137, 143, 166, 206
節合　153-5
折衝的位置（折衝的読解）　149-50, 153-4
　　→支配的-ヘゲモニー的位置, 対抗的位
　　置
選挙　61, 75, 88-9, 117-9, 121
　　——キャンペーン　87-9
　　アメリカ大統領——　70, 86-7, 108
潜在集団　119　→顕在集団
先有傾向　108-9, 113

[た行]

対抗的位置（対抗的読解）　150, 153
　　→支配的-ヘゲモニー的位置, 折衝的位
　　置
大社会　66, 71
大衆　61, 67-8, 71, 92, 160, 181, 189, 191,
　　194, 202-3, 234
　　——社会　21, 71, 73, 107, 186-7, 199,
　　203, 207
　　——消費社会　→消費社会
　　——新聞　→新聞
　　——的消費　→消費
　　——文化　151, 186-7　→ポピュラー文
　　化
　　——民主主義　→民主主義
　　——世論　→世論
第四次中東戦争　37
絶え間なき交信　47
脱工業化社会論　185
弾丸効果　72

中間層　199, 203
沈黙の螺旋　8章
通念　161, 170-1, 176
ディスタンクシオン　166, 200
テクノストラクチャー　176
テクノロジー　29, 43, 45, 47, 49-51, 184-5, 237
　　――の魂　49
　　――の二重性　49
　　情報――　27
　　独白的存在の――　45
デコーディング　15章　→エンコーディング
データベース　25, 27-8, 30-1
テレビ　6-10, 14, 25-6, 33-41, 44-5, 72, 77-8, 88, 92, 113, 125, 134, 148, 151, 153, 180-2, 185-8
　　――ニュース　→ニュース
　　――番組　41, 46, 147, 181
　　――CM　23, 25-6
転用　189, 191, 193-6
同一性　209-11, 213-6
　　伝記的――　27
東欧民主化運動　39
読者　7, 26, 41, 57, 66, 72-3, 86, 127
　　近代的――　17
都市伝説　119-20, 124-5

[な行]

内容分析　86, 88
ナショナリズム　5, 11
ナチス（ナチズム，ナチ党）　68, 71, 79-82, 111, 191
二重の疎外　231
日常生活の審美化　222, 226
ニュース　13章, 25, 33, 35, 40, 59, 66, 68, 83, 86, 88, 92-3, 100-3, 110, 113, 124-5, 147-9, 152, 180-1
　　テレビ――　86, 130, 134-5, 181
　　ラジオ――　111

ニュー・スクール・フォー・ソーシャル・リサーチ　37, 165
人間解放　234, 236
人間の拡張　3, 10
ネーション　5, 11　→国民

[は行]

パーソナリティ　222-3
発明　56, 60, 63, 77, 229
パニック　10章, 61
パネル調査　87, 111
パノプティコン　28, 213
　　超――　28, 30
　　デジタル版――　44
パブリック　11　→公共圏
評議会社会主義　193
漂流　191-2
貧困　170-2, 175, 177, 184, 206, 230-2
　　――との戦い　175
ファシズム　105, 123
フェミニズム　132, 143
福祉国家　203, 206
複製　21, 23, 180, 183, 186, 207
　　――技術　180, 186
　　――文化　182
　　――メディア　186
不在なる存在　45
プライミング効果　92
プラグマティズム　69
フレーミング効果　92
プロパガンダ　66, 72
文化
　　――産業　221
　　――資本　166, 222
　　――遅滞説　167
　　印刷――　4
　　声の――　2章, 4, 7-8, 10　→オラリティ
　　しぐさの――　18
　　文字の――　2章, 4, 10　→リテラシー
　　ポピュラー――　132, 151, 227　→大

衆文化
平準化　203
ベトナム戦争　9, 91, 131, 152
ベトナム反戦運動　132, 148, 175
報道　13章, 40-1, 72, 82, 86, 92, 105, 149, 179, 181-2
　——の自由　69
ポスト工業化　199, 202, 206　→脱工業化社会論
　——社会　201
ポストフォーディズム　206
ポストモダニズム　219-21, 224, 226
　——の社会学　219-20
ポストモダン　25, 27-9, 31, 205, 221
　——社会学　219

[ま行]

マクルーハン旋風　9
マス・コミュニケーション（マスコミ）　67, 85, 104-5, 108-9, 113, 117, 122, 181, 194
マスメディア　10, 38-40, 56, 66, 78, 83-6, 88-9, 91-3, 107-11, 113, 123, 132, 135, 183, 186, 189-90
マルクス主義　29, 112, 123, 143, 151, 155, 195, 204, 235-6
民主主義　57, 67-70, 77, 79, 92, 199, 202-3
　参加——　68
　自由と——　169
　大衆——　67-8, 70, 203
　直接——　193, 196
　ネット——　30
民族誌　152　→エスノグラフィ
メッセージ　3, 16, 31, 34, 46, 91, 101, 124, 138, 145, 147-50, 153-4, 199
メディア
　——・イベント　4章
　——効果　91, 113, 149
　——産業　180
　——史　3, 7-8, 10, 98
　——社会　115, 179, 183
　——はメッセージ　3, 9-10
　——・リテラシー　100, 103, 186
　——論　3, 6-11, 14, 17-8, 20-1, 28, 30, 72, 185, 187
　印刷——　14
　クール・——　6, 9
　電気——　6, 11
　電子——　14, 23-5, 27, 29-31
　ホット・——　6, 9
モダニティ　45, 220　→近代
モード　24, 211-2, 229
模倣　59-63

[や行]

有閑階級　16章
ゆたかな社会　17章, 199
ユートピア　9, 205, 208
　科学的——主義　69
予言の自己成就　181
世論　7章, 8章, 57-9, 62-3, 85, 90, 93, 100, 104
　——調査　62, 75, 80-1, 86, 88, 104
　大衆——　68
輿論　73, 83

[ら行]

ライフスタイル　22章, 47
ラジオ　8, 10, 45, 61, 97, 100-1, 111-2, 115, 181-2
　——ニュース　→ニュース
　プリンストン・——・プロジェクト　104
　プリンストン大学——研究所　112
リアリティ　23, 26-7, 102, 179, 181, 186, 206, 237
　ヴァーチャル——　30
　擬似——　206
　ハイパー——　205-6

理性 24, 58, 79
リテラシー 14 →文字の文化
「利用と満足」研究 113
ロイヤル・ウェディング 40
ロストジェネレーション 68

[わ行]

湾岸戦争 134, 205

[A〜Z]

Apparatgeist 47, 49-50
BBC 134, 153, 175
CM 26 →テレビCM
NHK 101, 134
PR 180, 182-3 →広告
SMS 46

執筆者一覧 (執筆順)

1 浜　日出夫（はま　ひでお）　　　　東京通信大学教授・慶應義塾大学名誉教授
2 奥野卓司（おくの　たくじ）　　　　山階鳥類研究所シニアフェロー・関西学院大学名誉教授
3 小倉敏彦（おぐら　としひこ）　　　立教大学非常勤講師
4 古川岳志（ふるかわ　たけし）　　　大阪大学・関西大学ほか非常勤講師
5 富田英典（とみた　ひでのり）　　　関西大学教授
6 池田祥英（いけだ　よしふさ）　　　早稲田大学准教授
7 佐藤卓己（さとう　たくみ）　　　　京都大学教授
8 宮武実知子（みやたけ　みちこ）
9 竹下俊郎（たけした　としお）　　　明治大学教授
10 森　康俊（もり　やすとし）　　　　関西学院大学教授
11 鍵本　優（かぎもと　ゆう）　　　　京都産業大学教授
12 杉山光信（すぎやま　みつのぶ）　　東京大学名誉教授
13 丹羽美之（にわ　よしゆき）　　　　東京大学教授
14 谷本奈穂（たにもと　なほ）　　　　関西大学教授
15 門部昌志（もんべ　まさし）　　　　長崎県立大学シーボルト校准教授
16 井上　俊（いのうえ　しゅん）　　　大阪大学名誉教授
17 常見耕平（つねみ　こうへい）　　　多摩大学名誉教授
18 加藤晴明（かとう　はるひろ）　　　中京大学
19 亘　明志（わたり　あけし）　　　　京都女子大学研究教授
20 宇城輝人（うしろ　てるひと）　　　関西大学教授
21 貞包英之（さだかね　ひでゆき）　　立教大学教授
22 西山哲郎（にしやま　てつお）　　　関西大学教授
23 秋元健太郎（あきもと　けんたろう）東海大学非常勤講師

編者紹介

井上　俊（いのうえ　しゅん）
大阪大学名誉教授
『死にがいの喪失』（筑摩書房，1973）
『遊びの社会学』（世界思想社，1977）
『命題コレクション社会学』（共編，筑摩書房，1986；ちくま学芸文庫，2011）
『スポーツと芸術の社会学』（世界思想社，2000）
『武道の誕生』（吉川弘文館，2004）
『自己と他者の社会学』（共編，有斐閣，2005）
『文化社会学入門――テーマとツール』（共編，ミネルヴァ書房，2010）
『文化社会学界隈』（世界思想社，2019）ほか

伊藤公雄（いとう　きみお）
京都産業大学客員教授，京都大学・大阪大学名誉教授
『共同研究　戦友会』（共著，田畑書店，1983；新装版，インパクト出版会，2005）
『光の帝国／迷宮の革命――鏡のなかのイタリア』（青弓社，1993）
『〈男らしさ〉のゆくえ――男性文化の文化社会学』（新曜社，1993）
『「男らしさ」という神話――現代男性の危機を読み解く』（日本放送出版協会，2003）
『ジェンダーで学ぶ社会学〔全訂新版〕』（共編，世界思想社，2015）ほか
『「戦後」という意味空間』（インパクト出版会，2017）
『男性危機？――国際社会の男性政策に学ぶ』（共著，晃洋書房，2022）

社会学ベーシックス　第6巻
メディア・情報・消費社会

2009年10月30日　第1刷発行	定価はカバーに
2024年 3月30日　第8刷発行	表示しています

編　者　　井　上　　　俊
　　　　　伊　藤　公　雄
発行者　　上　原　寿　明

京都市左京区岩倉南桑原町56　〒606-0031
電話 075(721)6500
振替 01000-6-2908
http://sekaishisosha.jp/

世界思想社

©2009 S.INOUE K.ITO Printed in Japan　　（印刷 太洋社）
落丁・乱丁本はお取替えいたします

ISBN978-4-7907-1443-9

BASIC BOOKS IN SOCIOLOGY
社会学ベーシックス

井上　俊・伊藤公雄【編】

全10巻＋別巻1　四六判・並製

- 第1巻　自己・他者・関係
- 第2巻　社会の構造と変動
- 第3巻　文化の社会学
- 第4巻　都市的世界
- 第5巻　近代家族とジェンダー
- 第6巻　メディア・情報・消費社会
- 第7巻　ポピュラー文化
- 第8巻　身体・セクシュアリティ・スポーツ
- 第9巻　政治・権力・公共性
- 第10巻　日本の社会と文化
- 別　巻　社会学的思考